W0073562

Matthias Heine

SEIT WANN HAT GEIL NICHTS MEHR MIT SEX ZU TUN?

*100 deutsche Wörter und
ihre erstaunlichen Karrieren*

Hoffmann und Campe

Einige der hier versammelten Texte sind zunächst
in der Tageszeitung *Die Welt* erschienen.

1. Auflage 2016
Copyright © 2016 by
Hoffmann und Campe Verlag, Hamburg
www.hoca.de
Satz: Dörlemann Satz, Lemförde
Gesetzt aus der Minion Pro und Helvetica
Druck und Bindung: CPI books GmbH, Leck
Printed in Germany
ISBN 978-3-455-50369-2

HOFFMANN
UND CAMPE

Ein Unternehmen der
GANSKE VERLAGSGRUPPE

INHALT

EINLEITUNG

Von Geburt und Tod der Wörter:
Seid umschlungen, Millionen

Im Februar des Jahres 2013 wurde in Berlin das bestgehütete Geheimnis der deutschen Sprache gelüftet.

200 Jahre lang hatten Gelehrte und Laien gerätselt, wie viele deutsche Wörter es wohl gebe. Den frühesten Versuch, sie zu zählen, unternahm Johann Christoph Adelung Ende des 18. Jahrhunderts. Er schrieb das erste wirklich umfassende Wörterbuch der deutschen Sprache. An ihm orientierten sich auch Goethe und Schiller. 58 500 Einträge hatte Adelungs *Grammatisch-kritisches Wörterbuch* in der letzten Auflage, die 1811 nach dem Tod dieses Pioniers erschien.

Als die Brüder Jacob und Wilhelm Grimm 27 Jahre später mit der Niederschrift ihres *Deutschen Wörterbuchs* begannen, ahnten sie nicht, dass das Werk erst 1961, 98 Jahre nach Wilhelms und 102 Jahre nach Jacobs Tod, vollendet würde – und dann ca. 320 000 Stichwörter umfassen würde. Für den Wortschatz der Gegenwart ist das aber keine verlässliche Zahl, weil viele im *Grimm* verzeichnete

Ausdrücke längst außer Betrieb sind. Manche gebrauchte schon niemand mehr, als sie ins Wörterbuch aufgenommen wurden. Sie verdanken ihre Aufnahme nur Luther oder den Klassikern, die sie einmal benutzt haben. Andere fehlen, weil die Grimms und ihre Nachfolger Fremdwörter nur sehr spärlich zuließen und weil unzählige Wörter erst im 19. und 20. Jahrhundert in Gebrauch kamen, nachdem die entsprechenden alphabetischen Bände längst abgeschlossen waren.

In der 2013 erschienenen 26. Auflage des Rechtschreibduden stehen dagegen nur 140 000 Wörter, obwohl sie gegenüber der Vorgängerversion von 2009 um 5000 neue Einträge erweitert wurde – darunter auch solche wie *Arabellion* oder *Flashmob*, von denen man jetzt schon ahnt, dass sie in späteren Ausgaben wieder gestrichen werden.

Im zehnbändigen *Großen Wörterbuch der deutschen Sprache* aus dem Duden-Verlag sind sogar 200 000 Lexeme verzeichnet. Die Duden-Redaktion ist sich – im Gegensatz zu vielen Wörterbuchbenutzern – aber darüber im Klaren, dass damit keineswegs alle deutschen Wörter erfasst sind. Nichts ist dümmer als das oft gehörte Argument: »Das Wort gibt es nicht. Es steht nicht im Duden.« Wörterbuchmacher gingen zuletzt davon aus, dass es etwa 300 000 bis 500 000 deutsche Wörter gibt. Auf etwa 70 000 wird der sogenannte Standardwortschatz geschätzt, der Rest gehört eher Fachsprachen, Jargons und regionalen Dialekten an.

Seitdem nun zu Beginn des Jahres 2013 im Gebäude der ehrwürdigen Akademie der Wissenschaften am Berliner

Gendarmenmarkt der *Erste Bericht zur Lage der deutschen Sprache* vorgelegt wurde, weiß man: Es sind in Wirklichkeit viel mehr. Etwa 5,3 Millionen deutsche Wörter hat ein Team um Wolfgang Klein, den Leiter des *Digitalen Wörterbuchs der deutschen Sprache*, ermittelt. Zum Vergleich: Das *Oxford English Dictionary*, das den gesamten Wortschatz der englischen Sprache in ihrer historischen Tiefe und ihren regionalen Varianten zu beschreiben versucht, weist derzeit etwa 620 000 Einträge auf. Der für die französische Sprache maßgebliche *Grand Robert* erklärt 100 000 Stichwörter.

Der gewaltige Unterschied zu den früheren Annahmen für das Deutsche und den Zahlen für andere Sprachen, die ja keinesfalls wortarme Bauerndialekte sind, legt schon den Verdacht nahe, dass hier unterschiedliche Zählweisen und statistische Verfahren angewandt wurden.

Mitgezählt wurden von den Wissenschaftlern der Berliner Akademie erstmals auch Zusammensetzungen oder Ableitungen, die nur selten Eingang in Wörterbücher finden. Jedes Wort, das nach den Wortbildungsregeln der deutschen Sprache gebildet wird, ist ein deutsches Wort – auch dann, wenn es ein einziger Mensch nur ein einziges Mal benutzt. »Gelegenheitsbildungen« oder »Augenblicksbildungen« nennen Fachleute solche Schöpfungen. Von ihnen lebt die dichterische Sprache, noch viel mehr die Sprache der Medien und der Sachbücher. Der auf der Pressekonferenz anwesende Germanist Peter Eisenberg gab selbst ein schönes Beispiel für diese Art von Wörtern, die niemand im Lexikon registriert, die aber jeder Muttersprachler versteht: Eisenberg redete von der »Sprach-loyalität«, die bei Deutschen weniger ausgeprägt sei als in anderen Nationen. Gemeint war der unbedingte Glaube, dass die eigene Sprache die schönste und beste sei. Statt-dessen ist das Reden über Sprache, genau wie der Blick auf die Umwelt, die Wirtschaft und die Politik, von *german angst* geprägt, um einen besonders schönen und populä-ren Anglizismus zu gebrauchen, der in vielen Zeitungstex-ten benutzt wird, aber bisher in keinem Wörterbuch steht.

Ständig erfindet Deutschlands sprachlich kreative Klasse oder auch nur jeder halbwegs einfallsreiche Sprecher neue Wörter. Zwei Beispiele, die es nie in den Duden geschafft haben, sind aus Namen von Politikern abgeleitete Verben: In den Neunzigerjahren sprach man von *gaucken*, wenn anhand der Aktenlage in der Stasi-Unterlagenbehörde überprüft wurde, ob eine Person für das Staatsicherheits-ministerium der DDR tätig war. Das Wort wurde von je-dem verstanden, solange der spätere Bundespräsident die Behörde leitete. Und 2012 machte das Wort *guttenbergen* eine kurze Karriere. Schüler und Lehrer benutzten es als Synonym für *abschreiben*, nachdem der gewesene Verteidigungsminister sich in seiner Doktorarbeit großzügig bei anderen Autoren bedient hatte, ohne extra darauf hinzu-weisen.

Der Berliner Computerlinguist Lothar Lemnitzer fischt mit einem speziellen Algorithmus in ausgewählten Online-medien nach solchen Neuwörtern und verzeichnet sie auf seiner Internetseite *Wortwarte*. In ertragreichen Monaten kann er dort fast jeden Tag fünf bis zehn Funde in der Art von *Plusize-Frau*, *Pegidaversteher* oder *Vernunftsmobil* präsentieren.

Ich selbst habe mal das Wort *Kotzbrockenauffangbecken* für eine Sportexpertenrunde im Fernsehen, an der Paul Breitner teilnahm, geprägt und es seitdem mehrmals bei Postings in sozialen Netzwerken benutzt. Und in einer Filmkritik zu Lars von Triers Weltuntergangsfilm *Melancholia* nannte ich die Mutter der Braut einen *Selbstverwirklichungsdrachen*. Beide Wörter sind nie in den Duden gelangt; die überwältigende Mehrheit der deutschen Muttersprachler hat sie nie gehört oder gelesen. Dennoch kann sie jeder auf Anhieb verstehen.

In der Literatur gibt es solche Gelegenheitsbildungen massenhaft. Während ich dies schreibe, lese ich Heinrich Heines *Ideen. Das Buch Le Grand* und Bertolt Brechts erstes Theaterstück *Baal*. In beiden Texten stoße ich auf jeder Seite auf Wörter, die nicht im Duden stehen.

Auf der ganz willkürlich aufgeschlagenen Seite 63 der Großen Frankfurter und Berliner Ausgabe der Werke von Bertolt Brecht finde ich beispielsweise die Ausdrücke *fruchttragende Ährenmeere*, *weißstaubige Straßen*, *maitoller Bursche*. Weder *Ährenmeer* noch *weißstaubig* noch *maitoll* stehen im Duden. Die letztgenannten finden sich noch nicht einmal im *Grimm*, während sich *Ährenmeer* dort immerhin bis zum Dichter Barthold Heinrich Brockes zurückverfolgen lässt, dessen Wirken mal dem Spätbarock und mal der Frühaufklärung zuzurechnen ist.

Bei Heinrich Heine finde ich auf der ebenfalls ganz zufällig aufgeschlagenen Seite 72 des Reclamhefts *lotos-*

geblümte Pantalons und *ein Paar Nankinghosen.* Während der Duden mich überrascht, weil dort *Pantalon* verzeichnet und erklärt ist – »lange Männerhose mit röhrenförmigen Beinen« –, kennt er *lotosgeblümt* natürlich so wenig wie die *Nankinghose.* Aber da er immerhin *Nanking* (»ein Baumwollgewebe«) und *Lotos* (»eine Seerose«) erklärt, kann ich mir beide Zusammensetzungen erschließen. Solche Wörter sind es, aus denen sich die Millionen-Legionen des deutschen Wortschatzes zusammensetzen.

Die zweite Erklärung für die überraschend hohe Zahl deutscher Wörter, die Professor Klein und seine Kollegen ermittelt haben, ist das Bemühen der Berliner Wissenschaftler um eine größtmögliche Datenbasis. Sie schätzten nicht, indem sie – wie bisher meist geschehen – nach der Methode Pi mal Daumen die Stichwortzahlen der umfangreichsten Wörterbücher hochrechneten. Sondern sie wollten von Computern anhand einer repräsentativen digitalen Textsammlung – eines sogenannten Korpus – mit verlässlichen statistischen Methoden ausrechnen lassen, wie viele Wörter es im Deutschen tatsächlich gibt.

Kleins Korpus bestand aus einer über das ganze 20. Jahrhundert gleichmäßig gestreuten sorgfältigen Auswahl repräsentativer Texte aus folgenden Bereichen: Belletristik (also Romane, Erzählungen und andere fiktionale Literatur), Zeitungen, Gebrauchstexte (wie Ratgeber, Kochbücher und Rechtstexte) und wissenschaftliche Texte aus verschiedenen Gebieten.

Nachdem potenzielle Fehlerquellen einigermaßen ausgeschlossen bzw. mit statistischen Methoden herausgerechnet waren, ergab sich: »In einem Textkorpus der deutschen Gegenwartssprache, das eine Milliarde Textwörter lang ist, kommen etwa 5,3 Millionen lexikalische Einheiten – also Wörter, so wie sie im Wörterbuch stehen – vor.«

Die Gegenwart, von der Klein an jenem denkwürdigen Tag 2013 in Berlin sprach, war allerdings nicht mehr ganz taufrisch: Gemeint waren die Jahre 1994 bis 2004. Das war die dritte »Zeitscheibe«, aus der die Linguisten Texte untersucht hatten, um vergleichen zu können, wie sich der deutsche Wortschatz zahlenmäßig im Laufe der vergangenen knapp 120 Jahre entwickelt hat. Für die erste »Zeitscheibe« wurden Texte des frühen 20. Jahrhunderts bis zum Beginn des Ersten Weltkriegs analysiert, für die zweite hat man die Nachkriegszeit genauer betrachtet.

5 328 000 deutsche Wörter – das ist der Stand für die »Zeitscheibe« von 1994 bis 2004. In den Texten aus der Zeit 1948 bis 1957 wurden 5 045 000 Wörter gezählt, für die Zeit von 1905 bis 1914 waren es 3 715 000.

Klein fasst zusammen: »Der deutsche Wortschatz hat im Verlauf des 20. Jahrhunderts um etwa ein Drittel zugenommen. Dabei ist der Anstieg in der ersten Jahrhunderthälfte deutlicher als in der zweiten.« Der Zuwachs besteht nur zum geringen Teil aus eigenständigen neuen einfachen Wörtern wie *rödeln* oder *mosern*. Auch die Zahl der Fremdwörter wird überschätzt. Die weitaus meisten neuen Wörter sind Ableitungen, wie der Ausdruck *Aktivist* von *aktiv*, oder Zusammensetzungen, wie *Gutmensch, Unrechtsstaat, Plattenbau* oder *Lügenpresse*. Dazu kommen eingebürgerte Fremdwörter – meist aus dem Englischen –, wie neuerdings *Nerd* oder *Hipster*. Aber auch aus dem Tschechischen und dem Türkischen, wie *Roboter* (das mittlerweile jeder kennt) oder *Kek* (dessen Gebrauch noch auf Hiphopper und ihre Fans beschränkt ist). Von einer »Verarmung« des Deutschen, wie sie Sprachpessimisten immer wieder beklagen, könne also keine Rede sein, resümierte Klein, der auch Direktor des Max-Planck-Instituts für Psycholinguistik ist: »Die heutige deutsche Sprache verfügt über einen überaus reichen Wortschatz, der weit jenseits dessen liegt, was je in einem Wörterbuch beschrieben worden ist.«

Bevor die Computer und die Linguisten mit der Zählerei beginnen konnten, musste allerdings geklärt werden, was ein Wort überhaupt ist. Als Beispiel nennt Klein *Absatz*, bei dem beispielsweise zwischen dem »Absatz in einem Text« und dem »Absatz von Produkten auf dem Markt« unterschieden werden muss. Sind das dann zwei verschiedene Wörter oder zwei Bedeutungen desselben Wortes? Wie bringt man einem Computer bei, sie zu unterscheiden? Ähnliche Probleme ergeben sich beispielsweise bei *Schloss* und *Strauß* – das sogar drei Bedeutungen haben kann: »Blumengebinde«, »großer Laufvogel« und »heftiger Auftritt, Gefecht, Wortwechsel«. Letztere Bedeutung findet man allerdings nicht mehr im Duden, sondern nur noch im *Grimm*. Gelegentlich stößt man in der Sprache der Klassiker noch auf sie.

Diese Probleme lassen sich mit etwas semantischer Ordnungsliebe relativ leicht lösen. Der Duden setzt für alle Bedeutungen von *Absatz*, *Schloss* und *Strauß* eigene

Lemmata an – so lautet der wissenschaftliche Terminus für Einträge im Wörterbuch.

Wissenschaftler nutzen gern solche Termini, weil zwar jeder Laie glaubt, die Frage »Was ist ein Wort?« spontan beantworten zu können, Linguisten und Philosophen aber zäh um die Definition dieses scheinbar so einfachen Begriffes ringen. Hadumod Bußmann erläutert in ihrem *Lexikon der Sprachwissenschaft* die Bedeutung von *Wort* auf unübertrefflich schöne Weise – wie ich finde – gar nicht wirklich: »Intuitiv vorgegebener und umgangssprachlich verwendeter Begriff für sprachliche Grundeinheiten, dessen zahlreiche sprachwissenschaftliche Definitionsversuche uneinheitlich und kontrovers sind.«

Die Frage »Was ist ein Wort?« beantwortet der nachdenkliche Linguist also am besten zunächst mit: »Es kommt darauf an …« Phonetisch sind Wörter kleinste Lautsegmente, die durch Grenzsignale wie Pausen oder Knacklaute isolierbar sind. Syntaktisch werden als Wörter die kleinsten verschiebbaren Einheiten innerhalb des Satzes definiert. Orthografisch ist ein Wort eine Buchstabengruppe zwischen zwei Trennzeichen – aber da fangen die Schwierigkeiten schon an, denn nicht alle Sprachen kennen solche Trennzeichen, und auch in Europa wurden sie erst im Mittelalter eingeführt. Nach der morphologischen Definition ist ein Wort eine kleine sprachliche Einheit, die eine Bedeutung trägt, frei vorkommen und grammatisch gebeugt werden kann und durch die Regeln der Wortbildung zu beschreiben ist. Unter dem Gesichtspunkt der Semantik sind Wörter kleinste selbstständige

Bedeutungsträger, die in Wörterbüchern verzeichnet sind. Die wissenschaftliche Bezeichnung für diese Bedeutungsträger ist *Lexem*. Lexeme können auch aus mehreren Wörtern bestehen, beispielsweise *gefallenes Mädchen* oder *Graf Koks*.

Bezeichnungen wie *Lexem* und *Lemma* habe ich in diesem Buch sparsam benutzt. Als Synonyme für *Wort* gebrauche ich lieber *Ausdruck*, *Bezeichnung*, *Vokabel*, *Terminus* und *Begriff*, wobei mir klar ist, dass *Begriff* im strengen philosophischen Sinne eher den mit einem Wort verbundenen Vorstellungsinhalt bezeichnet als das Wort selbst. Aber immerhin hat sogar Goethe *Begriff* im Sinne von »Wort« verwendet, vor allem, wenn es um fachsprachliches Vokabular ging.

Mit den 5,3 Millionen deutschen Wörtern, Ausdrücken, Bezeichnungen, Vokabeln, Termini und Begriffen vermögen wir aber keineswegs nur 5,3 Millionen Dinge, Eigenschaften, Tätigkeiten, Menschen, Institutionen etc. zu benennen, sondern noch viel mehr. Denn ein Wort kann viele ganz unterschiedliche Bedeutungen haben, wie es in diesem Buch exemplarisch an *Organ* beschrieben wird. Die ursprüngliche Bedeutung kann in Vergessenheit geraten – so geschehen bei *Feminismus, geil, Weltmeister* und *Islamismus*. Sie kann aber auch neben einer neuen weiterexistieren, ohne dass es irgendeinen Muttersprachler des Deutschen verwirrt: Wir wissen immer ziemlich sicher, ob mit einem *Spinner* gerade ein Textilarbeiter oder ein Verrückter gemeint ist, und wir verstehen, dass Nazis nicht von Insekten reden, wenn sie über *Zecken* lästern –

ganz ohne den Jargon der rechten Szene im Detail zu kennen.

An 100 Beispielen wird in diesem Buch geschildert, wie, wann und warum Wörter erfunden werden, wie sie zu ihren Bedeutungen kommen und wieso wir sie benutzen. Im Mittelpunkt steht dabei der gesellschaftlich und politisch relevante Wortschatz, also Begriffe, anhand derer sich deutsche Geschichte (und nicht nur die) erzählen lässt und die oft genug Freund und Feind trennen. Manche von diesen brisanten Wörtern haben Weltkarriere gemacht, sind ins Englische und in andere Sprachen ausgewandert – wie *Nazi*. Aber auch ein unscheinbares Wort wie *häh* verdient mehr Aufmerksamkeit, als man zunächst annehmen würde.

100 gegen 5,3 Millionen – damit ist klar, dass die Auswahl subjektiv und eigenmächtig sein muss. Dass sie dennoch keineswegs zufällig und willkürlich ist, wird sich hoffentlich jedem Leser erschließen.

AKTIVIST

Vom Bagger auf die Barrikade

Überall, wo heute Geschichte gemacht wird, ist er dabei. Er stand am Majdan in Kiew mit rauchgeschwärztem Gesicht und hat hinter seinem selbstgebastelten Schild weitergemacht, als seine Kameraden von Scharfschützen dezimiert wurden. Am Gezi-Park schützte er sich mit feuchten Tüchern vor dem Tränengas. Er ging in Caracas auf die Straße, um gegen Inflation, Korruption und Kriminalität zu demonstrieren. Er wird in Russland für drei Jahre ins Straflager gesteckt, weil er gegen Umweltverschmutzung protestiert hat. Die Rede ist vom Aktivisten, dem Universal Soldier des globalen Protestes.

Das Wort *Aktivist* hat eine erstaunliche Karriere gemacht. Es ist, als hätten die Nachrichtenhändler sehnsüchtig auf einen Begriff gewartet, den jeder zu verstehen glaubt und der dennoch unklar genug ist, um alle gleichermaßen zu umfassen: Regierungsgegner und Unterstützer des Präsidenten Maduro in Venezuela, rechte Populisten von Pro NRW und linke Tierrechtler in Deutschland, französische Gegner der Homo-Ehe und amerikanische Transsexuelle, die sich endlich ordnungsgemäß bei Facebook registrieren wollen. In der Mediensprache gelten Pussy Riot genauso als *Aktivisten* wie der Journalist Glenn Greenwald, dem die Welt die Snowden-Enthüllungen verdankt.

Manchmal hat ein Wort von Beginn an mehrere Bedeutungen, doch eine dieser Bedeutungen schiebt sich immer weiter in den Vordergrund, sodass sie irgendwann die einzig akzeptable zu sein scheint. Wenn diese Bedeutung verblasst, weil der gesellschaftliche und politische Rahmen, in dem sie Karriere gemacht hat, wegfällt, wird das Wort wieder frei und eine andere Bedeutung blüht plötzlich. So war es bei *Aktivist*.

Das Wort war Anfang des 20. Jahrhunderts zunächst für die Vertreter einer philosophischen Richtung erfunden worden, die sich *Aktivismus* nannte. Bereits 1912 ist es im *Philosophen-Lexikon* von Rudolf Eisler belegt, es muss da also schon eine Weile existiert haben.

Ins Politische gewendet hat es dann der expressionistische Schriftsteller Kurt Hiller. Auf der Homepage der Hiller-Gesellschaft heißt es: »Kurt Hiller und seine Schriftstellerkollegen Rudolf Kayser und Alfred Wolfenstein ersannen dieses Schlagwort im Herbst 1914, kurz vor Ausbruch des Ersten Weltkriegs. Hiller selbst definierte den Unterschied dergestalt, dass er den Expressionismus als eine Ausdrucksart empfand, den Aktivismus hingegen als eine Gesinnung, wobei beides in einer Person zusammenfallen konnte. Schockiert durch die Geschehnisse während des Kriegs, schlossen sich viele Schriftsteller der Gesinnung des Weltänderungswillens an. Nach Ende 1918 wurde eine Reihe mehr oder weniger aktivistischer Literaturzeitschriften aus der Taufe gehoben, und es erschienen viele Bücher, denen der Wille zum Aktivismus gemeinsam war.«

Der polemische Giftpilz Karl Kraus macht sich 1920 in seiner Zeitschrift *Die Fackel* genau über diese Dichter lustig: »Sie verwandeln sich in ›Aktivisten‹ und wenden sich, da in ihnen ja doch keine andere Flamme als die des Ehrgeizes brennt, den Geschäften der Völkerbefreiung zu und behaupten, dadurch dass sie dem alten Pathos nicht gewachsen sind, zu einem neuen gekommen zu sein.«

Auch Klabund begegnet den Künstler-Politikern 1922 in seinem *Kunterbuntergang des Abendlandes* nur noch mit (mildem) Hohn: »Ein kubistischer Maler namens Täubchen beschloss, nachdem er viele Bilder kubischer Art gemalt, nunmehr als rechter Aktivist auch ›so‹: nämlich kubisch zu leben.«

Zeitungsbelege aus den Zwanzigerjahren beziehen *Aktivist* aber vor allem auf Vertreter der nach dem Ersten Weltkrieg aufblühenden Nationalismen in Europa. Im *Berliner Tageblatt* wird im März 1918 Graf Ronikier »Führer der polnischen Aktivisten« genannt. In der gleichen Zeitung ist mehrfach von »flämischen Aktivisten« die Rede.

Lion Feuchtwanger schreibt 1930 rückblickend in seinem Roman *Erfolg* über den »Ruhrkampf« von 1923: »Gepriesen wurde der Terror, durch den dort deutsche Aktivisten die fremde Besatzung bekämpften. Verherrlicht insbesondere in riesigen Totenfeiern wurde ein Mann, der einen Zug zur Entgleisung gebracht hatte und dafür von den

Franzosen erschossen worden war.« Gemeint ist der später von den Nationalsozialisten zum heldenhaften Ahnen hochstilisierte Freikorps-Kämpfer Albert Leo Schlageter.

Ambivalent ist der Gebrauch von *Aktivist* in der Nazi-sprache. Einerseits hat das Wort einen positiven Klang: 1936 nennt der *Völkische Beobachter* die ultra-nationalistischen putschenden Soldaten, die am 26. Februar in Tokio mehrere Minister getötet hatten, »Aktivisten«. Immer wieder werden auch Vertreter der sudetendeutschen Minderheit in der Tschechoslowakei so bezeichnet.

Andererseits wird das Wort während des Russlandfeldzugs geradezu zum Synonym für die politischen Kommissare der Roten Armee, die die »Einsatzgruppen« der SS sofort erschossen. Die Protokolle der Nürnberger Prozesse nach 1945 sind voll von Beispielen für solche Fälle, wo *Aktivist* ein Todesurteil bedeutete.

Deshalb darf es als besondere Ironie der Geschichte gelten, dass *Aktivist* in den Entnazifizierungsverfahren der Nachkriegszeit ein juristischer Fachbegriff der Nazi-Verfolger wurde. Damals teilten die Besatzungsbehörden alle, die ihr Verhalten im Dritten Reich vor einer Kammer verantworten mussten, in fünf Gruppen ein. Die zweitschlimmste Kategorie nach den »Hauptschuldigen« umfasste »Belastete«, und sie wurde noch unterteilt in »Aktivisten, Militaristen und Nutznießer«.

Bald darauf bekam *Aktivist* aber eine völlig neue Bedeutung, die rasch alle anderen für Jahrzehnte marginalisierte: »Seit 1948 wurde das Wort im östlichen Deutschland auch als verliehener Titel gebraucht«, schreibt der Berliner Linguist Wolfgang Pfeifer in seinem *Etymologischen Wörterbuch*.

Im elektronischen Archiv des Instituts für Deutsche Sprache in Mannheim findet sich dazu ein wunderschöner Beleg aus dem *Neuen Deutschland* von 1954. Unter der Überschrift »Bagger 90 fördert wieder« wird in hymnischer Prosa der Mann besungen, der den genannten Bagger repariert hat: »Kurt Gottschalch weiß: Die Grube braucht ihn. Nie ließ er sie im Stich. Viele tausend Tonnen Kohle hat er unserem Volk mehr gegeben, weil er geschickt und schnell arbeitet. Darum ist er Verdienter Aktivist geworden. In seiner Freizeit lernte Kurt Gottschalch. Der Meistertitel war sein Lohn. Er ist heute verantwortlich für die Reparatur aller Bagger auf Grube Greifenhain. An diesem 9. und 10. Februar bleibt er länger am Bagger, aber er denkt nicht daran, sich um die Kälte zu scheren oder nach dem Verdienst zu fragen. Er tut es, weil das Land Kohle braucht wie der Mensch seine fünf Liter Blut.«

Vorbild für Baggerführer Gottschalchs Ehrentitel war das russische Wort *aktivist* für einen Angehörigen eines *Aktivs* – das, ebenfalls nach sowjetischem Vorbild, geschaffene DDR-Wort für eine Arbeitsgruppe. Birgit Wolf definiert es in ihrem Wörterbuch *Sprache in der DDR* so: »Eine kleine Gruppe von Personen, die freiwillig und ehrenamtlich innerhalb von Parteien und Massenorganisationen, in der Wirtschaft und im Kultur- und Bildungsbereich an der Lösung bestimmter Aufgaben mitwirkte.«

Aktivist fungierte auch häufig als Name von volkseigenen Betrieben und Sportvereinen. Die Ehrenurkunde für Verdiente Aktivisten wurde 1950 eingeführt, allerdings in der Spätphase der DDR so inflationär verliehen, dass die goldgeprägte Mappe, in der man sie überreicht bekam, heute auf jedem ostdeutschen Flohmarkt verramscht wird.

Mit dem Ende des Kommunismus wurde *Aktivist* wieder frei für den Gebrauch im alten Sinne, den heute auch der Duden als erste Bedeutung nennt: »besonders politisch aktiver Mensch«. In den Statistiken des Instituts für Deutsche Sprache kann man nachvollziehen, wie die Frequenz des Wortes in den Medien zunimmt – mit einem ersten Höhepunkt in der zweiten Hälfte der Neunzigerjahre.

Die drei Belege aus dem Jahre 1990 beziehen sich noch alle auf DDR-Verhältnisse, in den 127 Belegen des Jahres 1999 kämpfen Aktivisten gegen den Walfang, gegen die Partei in China, für die kurdische PKK, für Amnesty International, für die Unabhängigkeit Schottlands und für die Mainzer Aidshilfe – aber auch für die britischen Tories und die verbotene österreichische Nazipartei NDP.

In den Jahren 2010 und 2011 explodierte der Gebrauch von *Aktivist* dann geradezu. Allein für diese beiden Jahre sind 3027 Belege verzeichnet. Das sind fast zwei Drittel der 4820 Belege seit 1954.

Zum Teil hat das damit zu tun, dass in dem genannten Korpus jetzt auch Wikipedia-Artikel ausgewertet werden, in denen jemand als *Aktivis*t bezeichnet wird oder in denen steht, dass Sportler in DDR-Mannschaften mit Namen wie Aktivist Tröbnitz (der Serienmeister im Badminton) aktiv waren. Doch natürlich hat der Anstieg in den beiden genannten Jahren vor allem mit dem »Arabischen Frühling« zu tun.

Früher hätte man die Kämpfer in Ägypten, Libyen oder später in der Ukraine als *Revolutionäre* bezeichnet. Doch Revolutionäre sind nach unserem Verständnis eher Linke, und das Wort hat mittlerweile einen eindeutig positiven Klang.

Aktivist war gerade in seiner Schwammigkeit offenbar geeignet, die zwiespältigen Gefühle auszudrücken, mit denen man im Westen die Mischung aus Islamisten und Demokraten in den arabischen Ländern oder die düstere Melange aus Europa-Sehnsüchtigen und antisemitischen Nationalisten in der Ukraine betrachtet.

Wenn jetzt die ukrainischen Streiter als *Aktivisten* bezeichnet werden, hat das aber auch eine besonders schöne Pointe: Denn aus der Sowjetunion, zu der die Ukraine einst gehörte, ist das DDR-Wort ja gekommen. Nun kehrt es wieder dorthin zurück. Ein Aktivist war einmal jemand, der seinen Stolz in der Übererfüllung der kommunistischen Sklavenarbeit fand – wie Baggerführer Gottschalch. Nun ist es einer, der die letzten postsowjetischen Ketten abschütteln will.

ALLEINERZIEHEND

Wie man Probleme mit einem Wort
nicht aus der Welt schafft

Es gibt keine gefallenen Mädchen mehr. Schon in meiner Kindheit, als ich um 1970 mit dem Bücherlesen anfing, hatte ich zunächst Schwierigkeiten, mir unter diesem Begriff überhaupt etwas vorzustellen. Dabei war meine eigene Mutter eine Vertreterin dieser Spezies. Allerdings nannte man Frauen wie sie in den Sechzigerjahren bereits *ledige Mütter* – vom religiös angehauchten Ausdruck *gefallene Mädchen* hatte man sich da zumindest im wissenschaftlichen und politischen Sprachgebrauch verabschiedet.

In der ersten Hälfte des 20. Jahrhunderts wurde dieses Zwei-Wort-Lexem noch ganz unbefangen verwendet. Ein besonders aussagekräftiges Beispiel für die medizinischen und moralischen Vorstellungen, die dem damaligen Sprachgebrauch zugrunde lagen, findet sich in Reinhold Gerlings *Das große Aufklärungswerk für Braut- und Eheleute*, das zuerst 1901 erschien. Dort heißt es: »Die Erstbefruchtung kann Einfluss auf jede spätere Empfängnis haben, somit darf die Erstlingsblüte der Liebe nur einem geistig und körperlich hochstehenden Manne dargebracht werden. Der leichtsinnige Verführer, der Lüstling schädigt auch die Kinder des Mannes, der dem gefallenen Mädchen seinen Namen gibt. Der Mann aber pflücke die Blume der Keuschheit mit Andacht!«

Obwohl noch bis in die Achtzigerjahre hinein ältere Journalisten ganz unbefangen von *gefallenen Mädchen* redeten, verlangte doch der Zeitgeist nach der gesellschaftlichen Epochenwende von 1968 und der Sexuellen Revolution einen neuen, neutraleren Ausdruck. Selbst *ledige Mutter* schien allzu sehr den Mangel – nämlich die Abwesenheit eines Vaters und Ehemannes – zu betonen, statt die Autonomie der Mutter hervorzuheben. Seit den späten Siebzigerjahren tauchen deshalb zunächst in feministischen Publikationen wie *Emma* und *Courage* das Adjektiv *alleinerziehend* und das Substantiv *Alleinerziehende* auf, letzteres meist im Plural.

Um 1980 ist das Wort schon im offiziösen Wortschatz etabliert. In einem Gutachten des Wissenschaftlichen Beirats beim Bundesfamilienministerium werden *Alleinerziehende* als Synonym für *ledige Mütter* eingeführt.

Der Vorteil des neuen Begriffs ist seine Neutralität in Geschlechterfragen: Alleinerziehende können Männer genauso gut sein wie Frauen. Möglicherweise ist er nach dem Vorbild von *single parent* geprägt worden, das sich im Englischen seit 1969 nachweisen lässt. Allerdings ist es in der Realität noch wie zu Zeiten von Goethes Gretchen meist so, dass die Frau vom Mann mit dem Kind allein gelassen wird. Dennoch illustrierten fast alle Online-Medien, als ich im Juni 2015 das Wort *Alleinziehende* als Suchbegriff bei Google News eingab, ihre Artikel mit Bildern von Vätern (!) und Kindern. Wie so oft will man bloß dem Vorurteil entkommen und endet bei der Manipulation der gesellschaftlichen Realität.

ALUHUT

Darunter steckt nicht immer ein wirrer Kopf

Der Meinungskampf rund um die ukrainische Majdan-Revolution von 2013/14 und den anschließenden Krieg mit Russland hat der deutschen Sprache auch ein paar neue Wörter beschert oder solche, die vorher ein ausgesprochenes Nischendasein führten, in den Hauptstrom der Sprache geschwemmt. Das bekannteste Beispiel ist der *Putin-Versteher*. Erfunden hat es möglicherweise mein *Welt*-Kollege Peter Dausend (heute bei der *Zeit*), der schon 2006 den damaligen Bundeskanzler Gerhard Schröder so nannte.

Und wer *Putin-Versteher* sagt, der sagt auch *Aluhut*. Mit diesem Schmähwort wurden in den sozialen Netzwerken Verschwörungstheoretiker bezeichnet, die sich 2014 in Berlin und anderswo auf den »Montagsdemos« gegen den drohenden russisch-ukrainischen Krieg versammelten. In jüngster Zeit nennt man auch den Sänger Xavier Naidoo, der vielen Verschwörungstheorien anhängt, *Aluhut*. Mittlerweile ist das Wort so populär, dass es auch in der Media-Markt-Werbung verwendet wird.

Der Ausdruck *Aluhut* ist so schön, weil er sich eben nicht gleich von selbst erklärt. Die Autorin der *Berliner Morgenpost* Christina Brüning musste nachhaken, als der neu gewählte Chef der Berliner Piratenpartei, Hartmut Semken, im März 2012 auf die Frage, was denn die größte Gefahr für die junge Partei sei, antwortete: »Sich zwischen den Polen der Aluhüte und der Spackeria zu zerfleischen.« Semken erklärte: ›Aluhüte‹ heißen die Leute, die den Fokus auf Datenschutz legen und dabei bis zum Extrem gehen. Und die Leute, die post-privacy leben und alles im Internet öffentlich machen, wurden mal ›Spackos‹ genannt und haben sich dann selbst ›Spackeria‹ genannt.«

Aluhut ist eine Anspielung auf die 1927 von Julian Huxley in der Kurzgeschichte *The Tissue-Culture King* vorgestellte Wahnidee, eine Kappe aus Metallfolie könne telepathische Einflüsse auf das Gehirn blockieren. Seit den frühen Achtzigerjahren ist im Englischen das Wort *tinfoil hat* mit der Bedeutung einer solchen Kappe belegt (vorher existierte es schon für eine Partykopfbedeckung für Kinder).

Relativ bald erlangte *tinfoil hat* dann die Bedeutung »paranoide Person, die eine solche Kappe trägt, um sich vor Telepathie und Strahlen zu schützen«. In der Rhetorik nennt man so eine Sprachfigur, in der ein Teil des Benannten zur Bezeichnung des Ganzen wird, Synekdoche. Ähnlich entstanden etwa Ausdrücke wie *Braunhemden* (für Nazis) oder *Hasskappen* (für Autonome, weil sie sich gerne mit Motorradhauben verhüllen).

Das dem *tinfoil hat* entsprechende deutsche Wort *Aluhut* existiert spätestens seit dem Jahr 2000, als es der Theaterkritiker Andreas Schäfer in der *Berliner Zeitung* verwendete – damals noch für den Hut selbst. Als Synonym für *Verschwörungstheoretiker* wird es spätestens seit 2011 gebraucht. Im Mai jenes Jahres bezeichneten sich die Datenschutz-Dogmatiker der Piratenpartei in einem neu geschaffenen (und bald wieder eingeschlafenen) Blog selbstironisch so. Was dafür spricht, dass nicht unter jedem *Aluhut* ein total wirrer Kopf steckt.

Aluhut ist übrigens ein wundervolles Beispiel dafür, dass unsere Sprache keineswegs die Kraft verloren hat, englische Wörter zu verdeutschen. Es beweist vielmehr, dass gerade kreative Verdeutschungen Erfolg haben können. Denn die hyperkorrekte Übersetzung »Blechfolienhut« wäre sicher niemals in den Alltagssprachgebrauch eingegangen.

BARON

Adel vernichtet: Von Drogenbaronen,
Warlords und Graf Koks

In Billy Wilders Film *Ein, zwei, drei*, kurz vor dem Mauer-
bau in Deutschland gedreht, gibt es eine Szene, in der
der Coca-Cola-Boss von West-Deutschland (gespielt von
James Cagney) seinen kommunistischen Schwiegersohn
(Horst Buchholz) durch einen verarmten Adeligen adop-
tieren lässt, auf dass der Nichtsnutz wenigstens ein bisschen
im alteuropäischen Glanz scheine. Der adelige Adoptiv-
vater muss aus einer Toilette geholt werden, wo er sein
Geld als Wärter verdient, und klagt über die Einnahme-
ausfälle, die ihm die Zeremonie beschert. Dieser Graf
Waldemar zu Droste-Schattenburg, dem die Schwulen-
ikone Hubert von Meyerinck Glamour verleiht, ist eine
schillernde Parodie auf den Typus des heruntergekomme-
nen Adeligen.

Dass Grafen nicht (mehr) zu trauen ist, wusste der
Volksmund schon, als er den schönen Ausdruck *Graf
Koks* für eine hochnäsig auftretende Person ohne beson-
dere Verdienste prägte. Der früheste Beleg dafür, den das

Digitale Wörterbuch der Deutschen Sprache (DWDS) liefert, schlägt eine schöne Brücke zu Graf Droste-Schattenburg: »Graf Koks ist das Verhältnis seiner Nichte zu dem Onkel der Klosettfrau unsympathisch.« 1920 ahnte Graf Koks noch nicht, dass manche Grafen einen Weltkrieg später selbst als Klosettmänner würden arbeiten müssen.

Die ersten vier Beispiele für *Graf Koks* aus dem *DWDS*-Korpus stammen alle aus der Zeitschrift *Die Weltbühne* der Jahre 1920–1924, deren prominentester Mitarbeiter Kurt Tucholsky war. Es ist nicht klar erkennbar, ob Tucholsky Autor der zitierten Geschichten ist, doch ist bekannt, dass er die Figur des Graf Koks in einer Erzählung namens *Der Floh* verwendet hat, die er 1932 unter dem Pseudonym Peter Panter schrieb.

Graf Koks ist aber mit Sicherheit keine Erfindung Tucholskys. Allgemein wird die Entstehung des Ausdrucks auf das späte 19. Jahrhundert datiert, als zu Reichtum gekommene Industrielle einen neuen Geldadel bildeten. Bei deren Aufstieg spielte Koks als Heizmaterial für die Hochöfen der Stahlindustrie oft eine Rolle. Koks wurde aber auch industriell zur Erzeugung von Haushaltsgas genutzt, was den heutzutage undurchsichtig gewordenen Spottnamen *Graf Koks von der Gasanstalt* erklärt – dessen Adel ist so flüchtig wie das Kokereigas, das seit den Sechzigerjahren vom Erdgas mit seinem höheren Brennwert verdrängt wurde.

In jene ferne Welt neureicher Gründerzeitindustrieller gehören auch der *Schlotbaron*, der *Eisenbahnbaron* und der *Stahlbaron*. 1899 heißt es in der Novelle *Die Freunde*, die Karl Emil Franzos in der Zeitschrift *Die Jugend* veröffentlichte: »Mein Schwiegervater ist so'n Schlotbaron drüben bei Dortmund.« Doch der älteste auffindbare Beleg ist ein satirisches Gedicht von Arno Holz aus dem Jahre 1892: »Ihr wisst, ich bin kein ›Von‹-Verehrer, ich bin des Zeitgeists Straßenkehrer; doch protzigere Kerle sah ich noch nie, als die Schlotbarone der Plutokratie!« Sicher ist aber auch Holz nicht der Erfinder des Wortes. Dafür spricht, dass Bildungen mit *-baron* schon 1894 in einer Sitzung des Preußischen Landtags als allgemeines Sprachgut vorausgesetzt wurden. Da hält es ein Vertreter der ostelbischen Großgrundbesitzer in einer industriepolitischen Debatte für nötig, zu betonen: »Ich bemerke übrigens, dass ich weder Kohlenbaron noch Schlotbaron, noch Schnapsbaron, noch sonst irgendein Baron bin.« Die Schlotbarone waren die Vertreter des modernen Kapitalismus, die Großgrundbesitzer standen für traditionellere Formen der Ausbeutung. Antidemokratisch waren beide Gruppen eingestellt, weshalb der jüdische Religionsphilosoph Franz Rosenzweig 1917 resümiert: »Das Schwergewicht der neuen Rechten liegt nicht mehr in Ostelbien; nicht mehr der ›Krautjunker‹, sondern der ›Schlotbaron‹ ist ihr Träger.«

Als in den Siebzigerjahren der entsprechende Band des *Wörterbuchs der Deutschen Gegenwartssprache* in der DDR erschien, war das Wort *Schlotbaron* im Westen schon fast ausgestorben. Seit den Sechzigerjahren wurde es nur noch historisierend gebraucht, um längst vergangene Zeiten zu beschreiben. Die Wissenschaftler in Ost-Berlin und ihre ideologischen Aufpasser befanden das Wort trotzdem der Aufnahme für würdig. Vermutlich vor allem, weil es in der Agitation der frühen Arbeiterbewegung eine so große Rolle gespielt hatte. Noch Ernst Thälmann, der Kommunistenführer der Zwanzigerjahre, benutzte es, um die deutsche Klassengesellschaft zu beschreiben: »Auf der einen Seite die Arbeiterklasse und Millionen verelendeter Kleinbürger und Kleinbauern, auf der anderen Seite die ganze Bourgeoisie, von den rheinischen Schlotbaronen und den ostelbischen Junkern bis zu den liberalen Händlern.«

Noch früher hatte sich der *Eisenbahnbaron* aus dem deutschen Sprachschatz verabschiedet. Erstmals taucht das Wort 1869 im Lustspiel *Die Touristen* von Johann Jakob Forrer auf. Mit der Verstaatlichung des Schienennetzes wurde dieser Typus des Privatunternehmers, der durch spekulative Geschäfte mit dem Eisenbahnbau reich geworden war, zu einer legendären Figur.

Ein richtiges Comeback hat dagegen der erst seit 1943 belegte *Stahlbaron* erlebt. Zwar kann man in Deutschland schon lange kein Vermögen mehr mit Stahl begründen, aber seit in den Nullerjahren das indische Stahlunternehmen Mittal zum Global Player geworden ist, haben die Journalisten das schöne alte Wort eigens für dessen Gründer Lakshmi Mittal ausgegraben. Manchmal wird es für den Italiener Emilio Riva, Gründer des größten italienischen und viertgrößten europäischen Stahlkonzerns Ilva, benutzt. Und als im Sommer 2013 Berthold Beitz starb, wurde auch der ehemalige Krupp-Manager in manchen Nachrufen zum *Stahlbaron* geadelt.

Die im 19. Jahrhundert aufgekommene Sprachmode, Industrielle abwertend als *Barone* ihrer Branche zu bezeichnen, ist möglicherweise aus dem Englischen ins Deutsche herübergeschwappt. Denn Barone hat es eigentlich nur außerhalb Deutschlands gegeben, hierzulande war die korrekte Anrede stets *Freiherr*. Ein solcher war in Wirklichkeit auch Manfred von Richthofen. Den Titel *Baron* verliehen ihm erst die Engländer, als sie den Adelstitel des legendären Jagdfliegers übersetzten. Von dort ist der Spitzname *Roter Baron* dann nach Deutschland gewandert.

Auch der *robber baron*, der möglicherweise das Vorbild für unseren *Schlotbaron* war, ist ein Wanderer zwischen deutsch-englischen Sprachwelten. In den USA hatte man erstmals 1878 Figuren wie Andrew Carnegie und Cornelius Vanderbilt als *robber barons* bezeichnet. Das heißt wörtlich »Räuberbaron«. Aber eigentlich war es eine aus der historischen Literatur stammende Übersetzung des guten alten deutschen Wortes *Raubritter*, bevor es in polemischer Absicht auf Großkapitalisten gemünzt wurde.

Man könnte annehmen, dass der *Lügenbaron* der Vater aller mit *-baron* konstruierten Schimpfwörter ist. Denn die fiktiven Lebenserinnerungen des Hieronymus Carl Friedrich Freiherrn von Münchhausen erschienen ja bereits 1786. Das Wort *Lügenbaron* taucht dann erstmals 1841 in Karl Eduard Poelnitz' Buch *Militärische Briefe eines Verstorbenen an seine noch lebenden Freunde auf*. Gemeint ist dort natürlich – wie in fast allen Belegen – Münchhausen.

Mit dem Aussterben der Schwerindustriemagnaten in Deutschland wurde das Wort *Baron* frei für andere Branchen. Berüchtigt war der vielfach wegen Tierquälerei angeklagte Hühnerbaron Arnold Pohlmann. Der Bordellbetreiber Bert Wollersheim ist gelegentlich als *Puffbaron* oder *Rotlicht-Baron* bezeichnet worden.

Von allen unechten Adeligen hat aber der *Drogenbaron* zuletzt eine besonders beeindruckende Karriere hingelegt. Das Wort kam in Gebrauch, als in den Achtziger- und Neunzigerjahren erstmals Zeitungsartikel über die Kokainkartelle von Medellin und Cali veröffentlicht wurden. In den 95 Belegen, die das *DWDS* versammelt, taucht es 21-mal in der Kombination »kolumbianischer Drogenbaron« auf.

Sehr häufig ist der Drogenbaron übrigens auch ein Warlord, weil Terroristen oder Rebellen ihre militärischen Aktionen gerne durch Rauschgifthandel und -anbau finanzieren. Die größten Schurken werden so sprachlich gleich doppelt geadelt. Das Wort *warlord* existiert im Englischen seit 1856, es wurde zunächst fast ausschließlich für militärische Führer gebraucht, die in den endlosen Wirren der chinesischen Kriege und Bürgerkriege des frühen 20. Jahrhunderts auf eigene Rechnung operierten – ähnlich wie die Condottieri der italienischen Renaissance. Im Deutschen ist *Warlord* seit 1915 belegt. Da klagt ein Autor im *Jahrbuch der Deutschamerikaner* darüber, dass Kaiser Wilhelm von der englischen Presse mit diesem Titel verunglimpft würde. Ansonsten wird es fast immer auf das umkämpfte Asien bezogen, so etwa in einem Buch mit dem vielsagenden Titel *Die gelbe Front. Reise eines Kriegsberichterstatters in China* von 1940. In dem Maße, in dem

China sich nach dem Sieg Maos stabilisierte (von da an mordete nur noch einer, dafür umso gründlicher), kam das Wort für chinesische Verhältnisse außer Gebrauch und wurde frei für eine weiter gefasste Verwendung. Mittlerweile werden auch Militärunternehmer in Afghanistan oder Afrika so genannt.

Der berühmteste Drogenbaron der Gegenwart ist im Hauptberuf aber kein Warlord, sondern Chemielehrer. Der dunkle Glamour Walter Whites hat mittlerweile die Erinnerung an Typen wie Pablo Escobar verblassen lassen. Die meisten Menschen denken heute, wenn sie das Wort *Drogenbaron* hören, an den Protagonisten der amerikanischen Fernsehserie *Breaking Bad*, der sich vom Lehrer zum erfolgreichen Drogenhändler – nun, ja – hocharbeitet.

Mit dem *Hühnerbaron* und dem *Drogenbaron* haben die Wortbildungen mit -*baron* den Bereich der klassischen Schwerindustrie verlassen, der die frühen Prägungen *Schlotbaron*, *Stahlbaron* und *Eisenbahnbaron* ja alle angehörten. Heute kann es Barone in jeder Branche geben, sogar einen *Internetbaron* findet man beim Googeln, und in englischen Quellen wurde der zwielichtige deutsche Netzunternehmer Kim »Dotcom« Schmitz bei seiner Verhaftung als *web baron* bezeichnet. Interessant wird es, wenn der Lügenbaron der Bruder eines Holzbarons ist und beide obendrein echt adelige Freiherrn sind – wie im Fall von Ex-Minister Karl Theodor zu Guttenberg und seinem Bruder Philipp, dem Vorsitzenden des deutschen Waldbesitzerverbandes.

BAUSÜNDE

Heiliger Schinkel, vergib uns!

Alles ist in den letzten 200 Jahren säkularisiert worden. Sogar der Titel *Gott*, der ganz profanen Helden von Eric Clapton bis Steve Jobs verliehen wurde. Und während sich kein Mensch mehr um den traditionellen Sündenkatalog der katholischen Kirche schert, haben wir es mit neuen Vergehen zu tun, über die sich der Moralist von heute oft mehr erregt als über Klassiker wie Völlerei, Unzucht oder Geiz. Die Moderne hat uns den Ausdruck *Verkehrssünder* beschert, dessen Wortgeschichte sich bis in die Zwanzigerjahre zurückverfolgen lässt, der aber erst in der Nazizeit richtig zu florieren begann, und auch den *Steuersünder*, über den schon 1911 im österreichischen Reichsrat geredet wurde. Anfang der Siebzigerjahre kam der *Umweltsünder* dazu. Deutlicher seltener sind die Wörter *Verkehrssünde*, *Steuersünde* und *Umweltsünde*. Wir haben es hier mit dem Paradoxon von Sündern ohne Sünde zu tun. Genau andersrum verhält es sich mit *Bausünde*. Diese ist allgegenwärtig – sprachlich wie physisch. Vom *Bausünder* hört man dagegen fast nie. Vielleicht erklärt es die ganze brutale Hässlichkeit moderner Architektur, dass man hier offenbar sündigen kann, ohne *Sünder* gescholten zu werden.

Das Wort *Bausünde* ist deutlich älter als die anderen genannten, und es entstammt einem Milieu, in dem die Baukunst tatsächlich noch einen sakralen Anspruch hatte: dem Kreis um Karl Friedrich Schinkel, den romantischen Baumeister und vielleicht größten Gesamtkünstler, den Deutschland je hervorgebracht hat. Schinkels Schüler Carl August Menzel benutzt es 1845 in seinem Traktat *Grundzüge zur Vorschule einer allgemeinen Bauformenlehre*, wo er über die Kirchenbaukunst der Jahrhunderte vor der französischen Revolution spottet: »Der sogenannte romantische Styl war in der Anwendung verschwunden, und der sogenannte klassische Styl begann zu herrschen, und wenn ein Baumeister seinen Vignola gehörig auswendig wusste, was man ihm in allen Bau- und Kunstakademien in kurzer Zeit für ein billiges Geld beibrachte, bedurfte er nichts weiter zu lernen, denn alles, was er brauchte, war bis auf die kleinsten Maaße genau vorgeschrieben, und jede Abweichung von der Regel wurde als Bausünde betrachtet.«

Mit Vignola gemeint war der italienische Barockarchitekt Jacob Barozzi von Vignola, der mit Michelangelo gearbeitet hatte. In seinem theoretischen Hauptwerk *Regola delle cinque ordini d'architettura (Regeln der fünf Ordnungen der Architektur)* versuchte er 1562 architektonische Gliederungselemente in einer festen Wechselbeziehung von Zahlen zu normieren. Das Buch wurde 1720 von dem sächsischen Architekten Johann Rudolph Fäsch bearbeitet und als *Grund-Regeln über Die Fünff Säulen* verdeutscht. Es prägte mit zahlreichen Neuauflagen die deutsche Baukunst für lange Zeit. Noch 100 Jahre später war ein *Der kleine Vignola* genanntes Lehrbuch Bestandteil der Architektenausbildung.

Am Anfang war die Bausünde ein schlichter Regelverstoß. Aber schon im 19. Jahrhundert nimmt sie die heutige Bedeutung an, die der dreibändige Duden so erläutert: »nicht in das Orts- und Landschaftsbild passendes, hässliches, unsachgemäß errichtetes oder renoviertes Bauwerk«. Um eine derartige Definition hatte bereits 1865 der Verein zur Förderung baulicher Interessen in Frankfurt am Main gerungen, dessen Mitglieder nach einem Bericht des *Intelligenz-Blatt der freien Stadt Frankfurt* beschlossen, auf die Tagesordnung zu setzen, »was man denn unter einer Bausünde verstehe«. Zuvor hatte der Buchhändler Friedrich August Ravenstein eine neue Bausünde auf dem Westendplatz zur Sprache gebracht.

Bei Theodor Fontane, der das Wort 1899 in seinem Roman *Der Stechlin* verwendet, ist die Bausünde dagegen kein Gebäude sondern ein Geschmacksverstoß innerhalb eines Hauses. Über einen »ziemlich pittoresken Portikus« heißt es dort, von ihm habe ein hauptstädtischer Architekt mal gesagt, »sämtliche Bausünden von Schloss Stechlin würden durch diesen verdrehten, aber malerischen Einfall wieder gut gemacht«.

Richtig Karriere machte *Bausünde* erst in den Zwanziger- und Dreißigerjahren. Die Bauten der Moderne weckten offenbar das Bedürfnis nach einem Verdammungswort, mit dem man sein Befremden über die neue Architektur zum Ausdruck bringen konnte. In der zweiten Hälfte der Vierzigerjahre kommt sein Gebrauch dann wahrhaftig zum Erliegen. Offenbar gab es in den deutschen Trümmerwüsten der Nachkriegszeit keine Häuser mehr, die man als Bausünden empfand. Man war froh über jedes, das noch stand.

Zu florieren beginnt *Bausünde* wieder in den Siebzigerjahren, als man sich allmählich nicht mehr über jeden neuen Betonklotz freute, sondern sich gegen die Zumutungen der brutalistischen Architektur zu wehren begann. *Die Bausünden der Nachkriegszeit* werden zu einer populären Redewendung. Nach der Wende macht dieser Genitivattributkomposition allenfalls noch die Phrase von den *Bausünden des Sozialismus* Konkurrenz.

In einem Land mit schrumpfender Bevölkerung, wo Häuser im Überfluss vorhanden sind, ist die Bausünde nicht lässlich, sondern todeswürdig. Und in Berlin erhofft man sich eine Reinigung von den Bausünden, die die DDR in der Mitte der Stadt hinterlassen hat. Gesammelt werden auch Spenden für den Wiederaufbau von Karl Friedrich Schinkels Bauakademie – gleich neben dem Schlossneubau und nahe der Museumsinsel. Es ist, als wäre Schinkel, in dessen Umfeld die Bausündenlehre erstmals architekturtheologisch formuliert wurde, der Heilige, von dem man sich nun Absolution für die Verirrungen und Versäumnisse der Gegenwart erhofft.

DENGLISCH

Wenn das Wording
bullshit ist

Deutsch ist in den Augen seiner furchtsamen Liebhaber immer eine gefährdete Sprache gewesen. Bevor sie glaubten, es gegen Denglisch in Schutz nehmen zu müssen, sahen sie es durch Verwelschung bedroht. Allerdings liegt der Höhepunkt dieser Bedrohung schon eine Weile zurück, in der Barockzeit. Damals wurden zum ersten Mal Sprachgesellschaften gegründet, die sich bemühten, das Deutsche von vor allem französischen und italienischen Fremdwörtern zu reinigen und diese durch deutsche Begriffe zu ersetzen. Noch der einflussreiche Wörterbuchmacher Joachim Heinrich Campe kämpfte mit seinen 11 000 Verdeutschungen gegen das zu seinen Lebzeiten (1746–1818) dominierende Französisch. An das Sprachgemisch aus Deutsch und romanischen Wörtern, das viele Halbgebildete in diesen Jahrhunderten sprachen, erinnert noch heute unser Wort *Kauderwelsch*, das sich aus *Welsch*, womit man romanische Sprachen, besonders das Italienische bezeichnete, und *Kauderer*, einem alten oberdeutschen Wort für die viel reisenden und in vielen Sprachen parlierenden Kleinhändler, zusammensetzt.

Die Bedrohung durch das Welsche hat aber spätestens im 19. Jahrhundert spürbar nachgelassen, und deshalb fragt man sich als Deutscher unwillkürlich, wie alt Walter Heuer eigentlich war, als er eine am 12. Mai 1968 in der *Neuen Zürcher Zeitung* erschienene Sprachglosse mit dem Satz begann: »Die ältere Generation erinnert sich der Zeit, da mit einigem Grund über die fortschreitende Verwelschung unserer deutschen Sprache geklagt wurde.« Doch Heuer war Chefkorrektor des Traditionsblattes und eine Schweizer Sprachinstitution. Im Nachbarland haben die beiden kulturell führenden Staatsvölker immer um Einfluss gerungen, und es mag sein, dass sich Heuer an einen nicht allzu weit zurückliegenden Moment erinnert, in dem das Französische gerade mal wieder die Oberhand zu gewinnen schien.

Viel interessanter als diese innerschweizerischen Rivalitäten ist für uns Deutsche der Titel der Glosse: »Sprechen Sie Denglisch?« Es ist der älteste Beleg für dieses mittlerweile allgemein bekannte Schreckwort, bei dessen bloßer Nennung sich Puristen die Nackenhaare sträuben. Heuer war vor allem durch sein 1960 erschienenes Buch *Richtiges Deutsch*, das bis heute dreißig Auflagen erlebt hat, zur nationalen Institution geworden. Ein Ausdruck, den Heuer benutzte, hatte gute Chancen, sich dauerhaft zu etablieren.

Sehr wahrscheinlich hat Heuer den Ausdruck *Denglisch* sogar erfunden. Und der Oberkorrektor deutet selbst an, dass er *Denglisch* nach französischem Vorbild geprägt habe. In Paris habe die »Bedrohung« durch das Englische bereits ein warnendes Buch hervorgebracht, das *Parlez-vous franglais?* heiße. Sein Kolumnentitel sei also eigentlich ein Plagiat, schreibt Heuer. Das ist übertriebene Bescheidenheit: *Denglisch* war eine ziemlich geniale Lehnübersetzung des französischen *franglais*.

Das Wort und sein Gegenstand müssen damals geradezu in der Luft gelegen haben. 1972 erschien in der Zeitschrift *Sprachspiegel* des Schweizerischen Vereins für die deutsche Sprache ein Aufsatz, der dazu aufrief: »Nehmen wir das ›Denglisch‹ so aufs Korn wie die Französischsprachigen das ›Franglais‹ bekämpfen.« Wer jemals mit Schweizer Führungskräften zu tun hatte, weiß, dass dieser Aufruf folgenlos blieb. Ich hatte einmal einen Chefredakteur aus der Schweiz. Wenn man ihn nicht verstand, konnte man nie ganz sicher sein, ob er gerade auf Schwyzerdütsch dialektelte oder Probleme mit dem *handling* seines *Denglisch* hatte. Sein *wording* war *bullshit*.

Ich selbst habe das Wort *Denglisch* zum ersten Mal in den Neunzigerjahren gehört: als die amerikanische Unterhaltungskünstlerin Gayle Tufts anfing, ihr deutsch-englisches Sprachgemisch als Stilmittel bei ihren Shows in Berlin einzusetzen. Als literarisch-komödiantisches Verfahren hatte der Schriftsteller Werner Lansburgh ein ähnliches Sprachenmischmasch schon 1977 in seinem Roman *Dear Doosie* fruchtbar gemacht. In den Rezensionen wurde das dann auch schon gelegentlich als *Denglisch* bezeichnet.

Doch so richtig bekannt wurde der Begriff erst dank Gayle Tufts. Die Berliner Stadtzeitung *Zitty* fragte die Sängerin 1997 zur Einleitung eines Gesprächs: »Wie wollen wir das Interview führen: auf Deutsch, Englisch oder Denglisch?« Tufts antwortete: »Denglisch natürlich. Denglisch, das ist so halbes Deutsch, halbes English – and basically what most Americans speak for die erste Zeit that sie wohnen hier in Berlin.« Als Berliner muss ich leider sagen: Mittlerweile sprechen Sie noch nicht einmal mehr Denglisch. Viel Aufsehen erregten vor ein paar Jahren Berichte über Cafés und Bars wie The Barn in Prenzlauer Berg, wo die Bedienungen nur Englisch beherrschen und Bestellungen auf Deutsch nicht einmal akzeptieren könnten, wenn sie es wollten.

Doch so sehr sich Sprachpuristen über solche Besatzermentalitäten erregen können, wirkliche Sorgen bereiten ihnen nicht die Amerikaner, die Denglisch sprechen, sondern die Deutschen. Ein Freund machte sich kürzlich über eine berufliche Mail lustig, mit der zu einem »meeting zum alignen von diversen deep dives« eingeladen wurde. Eigentlich dachte man ja, der Höhepunkt dieses Protzkauderwelsch sei überschritten gewesen, als die Telekom und die Bahn für ihre deutsch-englischen Exzesse in den Neunzigerjahren ausgiebig der Lächerlichkeit preisgegeben wurden. Doch das war offenbar eine trügerische Hoffnung.

Der Anlass für die Klage der Sprachpuristen in der Schweiz war das Wort *City*, mit dem seit 1972 Autofahrer auf Hinweisschildern in die Innenstadt gelotst werden. Sätze wie der oben zitierte, in denen sich englische und pseudoenglische Ausdrücke so sehr häufen, dass sie auf den Leser oder Hörer schon wie eine Parodie wirken, waren damals noch nicht alltäglich. Vermehrt aufgetreten ist das sprachliche Phänomen Denglisch seit den Achtzigerjahren, zunächst in der Werbesprache, dann im Internetjargon und in der Sprache der Geschäftswelt und der Medien, wo es offenbar zu den unerlässlichen »management skills« gehört.

Obwohl es – wie wir gesehen haben – schon mindestens seit 1968 in der Luft lag, wird das Wort *Denglisch* erst zwei Jahrzehnte später zum Kampfbegriff. Bis dahin war es zwar immer mal wieder in sprachkritischen Texten aufgetaucht. Oft stand es noch in Anführungsstrichen, um die Neuheit hervorzuheben. Und viele der Autoren, die es benutzten, glaubten vermutlich, sie selbst hätten es gerade erfunden. Mein Lieblingsbeispiel ist ein englischsprachiger Beitrag in der *Zeitschrift für das gesamte Kreditwesen* von 1978, in dem die Sprache innerhalb des deutschen Bankenwesens mit dem Blick eines amüsierten Ethnologen beschrieben wird: »Sometimes the explanations have had to be written in a mixture of German and English, a kind of Denglisch used by German bankers even when they talk to each other.« Zunächst konkurriert *Denglisch* aber im polemischen Meinungskampf – wie man einer Mitteilung des Germanistenverbandes von 1983 entnimmt – noch mit gleichbedeutenden Ausdrücken wie *Angeldeutsch*, *Amideutsch*, *Engleutsch*, *Deunglisch* und *Gerglisch*.

Doch in den Neunzigerjahren setzt es sich durch. Entsprechende Google-Statistiken zeigen einen steilen Anstieg im Wortgebrauch: Die Benutzungshäufigkeit von *Denglisch* hat sich seit 1992 fast verzehnfacht. In die Wissenschaft ist das Wort zu diesem Zeitpunkt längst eingeführt. 1991 widmet Martin Lehnert ein ganzes Kapitel in seinem Buch *Anglo-Amerikanisches im Sprachgebrauch der DDR* dem Phänomen Denglisch im gerade untergegangen ersten sozialistischen Staat auf deutschem Boden.

Der Kampf gegen das Denglische hat mittlerweile fast genauso viel Blödsinn hervorgebracht wie das Denglische selbst. Amazon listet 83 Bücher, die den Ausdruck im Titel führen oder sich damit beschäftigen – selten sachlich, meist kritisch, besonders häufig humoristisch – mit Witzen, die sich ermüdend ähneln. Von Gayle Tufts hört man unterdessen nicht mehr viel. Die Konkurrenz auf dem Denglisch-Humorsektor ist zu groß geworden und die Witzware durch Massenproduktion entwertet.

FAKE

Irgendwas mit Jazz,
Orgasmen und Varoufakis

Der Platz zwischen *Fäkaldünger* und *Fakir* war im Duden lange frei. Irgendwann zwischen der 20. Auflage 1990 und der 24. Auflage 2006 ist er dann von *Fake* besetzt worden. Wenn das ein Nomen ist, lässt der Duden offen, ob es sich um Neutrum oder Maskulinum handelt. Die Linguistin Susanne Flach hat es in einem Artikel, der das Wort als Kandidat für den Anglizismus des Jahres 2013 vorstellt, aber auch als Präfix identifiziert.

In der Tat ist *fake-* in der deutschen Sprache heute unfassbar produktiv – vom *Fake-User* über die *Fake-Jeans*, den *Fake-Nerz* bis zu *Fake-Berlinerisch* und *Fake-Interview* reichen die Beispiele, die Flach nennt. Vereinzelt werden mit der Vorsilbe auch Adjektive wie *fake-artig*, *fake-verseucht* und Verben wie *fake-fiedeln* gebildet. Und es gibt das weit verbreitete Verb *faken*. Der Orgasmus wird ja auch hierzulande schon lange nicht mehr vorgespielt, sondern gefakt. Man sieht daran: *Fake* war schon vor #varoufake und #varoufakefake eingeführt. Unter diesen

Hashtags wurde 2015 einen Tag lang wie wild darüber diskutiert, ob das Team des Fernsehunterhalters Jan Böhmermann den Stinkefinger des griechischen Finanzministers Yanis Varoufakis tatsächlich gefälscht habe.

Die Bedeutungsnuancen sind vielfältig, aber sie beinhalten alle die Vorstellung, dass als *Fake* bezeichnete Dinge und Sachverhalte imitiert, vorgespielt, pseudo, in jedem Falle also unecht sind. In einem der ersten gedruckten Belege wird es definiert: »Ein neues englisches Zauberwort heißt fake; einen Fake machen heißt faken; und die Leute, die so was tun, heißen Faker. Wer noch nicht auf dem Laufenden sein sollte: Ein Fake ist eine Fälschung, und ein Faker ist ein Fälscher.« So steht es 1990 in dem Buch *Dies Buch ist pure Fälschung* von Peter Huth und Ernst Volland.

In Zeitungen lässt sich *Fake* sogar bis 1968 zurückverfolgen. Damals heißt es in der *Zeit*, Präsident Lyndon B. Johnson werde sich in Vietnam auf keinen *fake peace* einlassen, und das Wort wurde mit »Scheinfrieden« übersetzt. Danach taucht *Fake* zwanzig Jahre lang immer mal wieder als Zitat auf. 1985 ist das Wort dann offenbar so eingebürgert, dass man auf Anführungszeichen verzichtet. Ein Kritiker schreibt über die Bücher des Drogen-Esoterikers Carlos Castaneda: »Natürlich sind Castanedas Bücher ein fake. Natürlich hat er uns mit seiner Mixtur aus anthropologischer Literatur plus Mystik plus Capra plus charmant-naiver Schreibe an der Nase herumgeführt.« Ein Jahr später steht in einer Besprechung des Kinofilms *Absolute Beginners*: »Der kriegsversehrte Bettler an der Ecke ist natürlich nicht blind, alles fake, und falsch sind auch die

Silikon-Brüste der großen dicken Lesbe in der aufreizenden Leopardenhose.«

Autor der Kritik ist der heute als Schriftsteller bekannte Maxim Biller. Dass der junge Held des Films verrückt nach Jazz ist, lässt vermuten, Biller habe das Wort aus der Berichterstattung über die Lounge Lizards aufgeschnappt, einer Band um den Saxophonisten und Schauspieler *(Down by Law)* John Lurie. Die Lounge Lizards nannten ihre Musik *fake jazz*. Bald nachdem sie 1981 ihre erste Platte veröffentlicht hatten, berichteten Magazine wie *Spex* und *Sounds* über sie und machten so *fake* auch Nicht-Anglisten bekannt. In anglistischen Fachbüchern wurde es seit den Dreißigerjahren als Slangwort erläutert.

Im Englischen ist *fake* erst seit 1775 belegt, aber es gibt viele Theorien, die über eine Verwandtschaft mit altenglisch *fācn* »Betrug« oder altnordisch *fjuka* »verblassen, verschwinden« oder *feikn* »komisch, unnatürlich« spekulieren. Möglicherweise besteht auch eine etymologische Verbindung zum deutschen *fegen*. Manche führen es auch auf lateinische *facere* »tun, machen, handeln« zurück. Ein *Fake* wäre dann wörtlich etwas Gemachtes.

FEMINISMUS

Von der Drüsenkrankheit zur Frauenbewegung

Von allen politischen Ideologien, die das 20. Jahrhundert bewegten, hat sich nur der Feminismus einigermaßen unbefleckt ins neue Jahrtausend gerettet. Feministinnen sind zwar nicht überall beliebt, aber man kann ihnen nicht nachsagen, dass sie jemals irgendwo irgendwann Millionen Menschen umgebracht hätten – so wie Kommunisten und Faschisten. Die Adaptionsfähigkeit an neue Zeiten zeigt sich auch darin, dass man häufig auf das Wort *Netzfeminismus* stößt, aber selten bis gar nicht vom *Netzkommunismus* oder *Netzfaschismus* liest.

Aber seit wann gibt es das Wort *Feminismus* überhaupt? Eine Frauenrechtsbewegung existierte in Deutschland spätestens, seit Louise Otto-Peters und Auguste Schmidt 1865 den Allgemeinen Deutschen Frauenverein gegründet hatten. Doch man sprach im Zusammenhang damit eher von *Emanzipation* (in Bezug auf Frauen etwa seit Mitte des 19. Jahrhunderts), *Gleichberechtigung der Frauen* (seit 1862), *Frauenbewegung* (seit 1865) und *Suffragetten* (seit Anfang des 20. Jahrhunderts).

Die Entstehung des modernen Feminismus wird gemeinhin mit der Veröffentlichung von Simone de Beauvoirs *Le Deuxième Sexe* 1949 verbunden, das zwei Jahre später als *Das andere Geschlecht* auf Deutsch erschien. Doch das Wort ist älter. Der früheste auffindbare Beleg stammt von 1892 – und zeigt, dass sich an den Klischees über Feministinnen in den vergangenen 124 Jahren nichts geändert hat. Da meint ein Journalist im *Pester Lloyd*, einer deutschsprachigen Zeitung in Budapest: »Man kann sogar einen Zusammenhang zwischen Unschönheit und Feminismus konstatieren.« Der Ausdruck ist schon um 1900 ein gängiges Medienwort; die *Vossische Zeitung* berichtet 1904 über *Frauenrechtlerinnen* (das Wort gibt es auch schon seit mindestens 1876) in den USA unter der Überschrift »Der Feminismus in Amerika«.

1923 gibt Leopold von Wiese im von Max Marcuse herausgegebenen *Handbuch der Sexualwissenschaft* eine ziemlich gegenwärtig anmutende Zusammenfassung der Debatten um den Feminismus: »In den romanischen Ländern versteht man unter Feminismus vielfach ein System, in dem Forderungen der Frauenbewegung und Frauenemanzipation zusammengefasst sind. In Deutschland hat der Sinn des Wortes bisweilen eine etwas andere Färbung bekommen. Die Gegner der Frauenemanzipation gebrauchen es gern mit einer herabsetzenden oder anklagenden Nebenbedeutung; sie verstehen unter Feminismus alle Bestrebungen auf Verweiblichung der Kultur und sehen darin etwas Unheilvolles. Diese Abwehrbemühungen werden auch Antifeminismus genannt.«

Es kam den Gegnern zustatten, dass in der medizinischen Fachsprache *Feminismus* einen ganz anderen Sinn hatte. Gemeint waren damit verschiedene krankhafte Fehlentwicklungen des männlichen Körpers, die man als Verweiblichung ansah: Das konnte einerseits eine Hypoplasie, also Unterentwicklung der Hoden oder des Penis sein, anderseits war auch Gynäkomastie, die gutartige Vermehrung des Brustgewebes beim Mann, eines der unter dem Oberbegriff *Feminismus* zusammengefassten Krankheitsbilder.

Zwittertum und *Hermaphroditismus* gehören ebenfalls zu diesem Wortfeld. 1896 erschien das Buch *Die Zwitterbildungen: Gynaekomastie, Feminismus, Hermaphrodismus* von Emile Laurent auf Deutsch. Der Übersetzer Hans Kurella schreibt im Vorwort: »Nun ist es nicht angängig, eine absolute Grenze zu ziehen zwischen Hermaphrodismus und Feminismus, resp. Masculinismus, d. h. zwischen Inversion der sekundären und Inversion der tertiären Geschlechtsmerkmale.«

In den medizinischen Fachpublikationen der Zeit wird jener Feminismus selten mit wissenschaftlicher Kühle betrachtet, sondern meist mit spürbarer Panik als Entartung und Vorstufe und Begleiterscheinung von Infantilismus und Idiotie. Der Feminismus ekelte diese Ärzte an – dabei ist er zunächst eine sehr männliche Angelegenheit gewesen: Männer litten unter ihm, Männer schrieben über ihn (weil es noch so gut wie keine Ärztinnen gab), und angeblich war es auch ein Mann, der dem Wort seine moderne politische Bedeutung gab: Der französische Frühsozialist

Charles Fourier soll *feminisme* 1837, im Jahr seines Todes, geprägt haben, behauptet das maßgebliche etymologische Lexikon des Französischen, der *Grand Robert*. Von Feministinnen ist das mit einigem Recht bestritten worden. Einen Beleg im Werk Fouriers hat bisher niemand gefunden.

Im Englischen dagegen existiert *feminism* seit Anfang des 19. Jahrhunderts in der Bedeutung »Weiblichkeit, Eigenschaften einer Frau«, später dann als medizinischer Terminus. Erst seit 1895 (also später als im Deutschen) ist es im Sinne von »Frauenrechtsbewegung« nachgewiesen.

Jünger ist *Feminazi*, ein sogenanntes Portmanteau-Wort (nach französisch: *portmanteau* »Handkoffer«), in dem die Wörter Feministin und Nazi handlich zusammengestaucht sind. Es taucht zum ersten Mal Ende der Achtzigerjahre im amerikanischen Englisch auf – als Schimpfwort radikaler Abtreibungsgegner, die die massenhafte Tötung ungeborener Kinder mit dem Holocaust gleichsetzen. Der Radiopropagandist Rush Limbaugh hat *Feminazi* seitdem bei seiner konservativen männlichen Hörerschaft populär gemacht. Er selbst sagt, er hätte es von einem Freund, dem Juraprofessor Thomas Hazlett, gelernt.

Mittlerweile hat das Wort auch seinen Weg nach Deutschland gefunden. Es gehört – wie *Islamofaschismus* oder *Blockwart* (für Leute, die auf Hetze in sozialen Netzwerken hinweisen) – zu den Begriffen, mit denen ausgerechnet Rechte neuerdings ihre Gegner und Feindbilder als Nazis diffamieren.

FUCK

Wie das vulgärste englische Wort
ins Deutsche kam

Kein deutscher Film war in den letzten Jahren erfolgreicher als die Schulkomödie *Fack ju Göhte*. Ganz nebenbei wurde damit bewiesen: Das englische Verb *fuck* und die dazugehörige Redensart *fuck you!* sind mittlerweile so gut in Deutschland eingeführt, dass Leute, die sich Filmtitel ausdenken, davon ausgehen, das Publikum verstehe die falsche Schreibung so, wie sie gemeint ist: als ironischen Gag, der auf das gesellschaftliche Thema dieses leichten Unterhaltungsfilms hinweist – die deutsche Bildungsmisere.

In Berlin gibt es zwar schon lange zwei Bekleidungsgeschäfte, deren Name ein noch komplizierteres Spiel mit dem englischen Originalfluch treibt: die Yackfou-Shops. Aber das sind Hipster-Läden in Friedrichshain und Prenzlauer Berg. *Fack ju Göhte* ist ganz breiter Mainstream.

Englische Muttersprachler staunen darüber, dass ein so obszönes Wort wie *fuck* in Deutschland sogar als tauglich für den Titel eines ausgesprochenen Familienfilms angesehen wird (in den Kommentaren der Onlineforen kommen häufig Eltern zu Wort, die *Fack ju Göhte* zusammen mit ihren Kindern geschaut haben).

Erst recht hätte ein Film mit dem Titel *Fuck you Shakesbeere* keinerlei Chancen, in amerikanischen Kinos ein Millionenpublikum zu erreichen. Wenn er an der Selbstzensur der Filmindustrie vorbeikäme, würden ihn die Kinobetreiber nicht zeigen, und wenn sie ihn zeigen würden, würden Familienväter nicht mit ihren Kindern hineingehen. Denn *fuck* wird »immer noch als der vulgärste Ausdruck der englischen Sprache« angesehen. So steht es auf dem Umschlag der Wort-Monographie *The F-Word*, die Jesse Sheidlower herausgegeben hat.

Sheidlower ist leitender Redakteur beim *Oxford English Dictionary* mit Schwerpunkt auf den Sachgebieten Slang und nordamerikanischer Wortgebrauch. Und so ist sein Buch auch eine Art Wörterbuch zu einem einzigen Wort und seinen Varianten; es enthält Einträge zu so gut wie jeder Bedeutung von *fuck*, zu jedem zusammengesetzten Wort und zu jeder Redewendung, deren Bestandteil *fuck* ist. Wir erfahren, dass *fuck* als Verb mit der Bedeutung »kopulieren« erstmals kurz vor 1500 in einem englischen Text auftaucht und als Hauptwort und Bezeichnung für den Kopulationsakt erstmals 1680. Doch *fuck* ist natürlich viel älter. Ähnliche Wörter existieren in mehreren germanischen Sprachen – außer dem deutschen *ficken* gibt es noch Vergleichbares im Holländischen und Schwedischen. Das Wort ist also gemeingermanisch, wie Linguisten sagen. Die Wahrscheinlichkeit, dass die alten

Germanen einen ähnlichen Ausdruck hatten, ist riesengroß.

Möglicherweise bedeutete dieses germanische Wort zunächst auch nur »reiben« oder »kurze rasche Bewegungen hin und her machen«. In dieser Bedeutung existiert das Wort *ficken* frühneuhochdeutsch und in einigen Dialekten. Das *Deutsche Wörterbuch* von Hermann Paul zitiert Eduard Mörike mit dem schönen Satz: »Mich kränkt es, mich fickt's« (etwa so, wie man heute sagen würde: »Das juckt mich«).

Doch obwohl es uralt ist, lässt sich *fuck / ficken* in keiner Sprache vor dem 14. Jahrhundert nachweisen. In Deutschland taucht *ficken* zum ersten Mal 1558 in Michael Lindeners Schwankbuch *Rastbüchlein* auf. Der älteste Hinweis auf seine Existenz im Englischen ist der Spitzname *Roger Fuckebythenavel* (was man mit »Roger der Nabelficker« übersetzen kann) in Gerichtsprotokollen aus Chester County der Jahre 1310 und 1311. Sheidlower hat dafür mehrere Erklärungen: »Die einfachste – und möglicherweise die einleuchtendste – ist, dass das Wort mit einem so starken Tabu belegt war, dass es im Mittelalter einfach nie aufgeschrieben wurde.«

Wie weitverbreitet *fuck* aber schon in der frühen Neuzeit gewesen sein muss, sieht man daran, dass Shakespeare zwar nie das Wort selbst gebraucht, sich aber allerhand Anspielungen darauf erlaubt. So gibt es etwa in einer Lateinlektion in *Die lustigen Weiber von Windsor* den *fockative* – korrekt heißt der lateinische Anredefall *Vokativ*, englisch *vocative*.

Trotzdem blieb *fuck* lange ein verbotenes Wort. Man konnte es privat sagen, aber sein öffentlicher Gebrauch war undenkbar. Der Theaterkritiker Kenneth Tynan erlangte weit mehr Ruhm durch die skandalöse Tatsache, dass er 1963 *fuck* im Fernsehen sagte, als durch seine Rezensionen. Lange galt er in der angelsächsischen Welt als der Erste, der diesen ungeheuerlichen Mut oder diese ungeheuerliche Frechheit aufgebracht hatte. Mittlerweile weiß man, dass ihm der irische Dichter Brendan Behan 1956 bei einem Fernsehauftritt zuvorgekommen war. Doch obwohl Behan das Wort gleich mehrfach gebrauchte, protestierte niemand. Joe Moran, Autor des Buches *Armchair Nation* über die Geschichte des englischen Fernsehens, erklärt das so: »Vielleicht lag es daran, dass Behans Aussprache so undeutlich war, weil er sich vor dem Auftritt total betrunken hatte. Stattdessen riefen Hunderte Zuschauer an, um sich zu beschweren, dass sie Behans Dubliner Akzent nicht verstehen könnten.«

Noch heute kann man auf ähnliche Weise Ruhm erlangen. Der Schriftsteller Jonathan Lethem durfte sich 2013 einige Tage lang darüber freuen, dass er anscheinend der Erste war, der *fuck* in die ehrwürdigen Seiten der *New York Times* geschmuggelt hatte – bis die Zeitung aufklärte, dass sie das Wort schon einmal gedruckt hatte: 1998, als sie den Starr Report, den Untersuchungsbericht über die sexuellen Aktivitäten von Präsident Bill Clinton mit Monica Lewinsky, dokumentierte.

Das Verdienst, *fuck* und mit ihm die Redewendung *fuck you!* einer breiten deutschen Öffentlichkeit bekannt gemacht zu haben, gebührt Ralf-Rainer Rygulla. 1968 publizierte der Schriftsteller eine Anthologie neuester amerikanischer Underground-Lyrik, die er *Fuck you!* betitelte – nach der Zeitschrift *Fuck You: A Magazine of the Arts*, die der Beat-Poet Ed Sanders seit 1962 in Amerika herausgab. Rygullas Gedichtsammlung war ein Riesenerfolg.

Zu den dort vertretenen Autoren gehörte neben Ed Sanders und Tuli Kupferberg auch Charles Bukowski, dessen Erzählung *Fuck Machine* einem 1977 erschienenen Sammelband den Titel gab. Das Buch, das damals wirklich jeder gelesen hat, machte »das vulgärste Wort der englischen Sprache« endgültig auch im Deutschen heimisch. 1977 war obendrein das Jahr, in dem der Punk seinen Durchbruch auch in Deutschland erlebte – und die Punks waren sehr eifrige *Fuck*-Sager. Schon um 1980 war der Ausruf *Fuck!* zum Modefluch in Szenekreisen geworden.

Es führt also ein Weg vom *Fuck you!*, das der Dichter Ed Sanders vor fünf Jahrzehnten in New York dem Establishment entgegenschleuderte, zum Titel eines deutschen Mainstreamfilms von heute, der den Namen eines anderen Dichters durch den Kakao zieht.

Goethe selbst, der auch ziemlich derb sein konnte, wenn's passte, hat das Wort *ficken* übrigens nie gebraucht – zumindest nirgendwo schriftlich.

-GATE

Das Tor zur Hölle

Unter einem *Toilettengate* stellt sich der Unbedarfte vielleicht eines dieser Drehkreuze vor, an denen man 50 Cent einwerfen muss, bevor man eine Bahnhofstoilette oder die Klos einer Autobahnraststätte benutzen darf. Doch das Toilettengate, das Ende 2014 die Bundestagsfraktion der Linkspartei spaltete, war ganz anderer Natur: Drei linke Parlamentarierinnen hatten im Bundestag zwei radikale Israelkritiker begrüßt, die den jüdischen Staat gerne und oft mit Nazideutschland vergleichen. Das wollten sie auch im Sitzungssaal der Linken im Bundestag tun. Doch der Linkspartei-Fraktionschef Gregor Gysi untersagte die Veranstaltung. Daraufhin wollten ihn die beiden Redner, ein Amerikaner und ein Israeli, zur Rede stellen. Als Gysi nicht mit ihnen sprechen mochte, verfolgten sie ihn bis auf die Toilette. Einer von ihnen filmte die Rüpelei mit seinem Handy und stellte den Film ins Internet. *Toilettengate* war geboren.

Die aus dem Englischen geborgte Wortbildungsnachsilbe *-gate* ist in jüngster Zeit im Deutschen sagenhaft produktiv geworden – fast jeder politische Zwischenfall wird in den Medien zum -gate. 2013 wurde sie gar zum Anglizismus des Jahres gewählt.

Es war eine späte Karriere. Denn -gate ist in der deutschen Wortbildung schon vereinzelt produktiv, seitdem 1987 die Affäre um die Machenschaften, den Rücktritt und anschließenden Selbstmord des schleswig-holsteinischen CDU-Ministerpräsidenten Uwe Barschel als *Waterkantgate* etikettiert wurde. Es war das erste Mal, dass ein deutsches Wort nach diesem Muster gebildet wurde. Sprachliches Vorbild war natürlich der *Watergate*-Skandal, der 1972 begann und im Jahre 1974 zum Rücktritt des amerikanischen Präsidenten Richard Nixon führte. Als Urheber des Wortes *Waterkantgate* galt bei den Zeitgenossen das Magazin *Der Spiegel*, davon geht unter anderem ein Artikel in den *Nürnberger Nachrichten* aus, der im Dezember 1987 über die Wahl der Wörter des Jahres berichtete. Dort belegte *Waterkantgate* den dritten Platz hinter *Aids* und *Kondom*.

Im Englischen hatte sich die Endung -gate zur Benennung von Skandalen aller Art schnell selbstständig gemacht. 1973 bezeichnete zunächst die Satirezeitschrift *National Lampoon* eine Affäre in Russland als *Volgagate*. Besonders populär wurde ab 1986 *Irangate*, als Bezeichnung für die Affäre um Gelder aus Waffenverkäufen an den Iran, die unter Präsident Ronald Reagan an die rechtsgerichteten Contra-Rebellen in Nicaragua weitergeleitet wurden. *Irangate* wurde seinerzeit auch in deutschen Medien oft zitiert. Möglicherweise hat erst diese Schöpfung

Deutsche angeregt, die Nachsilbe auch hierzulande produktiv zu nutzen. Dafür spricht, dass etwa die Flick-Affäre Anfang der Achtzigerjahre, ein ähnlich großer politischer Skandal wie der um Barschel, niemals als *Flickgate* bezeichnet wurde, obwohl Watergate ja damals schon allgemein bekannt war.

Obwohl sie schon so lange im Deutschen existierte, war nachvollziehbar, dass die Nachsilbe *-gate* erst 2013 zum Anglizismus des Jahres gewählt wurde. »Sie hat sich im vergangenen Jahr noch einmal besonders ausgebreitet«, begründete der Berliner Sprachwissenschaftler Anatol Stefanowitsch Anfang 2014 die Jury-Entscheidung. Ein wahres Wort!

Nach dem Waterkantgate war die Karriere des neuen Wortbildungselements zunächst schleppend vorangegangen: 1990 gab es ein *Nersinggate*, 1997 ein *Börsengate*, 2000 ein *Bimbesgate* – die CDU-Spendenaffäre, in deren Mittelpunkt Helmut Kohl stand. Erst in den vergangenen Jahren ist die Zahl der Wortneubildungen mit *-gate* geradezu explodiert. Schlag auf Schlag folgten *Dirndlgate*, *Rüttgersgate*, *Ullagate* (2009), *Konstantingate*, *Schrippengate*, *Watsch'n-gate* (2010), *Hymnengate*, *Krawattengate*, *Scheißegate* (2011) und *Hosengate*, *Jogigate*, *Kraftgate*, *Krippengate*, *Nasengate* (2012).

2013 gab es nach der Zählung der Anglizismus-Juroren mehr als ein Dutzend *-gates*. Dazu zählte etwa das *Handygate* um das abgehörte Mobiltelefon der Bundeskanzlerin Angela Merkel und das (zweite) *Dirndlgate* um den ehemaligen Wirtschaftsminister Rainer Brüderle, der eine Journalistin unziemlich angebaggert haben soll (deshalb auch *Brüderlegate*). Zu einem *Mopsgate* wurde die Geschichte um einen steinernen Hund, der spurlos von einem Denkmal für Loriot in Stuttgart verschwand.

Mein absolutes Lieblingsgate 2013 ist aber das *Täschligate*. Damit war die Aufregung um eine Schweizer Verkäuferin gemeint, die sich geweigert hatte, der amerikanischen Fernsehmoderatorin Oprah Winfrey eine teure Tasche aus der Vitrine zu holen – angeblich, weil die potenzielle Kundin schwarz ist.

Der Linguist Stefanowitsch glaubt, dass Silben wie *-gate* oder *Fake* für eine neue Phase in der Entlehnungsgeschichte zwischen dem Deutschen und dem Englischen stünden: »Es werden nicht mehr nur einzelne Wörter, sondern Teile des Sprachsystems entlehnt, produktiv weiterverwendet und mit deutschen Begriffen kombiniert.« Vor- und Nachsilben wie *-gate*, oder *Cyber-* gehen laut dem Anglizismen-Freund sogar noch einen Schritt weiter: Sie integrieren sich vollständig in das Sprachsystem und stehen dann zur Bildung beliebiger neuer Wörter zur Verfügung. Dabei tendiere *-gate* im Deutschen stärker als im Englischen dazu, eher triviale Skandälchen zu benennen, gebe aber nach wie vor auch schwerwiegenden Affären einen Namen – man denke an VWs gigantischen Betrug beim *Dieselgate* von 2015. In beiden Fällen öffnet das *-gate* ein Tor zur Hölle des Shitstorms, der den Protagonisten um die Ohren weht.

Eine ähnliche Spannbreite von Ereignissen lässt sich mit *-gate*-Wörtern auch in vielen anderen Sprachen abdecken. Sogar die Franzosen, die besonders empfindlich sind, wenn es um Anglizismen geht, haben es übernommen. Bekannt wurde beispielsweise *Angolagate* als Spitzname für eine Affäre um nach Angola verkaufte Waffen, in der Präsident François Mitterand, sein Berater Jacques Attali und andere wichtige Politiker eine undurchsichtige Rolle gespielt haben. In der französischsprachigen Schweiz gab es ein *Pornogate*, als herauskam, dass öffentliche Angestellte auf ihren Dienstcomputern Pornos angeschaut hatten.

Mitten im Wahlkampf 2015 wurde bekannt, dass Sara Netanjahu, die Frau des alten und neuen Ministerpräsidenten Benjamin »Bibi« Netanjahu, seit 2009 Flaschenpfand im Wert von mehreren Tausend Euro unterschlagen haben soll. Die Flaschen waren auf Staatskosten angeschafft worden, das Pfand hätte also dem israelischen Steuerzahler zurückerstattet werden müssen. Die Affäre ging als *Bottlegate* in die israelischen Medien ein. Und da die Flaschen überwiegend das Luxusmineralwasser San Pellegrino enthielten, witzelten einige Journalisten natürlich auch über Bibis *Watergate*.

GAU

*Wie die Nazis
ein Wort stahlen und ruinierten*

Die Nazis haben fast nichts erfunden – außer ihrer eigenen Bosheit. Seine antisemitische Rhetorik hat Hitler bis ins Detail den Juden hassenden Spinnern im Wien der Jahrhundertwende abgelauscht. Begriff und Idee des Konzentrationslagers übernahmen die Faschisten von den Engländern im Burenkrieg. Und ihre Organisation, ihre Maskerade und ihr Vokabular klauten sie zum Teil den Kommunisten, zum Teil der Jugendbewegung. Aus deren Wortschatz stammt auch der *Gau*, von dem sich der ADAC 2014 – kaum 69 Jahre nach dem Ende des Zweiten Weltkriegs – verabschiedet hat. Stattdessen ist jetzt von *Regionalclubs* die Rede.

Vielen der knapp 19 Millionen Mitglieder war gar nicht klar gewesen, dass sie Teil eines Gaues sind, bis eine Reihe von Skandalen den bis dahin als höchst vertrauenswürdig geltenden Automobilclub erschütterte. Erst im Rahmen der Berichterstattung darüber wurde allgemein bekannt, dass sich der Verein immer noch in regionalen Gauen organisiert. Paragraf 3, Absatz 3 der Satzung beginnt etwa mit dem Satz: »Jedes Mitglied des ADAC gehört demjenigen Gau an, in dessen Bereich es seine Hauptwohnung hat.«

Heute verbindet man das Wort *Gau* vor allem mit dem Nationalsozialismus. Der Gau war die »oberste territoriale und organisatorische Einheit der NSDAP nach dem Reich«, erklärt Cornelia Schmitz-Berning in ihrem Standardwerk *Vokabular des Nationalsozialismus*. Hitler schreibt in *Mein Kampf* über den Aufbau der Partei: »Der Grundsatz gilt für die nächsthöhere Organisation, den Bezirk, den Kreis oder den Gau. Immer wird der Führer von oben eingesetzt und gleichzeitig mit unbeschränkter Vollmacht und Autorität bekleidet.«

Da zwischen Partei und Staat zur Nazizeit nicht getrennt wurde, wurde der Gau fast automatisch nach 1933 auch zur staatlichen Organisationseinheit. Im *Taschenbuch des neuen Staates* wird 1934 erläutert: »Das Deutsche Reich mit Deutschösterreich und Freistaat Danzig ist … in 33 Gaue eingeteilt. An der Spitze des Gaues, der allgemein einem Wahlkreis entspricht, steht der Gauleiter. Er wird vom Führer eingesetzt und abberufen.«

Vor allem der *Gauleiter* ist immer noch allgemein bekannt. Schmitz-Berning definiert ihn als den »obersten Hoheitsträger an der Spitze eines Gaus«. Ein Hoheitsträger war in der NS-Sprache ein Parteiführer mit hoheitlichen (sonst dem Staat zustehenden) Machtbefugnissen.

Die Einteilung des ADAC in Gaue ist aber viel älter als der Nationalsozialismus. Die *Vossische Zeitung* schrieb am 2. März 1914: »Gestern fand im Lehrervereinshause am Alexanderplatz die Hauptversammlung des Gau I des A. D. A. C. statt. Aus dem durch den Syndikus des Gaues Rechtsanwalt Bittermann erstatteten Jahresbericht ging hervor, dass der Gau sich sehr tüchtig erwiesen hat und die Zahl seiner Mitglieder im vergangenen Jahre um mehr als zweihundert gestiegen ist.«

Nachdem der ADAC (so heißt er erst seit 1911) als Deutsche Motorradfahrer-Vereinigung 1903 gegründet wurde, übernahm er für seine Regionalorganisation ein Wort, das damals allgemein im Schwange war. Man muss sich vorstellen, dass der Automobilismus Anfang des Jahrhunderts technische Avantgarde war – so wie es heute die Computerhacker sind. Da war es nur logisch, sich der Hipster-Vokabeln der Jahrhundertwende zu bedienen.

Und hip war zu dieser Zeit die Jugendbewegung. Die Kernzelle dieser lebensreformerischen Strömung war der Wandervogel, eine 1896 in Berlin-Steglitz von Schülern und Studenten gegründete Organisation, deren Mitglieder in der Natur eine freie Lebensart entwickeln wollten. Die Wandervögel organisierten sich in Gauen. Im *Jahresbericht des Wandervogels e. V. zu Steglitz 1912* heißt es: »Der neue Verein gründet sich auf größere landschaftliche Einheiten, die Gaue. Wir arbeiten eifrig daran mit, einen Gau Brandenburg zustande zu bringen.«

Der Wandervogel und die anderen Gruppen, die sich zu Tausenden am zweiten Oktoberwochenende 1913 auf dem Hohen Meißner bei Kassel zum Ersten Freideutschen Jugendtag trafen, hatten das Wort von den Turnern übernommen. Deren Gründerfigur, der sogenannte Turnvater

Friedrich Ludwig Jahn, war ein wahrer Franzosenfresser und Sprachreiniger. Er bereicherte das Deutsche um zahlreiche Wörter, nicht nur um das Wort *turnen* selbst, das er nach dem Vorbild von althochdeutsch *turnēn* »drehen, wenden« wiederbelebte, sondern auch um zahlreiche Fremdwortverdeutschungen.

Eine solche Verdeutschung ist *Gau*. Zwar ist das eigentlich ein uraltes Wort für »Landschaft«, das althochdeutsch in den Formen *gewi, gouwi*, mittelhochdeutsch als *gou* existierte und noch in Namen wie *Hennegau* und *Allgäu* steckt. Doch Johann Christoph Adelung, der das bedeutendste Wörterbuch der Goethe-Zeit verfasste, bezeichnete es 1796 als »größten Teils veraltetes Wort«. Allerdings hatte da längst die Wiederbelebung begonnen – zunächst durch Historiker (die altägyptischen Verwaltungsbezirke werden noch heute *Gaue* genannt), dann durch Dichter wie Bürger und Voss. Goethe lässt in der klassischen Walpurgisnacht des *Faust II* die Sirenen den Faust locken: »Wolltest du zu unsern Gauen dich ans grüne Meer verfügen.«

Mittelalterbegeisterte Studenten haben das Wort schließlich aus der Literatur in die Welt der Burschenschafter und des Hambacher Fests eingeführt. Ludwig Börne lästerte 1819 über die »altdeutschen Narren«, die Revolution machen wollen und das Wort *Gau* in den Mund nehmen. Doch der Spötter Börne konnte nicht verhindern, dass Jahn das Wort wieder in den Standardwortschatz schmuggelte. 1833 schrieb der Turnvater: »Unsere kunstwortreiche, lebensvolle und bildsame Sprache hat an

Einteilungsnamen keinen Mangel, dass wir aus welschen Sprachen nichtssagende Kunstausdrücke borgen müssten. Mit: Landen, Marken, Gauen (Kreisen, Vierteln, Bezirken), Kirchspielen, Gemeinden kann das größeste und wohlgegliedertste Reich auskommen.« Bereits vor 1800 hatte der Wörterbuchschreiber Joachim Heinrich Campe *Gau* als Verdeutschung für *Distrikt* und *Kanton* empfohlen. Doch erst Jahn setzte es durch. 1878 stellte das Grimmsche *Deutsche Wörterbuch* in radikaler Kleinschreibung fest: »turner, sänger teilen sich ihr gebiet wieder in gaue ein, halten gaufeste, gauturnfeste ab, gründen gauverbände u. ä.«

Bei den Turnern hat sich daran bis heute nichts geändert. Der Deutsche Turner-Bund ist als letzte große deutsche Organisation immer noch in Gaue eingeteilt. Auf seiner Homepage heißt es über die alljährlich im Januar stattfindende DTB Turngau-Konferenz: »Jährlich lädt der Deutsche Turner-Bund alle Turngauvorsitzenden sowie die Gauoberturnwarte aus ganz Deutschland zur Turngau-Konferenz ein.« Beim DTB denkt man sich offenbar: »Was geht es uns an, was die tausendjährigen Nazi-Eintagsfliegen mit unserem schönen Wort gemacht haben? Wir haben's erfunden, wir geben es nicht her.« Und diese Haltung ist souveräner als die traditionsvergessene und panische Begriffskleisterung des ADAC.

GEIL

*Seit wann hat das
nichts mehr mit Sex zu tun?*

Einen Artikel über das Wort *geil* kann man sicher nicht glaubwürdiger anfangen als mit dem Zitat eines Pornostars: »Das macht den geil«, soll Dolly Buster in einer Sendung des Fernsehsenders RTL über einen als »Knöllchen-Horst« berüchtigt gewordenen Frührentner aus Badenhausen am Harz gesagt haben, der 40 000 Autofahrer wegen Falschparkens und ähnlicher Delikte angezeigt hat. Der Mann wollte das nicht auf sich sitzen lassen und verklagte Buster im Januar 2015 auf 1500 Euro Schmerzensgeld.

Damit machte sich »Knöllchen-Horst« allerdings ziemlich zum Horst. Das Amtsgericht Osterode erteilte dem Frührentner eine Lektion in angewandter Linguistik. Der vorsitzende Amtsgerichtsdirektor Wolfgang Büermann argumentierte dabei nicht nur soziolinguistisch und literaturwissenschaftlich, sondern auch sprachgeschichtlich.

Soziolinguistisch war, dass der Richter das gesellschaftliche Umfeld der Sprecherin berücksichtigte: Das Wort *geil* aus dem Munde einer Pornodarstellerin sei keine Herabwürdigung. Das stimmt, denn in diesem Milieu ist es – vor allem bei Männern – eine unerlässliche Arbeitsvoraussetzung, geil zu sein. Literaturwissenschaftlich exakt trennte das Gericht zwischen der realen Person Dolly Buster und der von ihr verkörperten Kunstfigur. *Geil* sei ein zu der von Dolly Buster verkörperten Rolle passender Sprachgebrauch. Das Gericht sieht Nora Baumbergerová also als Autorin an, die für die von ihr verkörperte Figur Dolly Buster Texte ersinnt, und bescheinigte diesen Texten einen authentisch wirkenden Milieu-Realismus.

Sprachgeschichtlich begründete das Gericht sein Urteil mit dem Bedeutungswandel von *geil* in der allerjüngsten Zeit: Das Wort sei nicht länger ausschließlich negativ konnotiert. Wer heute geil sei, gelte ja sogar als kluger Käufer. Hier irrt der Richter. Denn der Werbeslogan der Elektronik-Fachgeschäftkette Media Markt, auf den der Jurist sich bezog, lautete ja »Geiz ist geil« und nicht »Geizige sind geil«. Die Reklametexter wussten schon warum: Wenn sie das Adjektiv auf Personen bezogen hätten, wäre die alte Bedeutung »nach Geschlechtsgenuss gierend, lüstern, sexuell erregt« noch allzu naheliegend gewesen – gemeint war aber: »Geiz ist toll, großartig und absolut gerechtfertigt.« Ein besseres Beispiel im Sinne des Gerichts wäre der Edeka-Werbespot gewesen, in dem der Musiker und Schauspieler Friedrich Liechtenstein Anfang 2014 Produkte aus dem Supermarkt und irgendwie auch das Leben selbst für *supergeil* befand.

Die begrenzte linguistische Kompetenz des Gerichts

erkennt man auch daran, dass die Osteroder Juristen die pragmalinguistische Seite von Dolly Busters Satz über »Knöllchen-Horst« völlig ausblendeten. Die Pragmalinguistik betrachtet Aussagen als *Sprechakte* und fragt, was mit diesen sprachlichen Handlungen beabsichtigt ist. Der Frührentner mag ja ein unangenehmer Zeitgenosse gewesen sein, aber sicherlich kein kompletter Idiot. Er ging zu Recht davon aus, dass die ehemalige Pornodarstellerin ihn keineswegs als »großartig« bezeichnen wollte, als sie ihn *geil* nannte. Ganz bestimmt wollte sie ebenfalls nicht ausdrücken, dass sie ihn »erotisch begehrenswert« oder »sexuell stimulierend« findet – obwohl das Wort im 20. Jahrhundert auch diese Bedeutung angenommen hat und es vermutlich erst von dort, indem der sexuelle Hintergrund durch massenhaften Gebrauch verblasste, zu seinem nicht-erotisch positiven Sinn kam.

Nein, Dolly Buster hat *geil* ganz sicher in jenem Sinne gemeint, auf den sich das Wort seit dem 15. Jahrhundert als Gegensatz zu *keusch* verengte. Es war ein Lieblingswort des Barock. Man geilte sich damals in aller Unschuld geradezu auf daran, wie ein Beispiel aus Johann Jacob Baulers *Hell-Poliertem Laster-Spiegel* von 1681 zeigt, wo der gesellschaftliche Niedergang unkeuscher Männer in zeittypischer Drastik beschrieben wird: »So heisset es jetzo / Huren-Balg / Schand-Sack / Unflat / geiler Bock / Huren-Hengst / alle Ehr / Respect und Ansehen verlieret sich.«

Ursprünglich hatte *geil* eine viel größere Bedeutungsvielfalt. Im Althochdeutschen konnte es seit dem achten Jahrhundert auch »übermütig, überheblich« bedeuten, im

Mittelhochdeutschen »von wilder Kraft, mutwillig, üppig«. Die letzte Bedeutungsnuance lebt noch weiter, wenn im älteren Sprachgebrauch von »geil wachsenden« Pflanzen die Rede ist – so noch bei Thomas Mann, wo es im *Zauberberg* über den von Unkraut überwucherten Wald rund um Davos heißt: »Dem Walde ging es nicht gut, er krankte an dieser geilen Flechte, sie drohte ihn zu ersticken.« Wer diesen alten Sinn nicht kennt, wird folgenden Satz aus Heinrich von Treitschkes *Deutscher Geschichte* von 1894 leicht missverstehen: »Zuweilen vermochte Rohmer doch, aus dem geilen Dickicht seiner Theorien in das Tageslicht hinauszutreten.«

Geil geht auf eine uralte indoeuropäische Wortwurzel *ghoilos* mit der Bedeutung »aufschäumend, heftig, übermütig, ausgelassen, lustig« zurück. Es ist verwandt mit altenglisch *gāl* »lustig, lüstern, stolz« und russisch зело »sehr«. Der frühere Sinn »übermütig, froh« ist noch im 19. Jahrhundert bezeugt.

Nach meiner Erinnerung war *geil* in allen seinen heutigen Bedeutungen ein Modewort der Siebzigerjahre, und viele Indizien bestätigen das. Die Statistiken von Google Books und des *Digitalen Wörterbuchs der deutschen Sprache* zeigen einen starken Anstieg der Worthäufigkeit seit etwa 1970. Svende Merian verwendet es in ihrem vulgärfeministischen Bestseller *Der Tod des Märchenprinzen*, der erstmals 1980 erschien, geradezu inflationär, oft auch in der für den damaligen Szenejargon typischen Formulierung »tierisch geil«.

Allerdings ist bei Svende Merian immer noch Sex im

Spiel. Und erst recht hatten die Berliner Maler Salomé und Luciano Castelli, zwei Vertreter der Jungen Wilden, nicht Jugendfreies im Sinn, als sie 1980 die Punkband Geile Tiere gründete und sangen: »Alle sind sie geile Tiere, nur vom Vögeln wird gequatscht.«

Dabei lässt sich die sexfreie Bedeutung von *geil* schon seit 1973 belegen – im Milieu der Werber. Da heißt es in der *Zeit* über einen Katalog des Reiseveranstalters Neckermann: »In einem knalligen, ›geilen‹ (Macher Jürgen Schwarz) Prospekt sondergleichen prunken mitten in saftigen Werbefotos gelbe Eier mit schwarzen Preisknüllern.« Sextourismus war damit sicher nicht gemeint.

Wie alltäglich das Wort schon Mitte der Achtzigerjahre geworden war, beweist der Erfolg des britischen Popduos Bruce & Bongo 1986 mit ihrem Hit *Geil*, in dem unter anderem Disc-Jockeys, Affen und Boris Becker als *geil* besungen wurden. So weit ich mich erinnere, gab es keinen deutschen Radiosender, der sich weigerte, das Lied zu spielen. Von da an lässt sich diese von jeder Obszönität entleerte Bedeutung von *geil* in deutschen Medien regelmäßig belegen, heute erscheint sie dort viel häufiger als das alte geile *geil*.

Vergessen ist der zurückgedrängte Sinn nicht. Und die 45 Jahre alte Dolly Buster erweist sich mit ihrer Einschätzung des Trieblebens von »Knöllchen-Horst« als Erbin der Hippie-Ideologie der sexuellen Befreiung. In den Sechzigerjahren stellte man, unter Berufung auf Theorien des Psychoanalytikers Wilhelm Reich, einen Zusammenhang zwischen Sex und Faschismus her. Vereinfacht gesagt lautete die These: Wer nicht genug vögelt, wird zum Nazi. Wenn nicht zum Führer, dann wenigstens zum kleinen Blockwart. In diesem Sinne wollte Buster ganz offensichtlich dem Frührentner unterstellen, er sei nur noch in der Lage, Befriedigung zu erlangen, indem er andere bei der Obrigkeit denunziere. Das Gericht hat ihm also unrecht getan.

GENERATION

Irgendwann ist jeder eine –
aber nur für 15 Minuten

Als der Kanadier Douglas Coupland 1991 mit seinem Roman *Generation X* den jungen Menschen seines Jahrzehnts ein griffiges Etikett verpasste, schien sichergestellt, dass diese Methode zur Herstellung von Generationsnamen begrenzt war. Denn nach X konnten ja eigentlich nur noch Y und Z kommen, und mit A hätte man höchstens nach dem Weltuntergang wieder neu anfangen können.

Der Kreativität der Generationenmacher tat das jedoch keinerlei Abbruch. Auf die Generation X folgte schon bald die *Generation Z* – so lautete 2003 der Titel eines Buches von Reinhard Mohr. Bei ihm waren die Jahrgänge um 1960 gemeint, die für 1968 zu spät und für die erste Internetblase zu früh kamen. Heute versteht man darunter eher die Angehörigen der nach dem Millenniumswechsel geborenen Jahrgänge. Und zwischendurch ist auch noch eine Generation Y entstanden, die die vom Ende der Siebziger- bis zu den Neunzigerjahren Geborenen umfasst.

Mit dem Schluss des Alphabets war aber nicht das

Ende der Generationenkette gekommen. Das Coupland-sche X als Platzhalter für eine geistige Leeerstelle lud ja ohnehin geradezu dazu ein, die Vokabel *Generation* mit konkreteren Vorstellungsinhalten zu verbinden. Hierfür lieferte Florian Illies mit seinem 2000 erschienenen Erinnerungsbüchlein *Generation Golf* ein neues produktives Strickmuster. Anstelle der Kombination »Generation plus Buchstabe« trat die Verbindung »Generation plus ein kulturelles Phänomen, das für diese Alterskohorte prägend war«. Daraus entstanden unter anderem *Generation Ally* (Titel eines Buches von Katja Kullmann über die Frauen im Alter der Serienheldin Ally McBeal), *Generation Maybe*, *Generation Praktikum* und *Generation Prekär*.

Eine Generation ist im biologisch-medizinischen Begriff die Gesamtheit aller zu einer bestimmten Zeit geborenen Menschen. Das Wort ist entlehnt aus dem lateinischen *generatio*, das eine wesentlich weitere Bedeutung hat. Es kann »Nachkommenschaft« ebenso bedeuten wie »Zeugungskraft«. In den deutschen Wortschatz eingeführt hat *Generation* vermutlich – wie so vieles andere – um 1525 der Arzt Paracelsus, einer der Urväter der modernen Heilkunst.

33 Jahre umfasste eine Generation bei Herodot, der im 5. Jahrhundert v. Chr. die objektive Geschichtsschreibung begründete. Ein zentraler Terminus zur Gliederung von Herrschaftsabfolgen bei den Persern war schon für ihn die mit *generatio*, aber auch mit *Gen, generieren* und *Genus* etymologisch eng verwandte griechische *geneé*.

In diesem Sinne wird noch heute allgemein von *Genera-*

tionen gesprochen – etwa beim um 1970 nach engl. *intergenerational equity* geprägten Schlagwort von der *Generationengerechtigkeit*, die im Rentensystem herrschen müsse. Sicherstellen soll sie der ebenfalls seit den Siebzigerjahren im Zusammenhang mit der damaligen »Rentenkrise« belegte *Generationenvertrag*. Beim geistigen Vater des deutschen Nachkriegs-Rentensystems, Wilfrid Schreiber, hieß er 1957 noch etwas umständlicher *Solidar-Vertrag zwischen den Generationen*.

So hilfreich der Terminus *Generation* für Historiker, Mediziner, Versicherungsmathematiker und Biologen war, so lange dauerte es doch, bis er vom Menschen zur Beschreibung gemeinschaftsstiftender Gefühle genutzt wurde. In der bösen alten Zeit stiegen die Menschen aus den Windeln direkt auf den Thron, oder sie marschierten zur Fronarbeit. Kaum 15 Jahre später starben sie an der Pest, ohne sich jemals Gedanken darüber gemacht zu haben, ob sie nun zur Generation Kreuzzug oder zur Generation Dreifelderwirtschaft gehörten.

Das änderte sich allmählich ab der vorletzten Jahrhundertwende: Die Generation Generation besteht aus Kindern des 20. und 21. Jahrhunderts. Botho Strauß beschreibt in *Paare, Passanten* 1981 sein Gefühl bei der Lektüre von Adorno: »Heimat kommt auf …, wenn ich in den ›Minima Moralia‹ [einem Schlüsselwerk der 68er. MH] wieder lese. Es ist, als seien seither mehrere Generationen vergangen.« In dem Zitat ist die Grenze zwischen einer biologischen und einer soziologischen Generation fließend.

Bereits im 19. Jahrhundert hatte der Philosoph Wilhelm Dilthey das Wort *Generation* für Menschengruppen mit ähnlichen historischen Erfahrungen gebraucht. Ein Vorschein dieser Bedeutung zeigt sich schon bei Joachim Heinrich Campe, der 1801 in seinem Fremdwort-Verdeutschungswörterbuch den Beispielsatz bringt: »Es stand eine Generation auf, künftige Generationen werden es zu schätzen wissen.«

Entscheidend geprägt hat diesen erweiterten Generationenbegriff dann der Soziologie Karl Mannheim mit seiner 1928 erschienenen Abhandlung *Das Problem der Generationen.* Mannheim spricht vom »Generationserlebnis«, das eine soziologische Generation definieren könne. Je schneller der politische und soziale Wandel sich vollziehe, desto schneller wechselten demnach die Generationen.

Längst hat dieser Prozess zu einer Hyperinflation der Generationen geführt. Es gab zwar in Deutschland mal eine Zeit, da hatte jede Generation ihren Frankreichkrieg. Doch erst Ernst Jünger kam auf die Idee, eine Generation Stahlgewitter zu propagieren (noch ohne diese konkret so zu benennen). Heute muss kein junger Deutscher mehr zwischen Polen und Paris Blutspuren hinterlassen, um sich als Angehöriger einer Erlebnisgemeinschaft zu definieren. Harmlose Konsumerlebnisse genügen. Wenn irgendwo fünf Trantüten entdecken, dass sie als Kinder die gleiche Nusscremesorte gegessen haben, sind sie schon eine Generation.

Es dauerte eine Weile, bis man dafür ein sprachliches Prägemuster fand. Zunächst beschrieb man soziologische Generationen in Relativsätzen, nach dem Muster »die

Generation, die 1848 auf den Barrikaden stand«. Ausprobiert wurden auch Genitivkonstruktionen oder Bildungen mit *von:* »die Generation von 1848«, »die Generation der Barrikadenkämpfer«.

Falls das sinnstiftende Erlebnis mit einer Jahreszahl verbunden war, konnte man diese auch durch Anhängen des substantivbildenden Suffix *-er* zum Gruppennamen für die gemeinten Männer und Frauen werden lassen. So erging es schon in der zweiten Hälfte des 19. Jahrhunderts den Teilnehmern und Sympathisanten der Revolution von 1848. 1875 bezeichnet der Historiker Heinrich Wuttke sich als »48er, der treu geblieben ist«. Dieses Wortbildungsmuster scheint aber mit den 68ern erloschen zu sein. Zaghafte Versuche, die 78er oder die 89er auszurufen, hatten wenig Erfolg.

Erfolgreicher waren attributive Kombinationen, wie sie Helmut Schelskys Buch *Die skeptische Generation* von 1957 vorgegeben hatte. Schließlich kamen Determinativzusammensetzungen auf, wie etwa die *No-Future-Generation* in den Achtzigerjahren. Wer die Neunziger erlebt hat, erinnert sich vielleicht noch vage an den Fernsehsender MTV und daran, dass damals viel von der *MTV-Generation* die Rede war. Für Männer im Alter von Ex-Papst Benedikt XVI. und Martin Walser hat sich schon länger der Ausdruck *Flakhelfergeneration* durchgesetzt.

Der Generationenbausatz mit der ohne Bindestrich nachgestellten Determinante ist dem Deutschen dagegen ursprünglich fremd gewesen. Wir haben es hier offenbar mit der Entlehnung eines ganzen Begriffsbildungsmusters aus dem Angelsächsischen zu tun. Erfunden hat es für das Englische nicht erst Douglas Coupland mit seiner *Generation X*. Im Zuge meiner Recherchen habe ich beispielsweise gelernt, dass die 68er und Baby Boomer in den USA auch *Generation Jones* genannt werden – nach der Redensart *Keeping up with the Joneses* (»Mit den Nachbarn mithalten«), die auf das Konsumverhalten anspielt.

Allerdings ist jener Ausdruck in den USA schon fast wieder in Vergessenheit geraten – zusammen mit seinen kulturellen Grundlagen. Im Zeitalter der Beschleunigung halten die Generationen nicht mehr sehr lange. Frei nach Andy Warhol läuft es darauf hinaus: »Irgendwann ist jeder eine Generation – aber nur für 15 Minuten.«

GROSSFAMILIE

*Europa lebt in
fränkischen Familienverhältnissen*

Das Wort *Großfamilie* ist einer der eklatantesten Fälle für gescheitertes *linguistic engineering* – so nenne ich in Anlehnung an den Begriff *social engineering* den Versuch, die Gesellschaft und die in ihr auftretenden Urteile und Verhaltensweisen zu ändern, indem man die Bezeichnung einer Sache oder einer Menschengruppe ändert.

Mir ist klar, dass im Englischen mit *linguistic engineering* oft die technische Seite der Computerlinguistik bezeichnet wird. Aber ich fühle mich zu meinem abweichenden Wortgebrauch dadurch ermuntert, dass ein wichtiges Werk über die Sprachpolitik *Maos Linguistic Engineering* heißt. In der Inhaltsangabe wird die Vorgehensweise der Kommunisten so beschrieben: »Sie lehrten jedermann ein neues politisches Vokabular, gaben alten Wörtern neue Bedeutungen, münzten traditionelle Begriffe zu revolutionären Zwecken um, unterdrückten Wörter, die ›inkorrekte‹ Gedanken ausdrückten, und verlangten von der ganzen Bevölkerung, Slogans, Schlagwörter und Formeln aufzusagen, die ›korrekten‹ Gedanken die ›korrekte‹ sprachliche Form verliehen.«

Es war ein Fall von gut gemeintem *linguistic engineering*, als man begann, größere ausländische Familienverbände in Medien nicht mehr als *Sippe* oder *Clan* zu bezeichnen. Das ursprünglich ganz neutrale Wort *Sippe* hatte durch die Nazis und ihre Sippenhaft sowie durch den bereits seit dem 18. Jahrhundert abwertenden Gebrauch von *Sippschaft* außerhalb der ethnologischen Fachsprache einen etwas unguten Klang bekommen.

Und bei *Clan* denkt man zwar auch noch ans schottische Hochland, aus dem das Wort vor 300 Jahren importiert worden ist – aber doch vor allem an Sizilien und die Mafia-Strukturen dort. Ein erfolgreicher französischer Film mit Jean Gabin als Patriarch einer Familie von Mafiosi heißt *Der Clan der Sizilianer*. In der Wortwolke des *Digitalen Wörterbuchs der deutschen Sprache* wird sehr schön anschaulich, dass *Clan* besonders häufig zusammen mit den Ausdrücken *Sizilianer* und *Camorra* benutzt wird.

Um diese unguten Assoziationen zu vermeiden, ist man irgendwann darauf verfallen, in Zeitungen für solche erweiterten Familienverbände nur noch das Wort *Großfamilie* zu benutzen. Das Problem ist nur, dass ein neutrales Wort nicht neutral bleibt, wenn es sich beim Zeitungsleser häufig mit unguten Vorstellungsinhalten verbindet.

Den Ausdruck *Großfamilie* liest man allzu oft in Meldungen wie diesen beiden aus der *Berliner Morgenpost* vom Frühjahr 2015: Die eine war mit »Razzia gegen arabische Großfamilie in Berlin« überschrieben, die andere mit

»90 Polizisten beenden Streit einer Großfamilie auf Spielplatz«. Im ersten Fall ging es um Bandenkriminalität und Einbruchsdiebstahl. Harmloser war der Anlass für den zweiten Polizeieinsatz: »Nur durch ein großes Aufgebot hat die Polizei am Mittwochabend einen Streit auf einem Kinderspielplatz in Moabit beenden können. 90 Polizisten mussten anrücken, um die Auseinandersetzung zwischen Angehörigen einer Großfamilie mit Dutzenden beteiligten Familienmitgliedern zu beruhigen.«

Die Großfamilie hat selten gute Presse. Im Mai 2015 beschäftigte sich der nordrhein-westfälische Landtag auf Antrag eines CDU-Abgeordneten mit den »mafia-ähnlichen Strukturen« einer Leverkusener Großfamilie. Anfang April des gleichen Jahres wurde berichtet: »Mit Eisenstangen, Baseballschlägern und Messern bewaffnet sind die Mitglieder einer Großfamilie aus dem Bremer Umland am Samstagabend vor der Wohnung einer rivalisierenden Familie in Bremen aufmarschiert.« Und im Januar wurden in Hameln vierzehn Polizisten verletzt, als ein Tankstellenräuber mit einem Fenstersprung aus dem siebten Stock des Gerichtsgebäudes zu fliehen versuchte und starb. Etwa dreißig Angehörige wollten mit massiver Gewalt das Klinikum stürmen, in dem die Ärzte versuchten, den jungen Mann zu retten.

Manchmal – wie bei der Berliner Razzia oder im Hamelner Fall – wird berichtet, dass die Großfamilie »arabisch« oder »libanesisch« ist. Oft wird jedoch der ethnische Hintergrund gar nicht erwähnt – wie bei der Berliner Schlägerei. Es ist aber auch gar nicht nötig. Der Leser erschließt sich schon aus dem Wort *Großfamilie*, dass es sich bei den Beteiligten um Menschen mit Migrationshintergrund handelt. Es ist der interessante Fall eines vermeintlich neutralen Terminus, der geradezu ein Codewort für die Ängste vor durch Verwandtschaftsbeziehungen gestützte Kriminalität von Einwanderern aus dem Nahen Osten geworden ist.

Man muss die beschriebene Bedeutung von *Großfamilie* allerdings von einer anderen, viel harmloseren abgrenzen. Häufig wird das Wort gebraucht für Familien, die einfach nur größer sind als die üblichen Ein-bis-drei-Kinder-Familien im heutigen Deutschland. So sind etwa Angelina Jolie und Brad Pitt mit ihren sechs Kindern als *Großfamilie* bezeichnet worden, und im *Hamburger Abendblatt* verdiente sich Anfang 2015 schon eine nur sechsköpfige Familie, die auf Wohnungssuche war, den ominösen Titel.

Ob die Bezeichnung als *Großfamilie* ihnen geholfen hat, eine Wohnung zu finden, darf bezweifelt werden. Vielleicht war es von Anfang an keine gute Idee, das Wort für neutraler als *Clan* oder *Sippe* zu halten. In der Soziologie, Ethnologie oder der Wirtschaftsgeschichte bezeichnet der Ausdruck *Großfamilie* immer frühzeitliche oder außermitteleuropäische Phänomene.

Historisch wird die Großfamilie beschrieben als »großer Familienverband, in dem außer den unverheirateten Kindern auch die angeheirateten Frauen der Söhne und deren Nachkommen der väterlichen Gewalt unterstehen und eine wirtschaftliche Gemeinschaft bilden«. Man denkt dabei unwillkürlich an jene überregional berühmte, von einem Vater angeführte Familie libanesischen Ursprungs aus Berlin, der angeblich ein berühmter deutscher Rapper mehr oder weniger gehört. Der Nationalökonom Karl Bücher sah die Großfamilie als Keimzelle aller Wirtschaftsgemeinschaften, die sich in der Vorzeit aus dem Stammesverband lösten: »patriarchale Hausgemeinschaften mit geringerer Personenzahl, wie sie noch heute die Zadruga der Südslaven, die Großfamilie der Russen, der Kaukasusvölker, der Hindu repräsentieren«.

Auch in Zentraleuropa war die Großfamilie jahrtausendelang die vorherrschende gesellschaftliche Organisationsform, sogar noch im oft so modern erscheinenden Römischen Reich – bis sie im Frankenreich innerhalb kurzer Zeit weitgehend verschwand. Die Gründe dafür nennt der Historiker Bernd Jussen: »Es war die fränkische Gesellschaft, die das römische Modell der Ehe- und Verwandtschaftsordnung radikal und mit nachhaltiger Wirkung umgekrempelt hat.« In Rom sei das Familienleben noch auf den pater familias zugeschnitten gewesen, der Herr über Leben und Tod der Hausgemeinschaft war. Verwandtschaftsgruppen wurden über männliche Abstammungslinien konstruiert. So ist es in allen Gesellschaften, die auf Clanstrukturen beruhen. Warum dieses Modell im lateinischen Europa umgestürzt wurde, schreibt Jussen in seinem Buch *Die Franken*: Hier wichen innerhalb weniger Generationen patriarchalische Verwandtschaftsstrukturen »einem bilateralen Verwandtschaftssystem, das gleichermaßen mütterliche wie väterliche Verwandte berücksichtigte«. Innerhalb dieses Systems wurden durch die Kirche

Verwandtenheiraten verboten, wie sie in archaischen Clans zur Stabilisierung bis heute üblich sind. Der Verwandtschaftsbegriff wurde dabei sehr eng definiert. Das führte zu einer Konzentration auf die Kleinfamilie aus Vater, Mutter, Kindern. Es entstand die gattenzentrierte Familie, die Pflichten gegenüber Schwestern, Brüdern, Vettern, Kusinen und noch weitläufigeren Verwandten nahmen ab.

Der andere Grund für das Verschwinden der Clans im Frankenreich liegt für Jussen in der fränkischen Grundherrschaft. Bei den Franken bewirtschaftete den einen Teil des Landes der Grundherr, ein Adeliger, der zudem für Infrastruktur und Schutz zuständig war. Der andere wurde unter Bauernfamilien aufgeteilt, die dafür Abgaben oder Dienste auf dem Hof des Grundherrn leisteten. Das aber bedeutete, dass die einzelnen Parzellen oder Hufen von Mann und Frau und ihren Kindern und gegebenenfalls wenigen Mägden und Knechten bewirtschaftet wurden, und nicht von Clans. Diese hatten ihren ökonomischen Sinn verloren.

Das fränkische Familienmodell hat sich dann auch in Ländern etabliert, die vom Frankenreich und seinen Nachfolgern christianisiert und kolonisiert wurden, etwa in England oder Skandinavien. Nur an den Rändern des lateinischen Europas blieben Clanstrukturen bestimmend: Sizilien und Schottland sind genannt worden, Korsika gehört auch dazu. Der Satz: »Sie gefällt dir also, meine Schwester?«, der in *Asterix auf Korsika* als verkappte Morddrohung ausgesprochen wird, ist Ausdruck eines typisch großfamiliären Ehrenkodex. Die hohe Stellung, die die Ehre in einem solchen Verwandtschaftsgefüge hat, war ursprünglich ein Schutzmechanismus. Max Weber beschreibt ihre Funktion so: »Die Großfamilie als Wirtschaftsgemeinschaft, die Sippe als Garantin der persönlichen Sicherheit durch Blutrachepflicht, der Stamm ein Verband von Sippen.«

Auch jenseits der östlichen Grenzen des Frankenreichs hat sich die Großfamilie lange gehalten – oder man belebte sie in Notzeiten wieder. Die vom Ökonomen Bücher genannte Zadruga blieb bis ins 20. Jahrhundert die gängige Form des ländlichen Wirtschaftslebens bei den Südslawen, in Serbien, Kroatien oder Bulgarien. Im Sozialismus stellte man sie als eine vorbildliche frühkommunistische Lebensform dar.

Mittlerweile ist aber auch die Zadruga verschwunden. Wenn in Reiseberichten oder in ethnologischer Literatur von Großfamilien die Rede ist, werden meist Zustände außerhalb Europas beschrieben. Den Unterschied zum im Frankenreich entwickelten Familienbild bringt sehr schön ein Zitat aus der *Zeit* von 1960 über Ghana zum Ausdruck: »Die afrikanische Großfamilie ist nicht nur deshalb groß, weil die Grenzen dessen, was man Verwandtschaft nennt, sehr weit gezogen werden, sondern auch deshalb, weil dort, wo einer mehrere Ehefrauen hat, schon allein die engste Familie sehr zahlreich ist.«

Das Misstrauen, das der Begriff *Großfamilie* weckt, ist also nicht nur erlernt – durch ungezählte Medienmeldungen über von Großfamilien begangene Delikte, die das

Wort kontaminiert haben. Es beruht auch auf dem älteren vulgärsoziologischen Wissen, dass es sich hier um eine Institution handelt, die konträr zur Moderne und konträr zu Europa ist.

GUTMENSCH

Vom mährischen Familiennamen
zum Hasswort der Gegenwart

Karl Gutmensch war kein Gutmensch. Jedenfalls nicht die Sorte weichlich defensiver Charakter, die heute als *Gutmensch* beschimpft wird. Er muss ein mutiger und hervorragender Offizier gewesen sein. Im Mai 1916 wird ihm das Militärverdienstkreuz mit Kriegsdekoration verliehen. Er ist aber nicht nur ein tapferer Soldat, sondern auch ein vorsichtiger und glücklicher. Denn zwei Jahre später lebt er immer noch und erhält im April 1918 die neuerliche Allerhöchste belobende Anerkennung bei gleichzeitiger Verleihung der Schwerter.

Gutmenschen hat es im Österreich um 1900 einige gegeben. In Wien muss 1915 der Gemischtwarenhandel Rosin & Gutmensch in der Favoritenstraße 68 im 4. Bezirk Konkurs anmelden. Vielleicht ist der Gemischtwarenhändler verwandt oder gar identisch mit dem Friseur August Gutmensch, der sich 1897 eine zweijährige Schutzschrift auf einen »Frisettenhalter« (wohl eine Art Lockenwickler) ausstellen ließ.

Außer dem mehrfach ausgezeichneten Karl Gutmensch gab es noch andere Soldaten mit diesem Familiennamen, aber auch mehrere Postbeamte und Apotheker. Viele Gutmenschs stammen aus dem damaligen Mähren, dem heutigen Tschechien – aus Olmütz oder aus Brünn beispielsweise. Herr Josef Gutmensch aus Mährisch-Neustadt belegt am 22. August 1896 den 6. Platz beim Königsschießen in Littau.

Der Name ist bis nach Russland verbreitet, ein Apotheker aus dem Zarenreich namens Gutmensch steigt 1865 im Gasthof zum Goldenen Kreuz in Wien ab. Vielleicht war er ein Nachfahre des ersten Gutmensch, der in den Annalen verzeichnet ist, nämlich des deutschen Arztes oder Apothekers Johann oder Daniel Gutmensch (die Quellen sind sich nicht einig), der 1682 beim Strelitzenaufstand in Moskau zu Tode gemartert wird, weil man ihn verdächtigt, an der angenommenen Vergiftung des Zaren Fjodor Alexejewitsch beteiligt gewesen zu sein.

Ist *Gutmensch* ein jüdischer Name? Die Theorie, das Wort *Gutmensch* habe etwas mit dem Jiddischen zu tun, ist zuerst 2006 in einer Mitteilung des Deutschen Journalistenverbands (DJV) vertreten worden, die vor diskriminierenden Begriffen warnt. Auf Jiddisch wäre »a gutt mensch« allerdings ein Pleonasmus, denn *Mensch* hat im Jiddischen auch ohne Attribut die Bedeutung »herausragend guter Mensch«. So ist es auch ins Englische eingegangen. 2014 lief in deutschen Kinos der Film *Supermensch* über den Musikmanager und Filmproduzenten Shep Gordon. Es gibt aber keine Hinweise auf identifizierbare jüdische

Träger dieses Namens. Die Zentrale Datenbank der Holo-caustopfer von Yad Vashem kennt keinen Gutmensch, der von den Nazis ermordet wurde.

Wahrscheinlicher ist, dass sich der Name unter Christen durch den Einfluss des Heiligen Homobonus verbreitet hatte: Der Vorname des italienischen Kaufmannssohns, der mit Familiennamen Tucinge hieß und im 12. Jahrhundert lebte, wird 1825 in der deutschen Fassung von Alban Butlers ursprünglich auf Englisch geschriebenem *Leben der Väter und Märtyrer* mit *Gutmensch* übersetzt. Vielleicht ist er schon viel früher so verdeutscht worden. Interessant ist im Zusammenhang mit dieser christlichen Spur auch, dass die Katharer, französische Ketzer des Mittelalters, sich *bonhommes* nannten, was man ebenfalls getrost mit *Gutmenschen* übersetzen kann.

Sicher ist nur: Irgendetwas hat diesen Familiennamen aussterben lassen. Im Wiener Telefonbuch ist er nicht mehr vertreten, und wer ihn als Suchbegriff in der Telefonbuchsuche für Deutschland eingibt, wird nur auf Facebook-Seiten verwiesen, wo *Gutmensch* als mehr oder weniger witziges Pseudonym verwendet wird.

Heute ist *Gutmensch* ein Spottwort. Und zwar eines, das kein zurechnungsfähiger Mensch mehr benutzt. Durch übermäßigen Gebrauch der falschen Leute ist es unbrauchbar gemacht worden. *Gutmensch* sagen eigentlich nur noch Nazis und Idioten ohne sprachliches Feingefühl. Und manchmal – immer noch – Leute, die eine Klammer auf der Nase haben und von dem üblen Geruch nichts mitbekommen. Anfang 2016 wurde es von einer Jury aus

Sprachwissenschaftlern zum Unwort des Jahres gewählt. Die Begründung lautete: »Mit dem Vorwurf ›Gutmensch‹, ›Gutbürger‹ oder ›Gutmenschentum‹ werden Toleranz und Hilfsbereitschaft pauschal als naiv, dumm und weltfremd, als Helfersyndrom oder moralischer Imperialismus diffamiert.«

Bereits ein knappes Jahr zuvor hatte ich in der *Welt* über *Gutmensch* geschrieben, das Wort stinke heute einfach und sei nicht mehr benutzbar. Viele Leser regten sich auf, dass ich ihnen ein Wort wegnehmen wolle, dessen Benutzung offenbar viel zu ihrer persönlichen Glückseligkeit beiträgt. Es waren übrigens fast ausschließlich Männer, die meisten jenseits der 50. Eine soziologische Studie über *Gutmensch*-Sager wäre mal ein Forschungsdesiderat.

Natürlich kann niemand einem anderen Menschen den Gebrauch eines Wortes verbieten. Denn es gibt in Deutschland keine Gedankenpolizei. Nur darf, wer unbedingt *Gutmensch* sagen möchte, nicht damit rechnen, ernst genommen zu werden. Das Wort zeugt eben auch – wie alle Floskeln – von Gedankenarmut und Formulierungsschwäche. Wer Claudia Roth und Margot Käßmann nicht präziser beschreiben kann, ist vielleicht kein Nazi oder Idiot, aber auf jeden Fall faul und ein kleines bisschen dumm.

Gehen wir dennoch der Nazi-Spur nach. Seit der schon zitierten Pressemitteilung des DJV von 2006 gilt als sicher, dass das Wort aus dem NS-Jargon stammt. Es sei, so heißt es dort, erstmals von der braunen Propaganda für Anhänger des Kardinal Graf von Galen verwendet worden,

der gegen die Ermordung von »lebensunwertem Leben«
predigte. 1941 sei das Wort entweder von Joseph Goebbels oder den Redakteuren des *Stürmer* ersonnen worden.
Wenn dem so wäre, wäre *Gutmensch* ganz sicher ein Ehrentitel, den jeder mit Stolz tragen sollte.

Doch in Cornelia Schmitz-Bernings *Vokabular des
Nationalsozialismus* kommt *Gutmensch* nicht vor. Und
das Duisburger Institut für Sozialforschung, das in der
DJV-Mitteilung als Quelle genannt wird, hat nach eigenen
Angaben keinen Hinweis gefunden, dass der Ausdruck in
der Nazi-Propaganda verwendet wurde.

Es gibt lediglich ein Zitat von Friedrich Nietzsche aus der
Genealogie der Moral von 1887, das mancher Nazi gekannt
haben dürfte: »Diese ›guten Menschen‹ – sie sind allesamt
jetzt in Grund und Boden vermoralisiert und in Hinsicht
auf Ehrlichkeit zuschanden gemacht.« Vielleicht gehörte
zu jenen Nietzscheanern auch Julius Streicher, der einzige
NS-Propagandist, bei dem sich ein *Gutmensch*-ähnliches
Zitat finden lässt: »Es kennzeichnet den guten Menschen,
dass er an das Vorhandensein des Schlechten erst dann
glaubt, wenn er es mit eigenen Augen sehen kann. Auf die
Gutgläubigkeit der Guten baute sich die Berechnung jener
auf, die ein Interesse daran hatten, das jüdische Volk als
ein ausgewähltes Gottesvolk in Erscheinung treten zu lassen.« Die Duisburger Wissenschaftler fassen zusammen,
Streichers Unterstellung von Gutgläubigkeit komme zwar
dem Vorwurf gegenüber den Gutmenschen nahe, diese
seien naiv und verblendet, doch bei ihm sei ganz offensichtlich etwas ganz anderes gemeint.

Erfunden haben die Nazis das Wort ohnehin nicht. Schon im 19. Jahrhundert ist die Bezeichnung *Gutmensch* gelegentlich greifbar. 1870 benutzt es ein Autor der Zeitschrift *Deutscher Sprachwart* in einem reichlich esoterischen Artikel über »Das Deutsche als Ursprache«. Dort heißt es über die »Lauter« (Vokale) als natürliche Namen bestimmter Menschengruppen: »Wo ein besonderer Mensch bezeichnet werden soll, da bedarf der allgemeine Menschenname O u.s.w. noch der Hinzufügung eines besonderen Prädikats. Athil-a, Edelmensch, Oth-o, Gutmensch.«

Bereits 1838 veröffentlichte der Pädagoge Christian Oeser (Pseudonym von Tobias Gottfried Schroer) sein Buch *Briefe an eine Jungfrau über die Hauptgegenstände der Ästhetik*. Das Buch erlebte zahlreiche Auflagen und Bearbeitungen. In einer Fassung, die Gustav Karpeles 1890 in Berlin veröffentlichte, taucht plötzlich ein Zitat über allzu naiv Gutmeinende auf, das vorher nicht da war: »Wird nicht ein solch unberatener Gutmensch für seine unbedingte Menschenliebe verlacht, für einen Thoren von der ganzen Welt gehalten werden und ein Opfer seiner Schwäche sein?« In dem nachgelassenen Buch *Der Menschheitbund* des Freimaurers und Philosophen Karl Christian Friedrich Krause wird es 1900 in einem weniger abschätzigen Sinne gebraucht: »Der Gutmensch, – Wesenmensch, – hat gegen jene Heuchelglattheit der Vornehmlinge eine zuverlässige Waffe: – sein ungeschminktes, ernstes, ernstfreundliches, liebinniges, liebefriedliches, ehrwürdiges Gesicht, darin sie bald lesen lernen! Aber bald ergrimmen sie darob, – und deine Unschuldwürde ist ihnen Verbrechen.«

Rückblickend hat die Formulierung von der Unschuldwürde, die »ihnen« Verbrechen ist, prophetischen Charakter. Denn *Gutmensch* hat sich heute zu einem Hasswort entwickelt, das von Rechten eilfertig als verbales Geschütz gegen jeden in Stellung gebracht wird, der ihre Paranoia und ihre Hetze infrage stellt.

Das hatten Kurt Scheel und Karl-Heinz Bohrer sicher nicht im Sinn, als sie das Wort in der Zeitschrift *Merkur* in Umlauf brachten. Bohrer gab dort die Initialzündung für den heutigen Gebrauch von *Gutmensch*, als er 1992 in einer Glosse gegen »Versöhnungsterror der bundesrepublikanischen Provinz« schrieb: »Vielleicht wäre es am besten, der *Merkur* legte in Zukunft ein kleines Wörterbuch des Gutmenschen an.« Später hat Scheel die Urheberschaft von *Gutmensch* für sich reklamiert. Die Gesellschaft für Deutsche Sprache weist allerdings darauf hin, dass das Wort 1985 sogar schon einmal in einer amerikanischen Publikation auftauchte und zwar mit Bezug auf den späteren IG-Metall-Chef Franz Steinkühler. Aber das kann ein spontanes Wortspiel mit dem amerikanisch-jiddischen Wort *Mensch* gewesen sein.

Sicher ist nur, dass *Gutmensch* seit Mitte der Neunzigerjahre zu einem Schlagwort wird. Dazu beigetragen hat Klaus Bittermanns erstmals 1994 erschienenes *Wörterbuch des Gutmenschen*, mit dem der altlinke Tiamat-Verlagschef »Betroffenheitsjargon und Gesinnungskitsch« entlarven wollte. So notwendig das damals war, nachdem große

Teile der Linken und der frühen Grünen, angesichts eines Theorie-Overkills 1968 ff. einerseits und einer endlosen Serie von Niederlagen andererseits, sich in ein vage gefühltes, pathetisch unscharf artikuliertes Uneinverstandensein zurückgezogen hatten, so vollständig ist das Wort heute der Linken entglitten. In den letzten 15 Jahren ist es allmählich in den Besitz von antilinken politischen Gruppierungen übergegangen, deren Spektrum von dümmeren Teilen der FDP über Thilo Sarrazin und Akif Pirinçci bis zu den Rechtsextremen reicht. Bei den Letztgenannten wird *Gutmensch* gern mit dem Attribut *jüdisch* kombiniert.

Mit anderen Worten: Es ist völlig egal, ob die Nazis von früher das Wort erfunden haben. Entscheidend ist, dass die Nazis von heute sich den Begriff angeeignet haben. Es gibt zwar immer mal wieder Versuche von besonnenen Leuten, *Gutmensch* zurückzuerobern. Doch wenn ein polemisches Schlagwort so lange und so oft von Rassisten im Munde geführt wird, bleibt an ihm der Pesthauch der ekligen Gesinnung haften.

EXKURS I

20 Wörter
aus dem Ersten Weltkrieg

Der Erste Weltkrieg wird in der Sprachgeschichtsschreibung nicht als eigenständiger Abschnitt behandelt, sondern nur als Übergang von der Wilhelminischen Epoche zur Weimarer Republik. Doch die vier Jahre von 1914 bis 1918 haben das Deutsche bis heute geprägt: Neue Erfindungen, das ungeahnte Grauen des Maschinenkriegs und die politischen Umwälzungen mussten mit neuen Wörtern bezeichnet werden. Manche davon sind heute, 100 Jahre später, noch in Gebrauch – häufig mit ganz unschuldigen neuen Bedeutungen.

Burgfrieden. Als Ausdruck für eine militärische Vereinbarung im Sinne von »Waffenstillstand« ist *Burgfrieden* seit der frühen Neuzeit im Gebrauch. Zum politischen Schlagwort wird es 1914, als die deutschen Sozialdemokraten ihre Bereitschaft erklären, politische Auseinandersetzungen mit den reaktionären Machthabern des Kaiserreichs bis zum Ende des Krieges zurückzustellen.

Anfang 1915 heißt es im *Berliner Tageblatt* beispielsweise: »So oft auch die Sozialdemokraten den Versuch gemacht hatten, einem ihrer Parteigenossen einen Sitz im Berliner Magistratskollegium zu verschaffen, bisher ist diese Absicht stets gescheitert. Es scheint nun, als ob es den Sozialdemokraten im Zeichen des Burgfriedens gelingen wird, was sie so lange vergeblich erstrebt haben.«

dicke Luft. Als Bezeichnung für »muffige Atmosphäre, schlechte Ausdünstungen« existiert die Redensart schon seit dem 17. Jahrhundert. Die Bedeutung »Gefahr«, »bedrohliche Stimmung« hat sie erst seit dem frühen 20. Jahrhundert. Wahrscheinlich kam sie im Ersten Weltkrieg auf, wo *dicke Luft* bedeutete, dass die Luft mit Granatsplittern und feindlichen Geschossen durchsetzt war. Ernst Jünger erklärt diese erhöhte Artillerieaktivität des Feindes als Ausnahmezustand: »Ich zeichne hier den Verlauf eines Tages auf, wie 18 Monate hindurch einer dem anderen folgte, wenn nicht gerade die gewöhnliche Feuertätigkeit zu ausgesprochen ›dicker Luft‹ sich steigerte.«

Dolchstoßlegende. Dieses Wort ist nicht in den Jahren 1914 bis 1918 aufgekommen, sondern kurz danach, wäre aber ohne den Krieg nicht denkbar. Gleich nach dem Waffenstillstand begannen reaktionäre Kräfte, die Lüge zu verbreiten, das deutsche Heer sei »im Felde unbesiegt« gewesen und nur durch einen »Dolchstoß« von hinterhältigen Politikern in der Heimat zur Kapitulation gezwungen worden. Gegen diesen Mythos agitierten demokratische Publizisten in der Weimarer Republik dann mit dem Begriff *Dolchstoßlegende*. Als politisches Schlagwort ist er bis heute in Gebrauch. So sagte beispielsweise ein FDP-Politiker 2011 über den Euro-Abweichler Frank Schäffler, dieser inszeniere um sich herum eine Dolchstoßlegende.

Etappe bezeichnete seit dem 18. Jahrhundert das Gebiet hinter der Front, aus dem die Soldaten versorgt wurden. Daraus ergaben sich im Ersten Weltkrieg Schimpfwörter wie *Etappenhase* oder *Etappenhengst* für diejenigen, die sich vor dem Fronteinsatz gedrückt haben. Die Bedeutung »Teilstrecke« im Sport ist erst im 20. Jahrhundert entstanden.

Fallschirm. Das Wort lässt sich seit 1785 nachweisen. Da berichtet die *Wiener Zeitung* über ein Experiment des französischen Heißluftballonfahrers Jean-Pierre Blanchard: »Als er bis zu einer gewissen Höhe gekommen war, ließ Herr Blanchard seinen Fallschirm, an welchen ein Hund gebunden war, herab, welcher ohne den geringsten Schaden des Thieres herunterfiel.« Im Zusammenhang mit Flügen von Blanchard und seinem Landsmann André-Jacques Garnerin, die auch die Ersten waren, die mit einem Fallschirm aus Ballons absprangen, taucht das Wort im 19. Jahrhundert gelegentlich auf. Doch erst 1915 wird es in den Duden aufgenommen. Das hängt natürlich damit zusammen, dass erst in diesem

Krieg Fallschirme, an denen abgeschossene Flieger und mancherlei Dinge zur Erde schweben, allgegenwärtig werden. Erich Maria Remarque beschreibt, dass die Fallschirme, an denen französische Leuchtraketen langsam zur Erde segelten, begehrte Kriegsbeute waren, für die die deutschen Soldaten sogar nachts ins Niemandsland krochen. Denn die hochwertige Seide konnte man den Frauen zu Hause als Geschenk schicken. Zwei oder drei Fallschirme reichten für eine Bluse.

Flak. Eine Abkürzung für *Flug(zeug)abwehrkanone*, die im Ersten Weltkrieg aufkam. Ab April 1917 lässt sie sich in deutschsprachigen Zeitungen belegen: »Drei Flugzeuge wurden durch Flak abgeschossen«, heißt es da in gleichlautenden Berichten vieler Blätter. Im selben Monat erklärt die Linzer *Tagespost* diverse militärische Abkürzungen: »B. Z. ist ein Brennzünder, Flak (Flugzeugabwehrkanone), was besonders bei Zusammensetzungen wie Flak-Kommandant, Flak-Feuer den Uneingeweihten verwirrt.« Derartige Geschütze gab es bereits im Deutsch-Französischen Krieg 1870/71, wo sie gegen Ballons eingesetzt wurden. *Flak* liest man heute fast nur noch in historischen deutschen Texten, aber im Englischen ist es seit den Sechzigerjahren redensartlich geworden. Wenn jemand dort viel öffentliche Kritik auf sich zieht, sagt man: »He catches flak.«

Frontschwein. Ausdruck für einen besonders erfahrenen, mit allen Wassern gewaschenen Soldaten. Arnold Zweig stellt in seinem Roman *Einsetzung eines Königs* diesen militärischen Typus dem Personal der Etappe gegenüber: »Ein ruppiges Frontschwein unter lauter pikfeinen Etappenleuten.«

Grabenkampf. Diese Vokabel kam um 1915 auf. Gemeint ist der Kampf innerhalb des oft sehr unübersichtlichen Labyrinths der Schützengräben. Meist wird allerdings der Plural *Grabenkämpfe* benutzt, so schon bei Ernst Jünger. Heute werden auch verbissene Auseinandersetzungen in nicht militärischen Bereichen als *Grabenkämpfe* bezeichnet.

Keks. Der Erste Weltkrieg brachte auch den Bestrebungen, Fremdwörter einzudeutschen, einen gewaltigen Aufschwung. Das Wort *cakes* mit der Bedeutung »Plätzchen, kleines Gebäckstück« war schon im 19. Jahrhundert aus dem Englischen ins Deutsche gelangt, in der fremden Form steht es noch im Brockhaus von 1906. Anfang des 20. Jahrhunderts taucht die deutsche Schreibweise *Keks* auf, die zunächst noch seltener ist als die englische. *Keks* wird erst häufiger, als die Puristen des Allgemeinen deutschen Sprachvereins zwischen 1914 und 1918 im patriotischen Rausch geradezu eine Hatz auf Fremdwörter und ihre Benutzer veranstalten. Der Duden von 1915 versucht aber vergeblich, die Einzahl *Kek* für das Wort, das ja eigentlich ein Plural ist, einzuführen.

Kriegsgewinnler. Dieses Wort für einen, der als Heereslieferant oder Schwarzmarkthändler vom Krieg profitiert, ist seit 1915 in deutschsprachigen Zeitungen belegt.

Latrinenparole. Damit wird bis heute ein bedrohliches, aber nicht zu beweisendes Gerücht bezeichnet. Das Wort beschreibt sehr plastisch die Situation in den Feldlatrinen des Ersten Weltkriegs, wo die Soldaten zum Teil offen nebeneinander saßen – ein Ort geboren für den Austausch von Klatsch. In beiden literarischen deutschen Klassikern zum Ersten Weltkrieg wird die Entstehung des Wortes auf den Soldatenklos vermerkt. Ernst Jünger schreibt in *In Stahlgewittern*: »Hier ist die Quelle von allerhand dunklen Gerüchten, die an der Front umlaufen und die denn auch gemeinhin als ›Latrinenparolen‹ bezeichnet werden.« In Erich Maria Remarques *Im Westen nichts Neues* heißt es: »Nicht umsonst ist für Geschwätz aller Art das Wort ›Latrinenparole‹ entstanden; diese Orte sind die Klatschecken und der Stammtischersatz beim Kommiss.«

Materialschlacht wird heute ebenfalls fast nur noch im übertragenen Sinne benutzt, beispielsweise in Werbekampagnen und Wahlkämpfen. Ursprünglich bezeichnete es im Ersten Weltkrieg eine Schlacht mit besonders starkem Einsatz von schweren Waffen und Flugzeugen. Arnold Zweig schreibt in seinem Roman *Erziehung vor Verdun*: »Die Deutschen haben im Februar die Materialschlacht geschaffen.« Gemeint ist der Februar 1916.

Niemandsland. Ursprünglich das Gebiet zwischen den Schützengräben, das von keiner der kämpfenden Parteien kontrolliert wurde. Kurt Tucholsky ließ 1925 in seinem Buch *Deutschland, Deutschland über alles* einen alliierten Weltkriegssoldaten sagen: »Hier lagen wir, dann kam eine ganze Weile nichts, das war das Niemandsland – das gehörte keinem … und dann kamen die Deutschen.« Ernst Jünger schreibt über die Kälte im Schützengraben: »In kalten Nächten hört man ein ununterbrochenes Husten, das weithin schallt. Dieses Husten ist oft, wenn man im Niemandslande vorwärts kriecht, das erste Kennzeichen der feindlichen Linie.« Im Englischen ist das Wort seit dem 14. Jahrhundert als *Nomannesland* belegt und meinte ursprünglich eine Hinrichtungsstätte bei London. Mindestens seit 1864 ist *no mans land* in der heutigen militärischen Bedeutung im Gebrauch, aber Karriere macht das Wort erst von 1914 an. Die Franzosen übersetzen es nicht einmal, sondern übernehmen es im Ersten Weltkrieg als *le no man's land.*

Nullachtfünfzehn war die Nummer des massenhaft im deutschen Heer verwendeten luftgekühlten Maschinengewehrs 08 in der Version des Jahres 1915: LMG 08/15. Heute bezeichnet man als *nullachtfünfzehn* Durchschnitt und Massenware. Arno Schmidt schrieb 1948/49 von »den gewöhnlichen 08/15-Zweibeinern«, sechs Jahre später erschien Hans Hellmut Kirsts Romanzyklus *08/15* über einfache Soldaten im Zweiten (!) Weltkrieg. Die Bedeutung »Durchschnitt« lässt sich erst nach dem Ersten Weltkrieg belegen und entstand vielleicht in den Dreißigerjahren, als im Zuge der Wiederaufrüstung unter Hitler die immer noch gebräuchlichen 08/15-Maschinengewehre der Reichswehr durch moderne Waffen ersetzt wurden. Die alten MGs wurden an Reservedivisionen abgegeben. Das könnte erklären, wie der Name der ursprünglich hochmodernen Waffe seinen abwertenden Beiklang bekam.

Stahlhelm. Das Wort gibt es schon lange vor dem Ersten Weltkrieg, der älteste Beleg stammt von 1819; auch in Gottfried Kellers Roman *Der grüne Heinrich* von 1854 kommt es vor. Allerdings sind damit zunächst die glänzenden Helme der Kavalleristen gemeint, die eher schmückende als schützende Funktion hatten. Wortgebrauch und Gegenstand im heutigen Sinne kommen erst auf, als von 1915 an im deutschen Heer die Pickelhauben nach und nach von den Stahlhelmen abgelöst werden. Ernst Jünger schreibt über die Kämpfe von Guillemont im August 1916, wo er einem württembergischen Gefechtsläufer begegnet: »Er war der erste deutsche Soldat, den ich im Stahlhelm sah, und er erschien mir sogleich als der Bewohner einer fremderen und härteren Welt.« *Stahlhelm* wurde so sprichwörtlich für den Ersten Weltkrieg, dass sich in den Zwanzigerjahren ein paramilitärischer Verband aus ehemaligen Soldaten danach benannte.

Trenchcoat. Dieses heute mit Humphrey Bogart und Kate Moss (der Reklamefigur für Burberry) verbundene und im Zivilleben sehr geschätzte Kleidungsstück war ursprünglich – wie ja der Name »Grabenmantel« sagt – dazu gedacht, in den Schützengräben des Ersten Weltkriegs getragen zu werden. Den Manteltyp gab es schon vorher, aber die Werbung passte sich auch damals schon schnell den neuen Bedürfnissen hat. Das Wort ist im *Oxford English Dictionary* erstmals mit einer Anzeige vom 30. Dezember 1914 belegt, die für den Trenchcoat des Modells Thresher wirbt.

Trommelfeuer. Für »anhaltendes schweres Artilleriefeuer« ist dieses Wort laut dem Etymologen Wolfgang Pfeifer seit Ende 1915 belegt. Im Englischen gibt es seitdem das gleichbedeutende Wort *drumfire*. Ernst Jünger lernt es im April 1916 während der Kämpfe um das Dorf Les Eparges, südöstlich von Verdun: »Zum ersten Male vernahmen wir hier das schwere Wort ›Trommelfeuer‹.« Erich Maria Remarques Held Paul Bäumer sagt über einen Kameraden, der noch Schulbücher mit sich rumschleppt und vom Notexamen träumt: »Im Trommelfeuer büffelt er physikalische Lehrsätze.« Heute wird das Wort – wie so viele militärische Ausdrücke – meist als Metapher gebraucht: *ein Trommelfeuer der Werbung, ein Trommelfeuer der Kritik, ein akustisches Trommelfeuer* usw.

U-Boot. In Deutschland gab es seit 1902 mit der *Forelle* das erste kriegstaugliche U-Boot, von dem drei Exemplare nach Russland verkauft wurden. 1906 wurde mit der U1 eine Weiterentwicklung von der kaiserlichen Marine in Dienst gestellt. Doch solche Schiffe wurden offenbar entweder *Tauchboote, Unterwasserboote* oder *Untersee- boote* genannt. Diese Wörter schwirrten herum, seit im amerikanischen Bürgerkrieg erstmals Kleinst-U-Boote militärisch eingesetzt wurden. Man rang um die kor- rekte Bezeichnung einer faszinierenden Waffe, die weit- gehend noch Science-Fiction war: In der ersten Über- setzung von Jules Vernes Roman *Zwanzigtausend Meilen unter dem Meer* ist die Nautilus 1875 ein *unterseeisches Boot.* Die Abkürzung *U-Boot* lässt sich erst seit Septem- ber 1914 belegen. Da wird im *Berliner Lokalanzeiger* der deutsche Konteradmiral Paul Schlieper zitiert, der die Vor- und Nachteile der neuen Waffenart gegenüber Torpedobooten erörtert. Zunächst wird einleitend von *Unterseebooten* gesprochen, dann werden sie nur noch »*U*«-*Boote* genannt, wobei das *u* in Anführungszeichen signalisiert, dass die Abkürzung neu und noch nicht allgemein verständlich ist: »Unsere ›U‹-Boote haben in den letzten Wochen ihre volle Brauchbarkeit gezeigt.« Wahrscheinlich existiert die Abkürzung aber schon länger – möglicherweise seit 1911, wie das *Oxford Eng- lish Dictionary* schreibt –, denn fast zeitgleich mit dem bisher frühesten deutschen Beleg taucht es als *U boat* im Englischen auf. Die *New York Times* klärt ihre Leser am 27. September 1914 auf: »So far as I know the only name of the German type is ›the U boats‹, from the initial of ›unterseeboten‹.«

verfranzen. In der Fliegersprache hatte der mitfliegende Beobachter den Spitznamen *Franz*. Da er häufig für die Navigation zuständig war, entstand daraus spätestens 1915 das Verb *verfranzen*, »sich verirren«. In den Memoiren von Manfred von Richthofen, dem »Roten Baron«, heißt es über einen missglückten Einsatz: »So hatten wir uns denn völlig mit Ruhm bekleckert. Erst ›verfranzt‹ und dann die Kiste zerschmissen!«

wummern. Wird heute vor allem von Rockmusik-Kritikern gebraucht, die den Klang der Bässe beschreiben möchten. Das lautmalende Verb wurde von den Soldaten im Ersten Weltkrieg geschaffen, um »das eintönige Rollen und Stampfen des Artilleriefeuers« zu bezeichnen, das man schon abseits der Front hört. Ernst Jünger erklärt es: »Für dieses ferne Brodeln des Kanonendonners hatten wir den klangvollen Ausdruck ›es wummert‹ geprägt.«

HÄH

*Das kleine Wort, das die Menschheit
in ihrer Ratlosigkeit verbindet*

Am Anfang war das Wort. Aber das Wort war bei Gott, und den Menschen blieb zunächst nichts anderes übrig, als zu stammeln. Das wiederholt sich bis heute in der Sprachentwicklung jedes einzelnen Kleinkindes. Als Säuglinge artikulieren wir uns alle gleich, erst mit wachsendem Sprachniveau werden die Unterschiede größer.

Deshalb sind Wörter, die sich in verschiedenen Sprachen ähneln, oft solche, die auf frühkindliche Stammelwörter zurückgehen.

So ein Wort ist *Mama*: Sogar im Chinesischen heißt die Mutter *Ma*. Mit *Papa* verhält es sich ähnlich. Das 2013 zum Jugendwort des Jahres gewählte *Babo* ist nur eine Aussprachevariante der in zahlreichen Sprachen vorkommenden Silbenkombination *Baba / Papa* – als Anrede eines nahen Verwandten.

Diese muss keineswegs überall »Vater« bedeuten – in den slawischen Sprachen steht *Baba* für die Großmutter und von dort ausgehend ganz allgemein für eine alte Frau, manchmal auch eine Hexe. Wer je im Musikunterricht mit Mussorgskis *Bilder einer Ausstellung* traktiert wurde, kennt das Stück »Der Flug der Baba Jaga«.

Noch weiter verbreitet ist allerdings ein Wort, das keineswegs dem frühkindlichen Gebrabbel entstammt, sondern vielmehr die komplexen Kommunikationen von Erwachsenen auf eine einfach und schnell zu äußernde Frageform herunterbricht: Eine Interjektion, die dem deutschen *häh* oder dem englischen *huh* ähnelt, existiert in 31 höchst unterschiedlichen Sprachen rund um die Welt, haben Forscher des Max-Planck-Instituts für Psycholinguistik herausgefunden.

Während diese Zählung allein auf schriftlichen Quellen wie Wörterbüchern beruht, haben die Wissenschaftler unter Leitung von Mark Dingemanse das *häh*-Wort in zehn Sprachen aus fünf Kontinenten genauer untersucht, indem sie Videoaufzeichnungen von Alltagskommunikation miteinander verglichen.

Sie kamen zu dem Schluss: Die Aussprache der Interjektion unterscheidet sich in so unterschiedlichen Sprachen wie Spanisch, Siwu, dem Idiom einer gleichnamigen Volksgruppe in Ghana, Lao, der Landessprache von Laos in Südostasien, Russisch, Italienisch, Isländisch, Holländisch, Mandarin-Chinesisch, Murrin Patha, einer australischen Aborigines-Sprache, und Cha'palaa, einer Indianersprache in Ecuador, nicht stärker als beispielsweise die Aussprache von *Dog* (»Hund«) in verschiedenen Dialekten des Englischen.

Offenbar ist eine fast schon vorbewusste Simplizität

Voraussetzung für solche Universalität. Bereits auf der nächsthöheren Stufe der Kommunikation werden die Unterschiede wieder stärker: Die in der gleichen Situation benutzbaren Fragewörter, die in etwa dem deutschen *was?* entsprechen, unterscheiden sich in all den genannten Sprachen sehr stark.

Bei den *häh*-Interjektionen handelt sich dagegen immer um einsilbige Ausrufe, die aus einem Vokal oder einem vokalähnlichen Laut bestehen, dem ein Konsonant oder ein konsonantenähnlicher Laut vorangeht. Die Art der Vokallaute lässt sich mit den exakten Beschreibungsmethoden der Sprachwissenschaft sogar noch weiter eingrenzen: Sie werden alle mit der Zunge im vorderen zentralen Mundraum gebildet, und die Lippenstellung ist bei allen unrund. Sie unterscheiden sich nur durch die Höhe der Zunge.

Diese frappierende Ähnlichkeit erklären Psycholinguisten mit Theorien aus der Evolutionsbiologie: Dort hat man festgestellt, dass unterschiedliche Tierarten unter ähnlichen Umweltbedingungen ähnliche Merkmale entwickelt haben. Dieses Phänomen wird als konvergente Evolution bezeichnet. So haben etwa Haie und Delphine zwar unterschiedliche evolutionäre Ursprünge, aber dennoch gleichen sich ihre Körperbaupläne, da sie in den gleichen Meeresumwelten leben. Dr. Dingemanse und seine Kollegen vermuten nun, dass sich auf ähnliche Weise auch verschiedensprachige Wörter lautlich annähern, wenn sich die Gesprächsumwelten stark ähneln.

Die Gesprächsumwelt, in der *häh* einen evolutionären Vorteil bietet, sieht so aus: Es wird als Notlösung gebraucht, wenn wir in der menschlichen Kommunikation aus irgendeinem Grund nicht in der Lage sind, angemessen zu reagieren, weil wir das, was unser Gegenüber gesagt hat, nicht verstanden haben.

Diese Notlösung muss auch in Situationen, in denen es einem im wahrsten Sinne des Wortes die Sprache verschlagen hat, verfügbar sein. Es muss ein ganz einfaches Fragewort sein, das den Gesprächspartner dazu bringt, seine Aussage zu wiederholen. Diese Anforderungen erfüllen das mandarin-chinesische *A?*, das spanische *E?*, das laotische *A?* oder das niederländische *He?* in gleichem Maße.

Doch eigentlich widerspricht die Existenz von *häh* zwei Grundgesetzen der Linguistik. Das erste wurde von Ferdinand de Saussure, dem Begründer der modernen Sprachwissenschaft, formuliert und besagt, dass die Lautung eines Wortes normalerweise arbiträr ist, also beliebig. Das Wort *Hund* und seine Äquivalente in anderen Sprachen sind mit der Vorstellung eines Hundes nicht natürlich verbunden, sondern durch historische Zufälle verknüpft worden. Deswegen kann ein Hund, obwohl er überall gleich aussieht und bellt, in unterschiedlichen Sprachen mit so unterschiedlichen Wörter wie *Hund*, *dog*, *chien* oder japanisch *inu* benannt werden. Das zweite Gesetz besagt, dass sich Wörter in die spezifischen Lautgesetze einer Sprache einfügen. Da die Lautgesetze der Weltsprachen zum Teil extrem unterschiedlich sind, ist die Wahrscheinlichkeit eines universellen Worts sehr gering.

Deswegen ist bezweifelt worden, ob *häh* überhaupt ein Wort ist. Manche halten es für eine Form vorverbaler Kommunikation – so wie Weinen oder Niesen. Dagegen wenden die Max-Planck-Linguisten ein, *häh* müsse – im Gegensatz zu den genannten Beispielen – erlernt werden, denn seine Varianten in verschiedenen Sprachen unterschieden sich doch in stärkeren Nuancen als die Naturlaute. Wann man etwa das dem *häh* entsprechende Wort aus dem Cha'palaa in eine spanische Unterhaltung hineinschneiden würde, wären spanische Sprecher wahrscheinlich verwirrt.

Ein weiteres Argument dafür, dass *häh* ein echtes Wort ist: Es gibt bei unseren evolutionsgeschichtlich nächsten Verwandten kein Äquivalent dazu. Menschenaffen können zwar niesen und weinen, aber sie können nicht »Häh?« sagen. Sie brauchen das Wort auch nicht. Für sie hätte es gar keinen Nutzen. Denn Schimpansen führen keine Gespräche, die so komplex sind, dass ein Affe einem anderen Affen gegenüber Verständnisschwierigkeiten signalisieren müsste.

Wie die Arbeitsgruppe des Max-Planck-Instituts für Psycholinguistik festgestellt hat, gibt es noch anderen Wörter, die sich in vielen verschiedenen Sprachen so ähneln wie die *häh*-Wörter. Ein Beispiel sind sogenannte Rückmeldungspartikel wie *hm*, mit denen man dem Gesprächspartner signalisiert, dass man zuhört. Versuchen Sie mal in einem Telefongespräch ganz darauf zu verzichten! Ihr Gegenüber wird nach einiger Zeit irritiert nachfragen, ob sie noch dran sind.

All diesen Wörtern ist gemein, dass sie von Lexikografen oft stiefmütterlich behandelt worden sind. *Häh* steht weder im *Grimm* noch im *Digitalen Wörterbuch der Deutschen Sprache* noch im Duden. *Hm* steht drin, aber das liegt wohl auch daran, dass es in der Literatur viel häufiger vorkommt als *häh* und sich Wörterbuchmacher bis heute vor allem auf schriftliche Texte stützen, wenn sie wissen wollen, welche Wörter wie oft und unter welchen Umständen in einer Sprache vorkommen.

Ähnlich universell wie *häh* und *hm* sind auch Verzögerungspartikel wie *äh* oder Ausrufe des Erstaunens wie *oh* und *ah*. Die Autoren der Max-Planck-Studie schreiben dazu: »Es wäre weder plausibel noch zielführend, anzunehmen, dass die Wörter alle Vorgänger in sinntragenden angeborenen Grunzlauten hätten. Stattdessen beobachten wir, dass all diese Interjektionen wichtige gesprächsregulierende Funktionen haben, und wir nehmen an, dass der Grund dafür, dass sie in den Sprachen so ähnlich sind, ist, dass gemeinsame kommunikative Bedürfnisse und Gesprächsstrukturen mitwirken, für jedes davon, ein Reihe von ähnlichen Auslesekriterien zu schaffen, die ihre Evolution in bestimmte Bahnen gelenkt haben.«

Wer angesichts dieses Zitats, das Bedürfnis verspürt, erst mal spontan »Häh?« zu rufen, muss sich nicht scheuen. Im Gegenteil. Denn das wäre ein Beweis für die Richtigkeit dessen, was das Wissenschaftlerteam über die Wichtigkeit des unscheinbaren Wortes *häh* sagt: Es sei »ein unverzichtbares Werkzeug menschlicher Kommunikation«. Ohne solche Wörter wären wir nicht in der Lage, zu signalisieren, dass wir etwas Gesagtes nicht richtig gehört oder verstanden haben. Unsere Gespräche würden aufgrund von Kommunikationspannen immer wieder entgleisen.

Ohne *häh* wären wir also Daueropfer von kommunikativen Eisenbahnunfällen. Mit dem Wort sind wir eine große linguistische Menschheitssippe, deren Familienähnlichkeit dank der Bemühungen der Max-Planck-Forscher wieder ein bisschen deutlicher zu Tage getreten ist.

HELIKOPTER

Das deutsche Wort
Hubschrauber *macht die Fliege*

Ein manchmal unerklärliches Phänomen der Sprache sind Verdeutschungen für englische Wörter, die zunächst erfolgreich sind, dann aber doch durch das Original ersetzt werden. Manchmal hängt es damit zusammen, dass der Gegenstand, solange er uns fremd bleibt, beschreibend übersetzt werden muss. Sobald er unseren Alltag erreicht, kann er jedoch mit seinem originalen Namen bezeichnet werden, und jeder versteht das Fremdwort, weil er das Objekt vor Augen hat.

So war es beim *Rollbrett* – damit übersetzte beispielsweise Erika Fuchs in den Sechzigerjahren die *Skateboards*, auf denen Donald Ducks Neffen Tick, Trick und Track fuhren. Das Wort blieb bis in die Siebzigerjahre im Gebrauch, aber immer nur, um staunend amerikanische Phänomene zu beschreiben. Als dann in den Achtzigerjahren das Skateboard auch hierzulande ein massenhaftes Accessoire bestimmter Subkulturen wurde, verschwand die alte Verdeutschung.

Ähnlich erging es dem Wort *Nietenhose*, das seit Anfang der Fünfzigerjahre belegt ist. Heute wird es allenfalls noch benutzt, um die Zeit von Rock 'n' Roll und Beat mit einem ironischen Augenzwinkern zu beschreiben. Seit den Siebzigern nennt jeder Mensch, der so eine Hose trägt, sie *Jeans* – selbst die erweiterte Bestimmung *Blue Jeans* klingt schon antiquiert.

Warum allerdings neuerdings alle *Helikopter* (immerhin mit *k* statt mit *c*) schreiben und sagen, statt das deutsche Wort *Hubschrauber* zu benutzen, bleibt rätselhaft. In Medienberichten der vergangenen Jahre ist der pannenbelastete NH-90 der Bundeswehr meist als *Helikopter* bezeichnet worden. *Hubschrauber* taucht in den Artikeln nur auf, wenn schon fünfmal *Helikopter* geschrieben wurde und der Autor dringend ein Synonym braucht. Einmal habe ich sogar eine Mutter in der Straßenbahn belauscht, die ihrem Kind einen draußen fliegende Hubschrauber zeigte und sagte: »Schau mal! Ein Helikopter.« Ich bin mir ziemlich sicher, dass meine Mutter dieses Wort gar nicht kennt.

Hubschrauber scheint nur noch das Zweitwort zu sein – es verhält sich wie mit dem deutschen *Rechner* gegenüber *Computer*. Aber wieso? Normalerweise schließen Anglizismen eine Benennungslücke im Deutschen: Ein Event ist eben doch nicht ganz das Gleiche wie ein Großereignis, ein Sale nicht das Gleiche wie ein Schlussverkauf. Aber ein Hubschrauber ist nun tatsächlich exakt dasselbe wie ein Helikopter: ein »Flugzeug ohne Tragflächen, das nur von seinen Luftschrauben getragen wird«.

So steht es im ältesten Beleg, den das *Digitale Wörterbuch der deutschen Sprache* verzeichnet, einem Artikel aus der Zeitschrift *Verkehrswesen* vom 30. Juli 1937, der über Versuche Heinrich Fockes mit einem solchen Gerät berichtet und zugleich darauf hinweist, dass in Deutschland und anderen Ländern schon länger damit experimentiert wird.

Man muss hier deutlich zwischen Sache und Wort unterscheiden: Mit hubschrauberartigen Flugzeugen wurde seit dem Beginn des 20. Jahrhunderts experimentiert, vor allem in Frankreich, Spanien und Italien. Der erste Hubschrauber, der einen Mann durch die Lüfte tragen konnte und mit seinem Heckrotor tatsächlich aussah wie eine heutige Maschine, war der französische Oehmichen No. 2 im Jahre 1922. Aber der hieß noch nicht *hélicoptère* (das französische Wort ist für die Flugmaschine erst seit Anfang der Fünfzigerjahre belegt). Denn noch war das Wort ausschließlich Luftschiffen und einem kleinen Flugspielzeug vorbehalten, für die es in Frankreich im 19. Jahrhundert erfunden worden war.

Die älteste deutsche Bezeichnung für einen Hubschrauber, die ich gefunden habe, ist *Schraubenflieger mit zwei Hubschrauben*. Das Konzept eines solchen Apparats wird 1908 in der *Automobilrundschau* beschrieben. Gemeint war die Maschine, die der französische Flug- und Motorpionier Léonce Bertin 1907 konstruiert hatte. Anfang der Zwanzigerjahre taucht das Wort *Hubschrauber* dann in der Fachliteratur auf, in Konkurrenz zu *Hubschraubenflugzeug*. In der *Zeitschrift des Vereines deutsche Ingenieure (VDI)* heißt es beispielsweise: »Prof. Karmann sprach sodann über das Hubschraubenflugzeug. Mit einer einzigen

Schraube ist dieses infolge der Momente der Kreiselprä-zession ohne weiteres stabil, während der Hubschrauber mit einer geraden Anzahl von gegenläufigen Schrauben grundsätzlich nicht stabil ist.« Im gleichen Jahre berich-tet die Zeitschrift *Schiffbau, Schiffahrt und Hafenbau* unter der Überschrift »Ein erfolgreicher Hubschrauber?« auf Seite 1196 ihres 23. Bands über Versuche, die der Erfinder des Lenktorpedos, Louis Brennan, in England für das bri-tische Luftfahrtministerium angestellt hatte.

Doch das blieben Fachdebatten, die wenig Einfluss auf die Alltagssprache hatten. Auch die ab 1941 als erster Hubschrauber in Serie gebaute deutsche Focke-Achgelis Fa 223 trug noch nicht viel zur Verbreitung des Wortes *Hubschrauber* bei. Erst seit im Koreakrieg und in Vietnam Hubschrauber massenhaft als Waffen eingesetzt wurden, hat sich das Wort in der Alltagssprache eingenistet. Un-gefähr zur gleichen Zeit, Anfang der Fünfzigerjahre, wird auch *Helikopter* aus dem Englischen entlehnt, aber viel sel-tener benutzt.

Der Angriff von Colonel Kilgores Hubschrauberkaval-lerie in *Apocalypse Now* war der große glamouröse Holly-wood-Moment der Flugmaschinen. Ihren schönsten poe-tischen Augenblick haben die Hubschrauber in einem frühen Gedicht von Max Goldt (auch ein Songtext seiner Achtzigerjahreband Foyer des Arts). Es heißt *Hubschrau-bereinsatz* und beginnt so: »Handtaschenräuber! Hand-taschenräuber! Überall, überall Handtaschenräuber! Da hilft nur noch Hubschraubereinsatz! Scheinasylanten! Scheinasylanten! Überall, überall Scheinasylanten! Da hilft nur noch Hubschraubereinsatz!« Man ersetze in diesem Poem *Hubschrauber* durch *Helikopter*, dann merkt man, wie armselig Letzteres schon klanglich neben dem deutschen Wort wirkt.

Man kann auch nicht das übliche Argument bringen, das deutsche Wort sei länger als das englische. *Hubschrauber* hat sogar nur drei Silben gegenüber den vier des *Helikopters* – und anschaulicher als dieses Kunstwort aus dem Griechischen (nach *helix*, »Windung«, und *pterón*, »Flügel«) ist es auch.

Zum Verschwinden von *Hubschrauber* haben sicher die *HeliCops* beigetragen, eine Serie des Senders Sat. 1, die um das Jahr 2000 herum sehr erfolgreich war. Bedrängt wird er nun auch von der *Helikopter-Mutter*, jenem Schlagwort für überprotektive allgegenwärtige Mütter, für das sich die Verdeutschung *Hubschrauber-Mutter* nie richtig durchgesetzt hat.

Sein Hauptfeind ist aber jener Internationalisierungsdruck, der schon dazu geführt hat, dass aus dem *Bankier* ein *Banker* und aus dem *(Börsen-)Krach* ein *Crash* wurde. In der Luftfahrt mag jener Druck ähnlich schmerzlich empfunden werden wie im globalen Bankenwesen.

Wir wagen aber zu behaupten, es handele sich dabei häufig um einen reinen Phantomschmerz. Wer *Helikopter* statt *Hubschrauber* sagt, um sich damit der Gemeinde der Globish Sprechenden anzubiedern, ist einfach nur ein Weichei – oder wenn ihm das Englische lieber ist: eine *sissy*, die zu lange von ihrer Helikopter-Mama verhätschelt wurde.

HIPSTER

*Von Harlems Jazzclubs
in Berliner Bioläden*

Die Menschheit kommt aus Afrika, der Hipster auch: An der Westküste des Kontinents wurden vor vielen Jahrhunderten die ersten Menschen gesichtet, die hip waren. Auf Wolof, eine der Landessprachen des Senegal, heißt *xippi* »wachsam, mit offenen Augen« – jedenfalls wurde so noch der Titel eines Kassettenalbums übersetzt, das Youssou N'Dour 1993 veröffentlichte. Die glaubwürdigste Theorie für den Ursprung des Wortes *hip* ist, dass Sklaven aus dem Senegal ihr Wolof-Wort, in dem das *x* ausgesprochen wird wie unser *ch* in *lachen*, mit nach Amerika brachten. Dort fand es seinen Weg in den Jargon der Schwarzen und dann ins Englisch der Zeitungen. Die erweiterte Bedeutung »wissend« bescherte *hip* eine Karriere als Attribut für Menschen, die sich in kulturellen, musikalischen und sprachlichen Trends besonders gut auskennen.

Am Anfang war noch nicht festgelegt, ob die Schreibweise *hep* oder *hip* sich durchsetzen würde. Mit *e* geschrieben, lässt sich das Adjektiv zum ersten Mal 1903 im *Cin-*

cinnati Enquirer belegen. Mit *i* taucht es erstmals 1904 in George Hobarts von Slang durchsetzter Kurzgeschichte *Jim Hickey. A Story of the One-Night-Stands* auf. Dann auch schon klar erkennbar in einer Bedeutung, die der heutigen recht nahe steht: »sehr modisch«.

Spätestens in den Dreißigerjahren bahnte sich *hep / hip* dann den Weg in den Jargon der Jazz-Fans und Musiker. Menschen, die besonders hip waren, wurden unter Jazzern *hep cats* oder *hip cats* genannt. Der früheste Beleg dafür findet sich 1937 in der Septemberausgabe des Jazz-Magazins *Downbeat*, wo drei Musiker und eine Sängerin abgebildet sind und es in der Bildunterschrift heißt »3 Hep Cats and a Hep Canary«. Die Schreibweise *hip cat* ist erst seit 1940 nachgewiesen.

Schon ein Jahr zuvor schlug dann allerdings die Stunde des Ausdrucks, der *hep cat / hip cat* verdrängte. Sein Geburtshelfer war Cab Calloway – eine der Größen des legendären Cotton Clubs in Harlem –, den spätere Generationen noch in Erinnerung haben, weil er hochbetagt im Film *Blues Brothers* seinen Klassiker *Minnie the Moocher* sang. Der Sänger veröffentlichte 1939 ein Wörterbuch des Jive-Talks, der Insidersprache schwarzer Jazzer in New York. Er nannte es *Hepster's Dictionary: Language of Jive*. Das war ein Wortspiel mit dem von Noah Webster begründeten *Webster's Dictionary*, das in den USA so sprichwörtlich ist wie bei uns der Duden. In Calloways Wörterbuch steht *hepster* gar nicht, sondern nur *hepcat*. Deshalb gehen die Experten vom *OED* davon aus, dass Calloway das Wort *hepster* um des Anklangs an *Webster* willen erfunden hat.

Das Wortbildungssuffix -ster ist im amerikanischen Englisch sehr alltäglich, sein bekanntestes Produkt ist der *Gangster*. 1941 taucht der von Calloway geprägte Ausdruck dann erstmals in der Schreibweise *hipster* auf.

Weltruhm erlangte *hipster* schließlich durch Norman Mailers Aufsatz »The White Negro« aus dem Jahre 1957 mit dem Untertitel »Superficial Reflections on the Hipster«. Darin schildert der weiße Schriftsteller mit viel Sympathie die Subkultur weißer Jugendlicher, die die Sprache und Kultur der Schwarzen – insbesondere den Jazz – als ihre eigene annahmen, weil sie damit gegen die Spießigkeit der Familie und Umgebung, in die sie hineingeboren waren, rebellieren wollten. Diese Menschen nannte man *Hipster*. Als Bezeichnung für Angehörige der nonkonformistischen, weißen intellektuellen Subkultur hat das Wort dann auch Weltkarriere gemacht.

1962 erscheint *Hipster* das erste Mal in deutschen Texten. Noch ist es erklärungsbedürftig: »Substantivisch gebraucht, bezeichnet beat einen Angehörigen der Beat Generation (= hipster) oder die Welt und das Zeitalter des hipster«, schreibt ein Autor namens F. Preuss im *Mitteilungsblatt des Allgemeinen Neuphilologenverbandes* in einem Aufsatz über »Die Sprache der Beatniks«. Bereits im Januar desselben Jahres hatte der legendäre Jazz-Autor Joachim-Ernst Berendt in der Zeitschrift *Twen* das Konzept des Hipsters für ein deutschsprachiges Publikum erläutert: »Der Hipster befindet sich im innersten und geheimsten Zirkel der Jazz-Kennerschaft. Aber die Kennerschaft braucht nicht Wissen zu bedeuten. Sie bedeutet unbewusstes, intuitives Verstehen. ›Hip‹, sagt Mailer, ›ist die Kultur des weisen Primitiven in einem gigantischen Dschungel. Deshalb entzieht sich das Verständnis des Hip dem zivilisierten Bürger.‹«

Berendt grenzt die Hipster auch schon von den Beatniks ab: »Die Beatniks bleiben im zornigen Protest stecken – im Protest gegen unsere moderne Zivilisation, den ›Alptraum mit Klimaanlage‹, wie Henry Miller gesagt hat. Der Hipster besitzt ein realistischeres Verhältnis zum Leben. Mailer sagt: ›Das harte Wissen des Hipsters, dass man für das, was man bekommt, zu bezahlen hat, ist normalerweise zu bitter für den Beatnik.‹«

Die Biotope der originalen Hipster kartografiert Berendt an der Ost- und der Westküste: »Viele Jazzmusiker sind Hipsters, manche Hipsters sind Maler; Schriftsteller gibt es nur wenige unter ihnen. Freilich die meisten Hipsters haben keinen Beruf. Darin ähneln sie den Beatniks. Wo es die bärtigen Typen der Beat-Generation und ihre Mädchen gibt, da gibt es meist auch Hipsters: im New Yorker Village, an der North Beach beim Chinesenviertel von San Francisco und in den kleinen Badeorten Venice und Hermosa bei Hollywood. Vor allem aber gibt es Hipsters in New Yorks schwarzem Harlem. Dort wiederum gibt es keine Beatniks.« Was 1962 noch Insiderwissen war, darf sechs Jahre später der Gründgens-Dramaturg Helmut M. Braem schon als bekannt voraussetzen, wenn er in seiner Biografie des Dramatikers Edward Albee die Hauptfigur aus dessen Stück *Die Zoogeschichte* als »Hipster« bezeichnet.

Mit der ganzen coolen Jazz-Kultur gerät das Wort dann

ins Abseits. In Broder Carstensens *Anglizismen-Wörter-buch* wird *Hipster* 1994 als »veraltend und selten« bezeichnet: »Da die Hipster-Bewegung mit dem Anfang der Sechzigerjahre ihren Höhepunkt überschritten hatte, ist Hipster im Deutschen heute im Wesentlichen ein historisches Zitatwort.« Immerhin hatte die Jeansfirma Lee noch um 1970 auch in Deutschland eine Hose namens Lee Hipster herausgebracht, von der aber damals viele glaubten, sie heiße so, weil sie tief auf der Hüfte saß.

Durch die weltweite Rezeption des Mailer-Aufsatzes hält sich bis heute die Vorstellung, *Hipster* sei im Jazz-Jargon immer auf Weiße bezogen worden. Aber es gab natürlich auch schwarze Hipster – Berendt erwähnt sie. Anatole Broyard hat diese Subkultur, deren emblematische Vertreter Thelonious Monk und Dizzy Gillespie waren, 1948 in einem Aufsatz beschrieben. Der schwarze Hipster erhob Anspruch auf eine überlegene Wahrheit, die niemand sonst besitzen konnte, auch wenn er Zugang zu denselben Daten oder demselben Wissen hatte. Diesen Anspruch bekundete der Hipster auch durch sein Äußeres, indem er ganz bewusst Dinge tat, die von Nicht-Hipstern als lächerlich empfunden wurden. Broyard schreibt: »Der Hipster färbte sich eine Haarsträhne mit Puder weiß. Das war das äußere Zeichen einer bedeutenden, ja prophetischen Verwandlung. Außerdem trug er noch eine Sonnenbrille, da das normale Licht seine Augen angriff.«

Broyard ist übrigens eine interessante Figur im Spannungsfeld von Rasse, Musik und Kultur Mitte des 20. Jahrhunderts. Er stammte aus einer schwarzen Familie in New

Orleans, war aber so hellhäutig, dass er sich als Weißer ausgeben konnte. Er stieg zum Literaturkritiker der *New York Times* auf, was für einen Schwarzen gewiss schwieriger gewesen wäre. Erst sechs Jahre nach seinem Tode 1990 wurde seine Herkunft enthüllt.

Im Umkreis der von Broyard beschriebenen schwarzen Subkultur ist auch das Wort *Hippie* entstanden. Als freundlich-spöttisches Diminutiv von *Hipster.* Der Pianist Harry Gibson wurde »Harry der Hipster« genannt, und in einer Radioaufnahme von 1945 kann man hören, wie ihn sein Musikerkollege Stan Kenton in einem kurzen Dialog zu Beginn des Songs *Down the Road a Piece* »Hippy« nennt. Das könnte noch eine ganz private Verkleinerungsform von Gibsons Spitznamen in Kentons Mund gewesen sein, doch spätestens ab 1952 lässt sich *hippie* im Englischen in der allgemeinen Bedeutung »Beatnik, Hipster« (noch eher: »jemand, der als Beatnik oder Hipster posiert«) nachweisen.

Die heutige Bedeutung »langhaariger Vertreter der psychedelischen Sechzigerjahre-Gegenkultur, die eher vom Rock als vom Jazz inspiriert war«, nimmt das Wort ab 1965 an – da benutzt es der Journalist Michael Fallon in einer Serie von Artikeln über das Hippie-Viertel Haight-Ashbury in San Francisco. Wir erinnern uns, dass San Fransisco neben New York schon von Berendt als Hipster-Heimat genannt wurde. Seit 1967 existiert *Hippie* auch im Deutschen. Allerdings wird in einer der letzten *Spiegel*-Ausgaben des genannten Jahres schon »das Ende der Hippie-Bewegung« verkündet. Möglicherweise war das etwas voreilig.

Die nächste Sternstunde der Wortwurzel *hip* schlug in einer Sphäre, die kaum weiter von der weißen Mittelstandswelt der Hippies entfernt sein könnte: Mit dem Hip-Hop wurde *hip* wieder schwarz. Welcher Rapper das Wort erfunden hat, ist umstritten: DJ Lovebug Starski aus dem Disco Fever-Club, Afrika Bambaataa, DJ Hollywood aus dem Club 371 und Keith ›Cowboy‹ Wiggins von Grandmaster Flash and the Furious Five wird nachgesagt, *Hip-Hop* geprägt zu haben. Doch der früheste Beleg stammt aus dem Welthit, der neun Jahre, nachdem DJ Cool Herc mit Rap zu experimentieren begann, entstand: *Rapper's Delight*. Darin wird 1979 gerappt: »Said a hip hop the hibbit the hippidibby hip hip hoppa you don't stop.« Das könnte noch eine bloße Wortkasperei im Scat-Gesang sein. Doch schon im selben Jahr wird das Wort im *New Pittsburgh Courier* in einem Zeitungsartikel benutzt, dessen Autor behauptet, DJ Starski habe es erfunden.

In den späten Neunzigerjahren wurde dann der Hipster geboren, den wir heute kennen. Das Suhrkamp-Standardwerk *Hipster. Eine transatlantische Diskussion* registriert, dass er zum ersten Mal 1999 auftauchte. Und von Anfang wollte keiner dieser neuen Hipster *Hipster* genannt werden wollte. Die Lexikografen vom *Oxford English Dictionary* vermerken belustigt: »Zwei Porträts des Stadtteils Williamsburg – Ground Zero der gegenwärtigen Hipster-Bewegung – erschienen 2000, und in keinem davon wurde das Wort ›Hipster‹ benutzt.« Die *New York Times* nannte sie »bohemians«, und *Time Out New York* schrieb »arty East Village types«.

Aber was genau ist dieser Hipster eigentlich? Die Unschärfe des Begriffs hat viel zu seinem Erfolg beigetragen – mittlerweile gibt es ja schon Ableitungen wie *Nipster* (Nazi-Hipster) oder *Mipster* (muslimischer Hipster). Der Herausgeber Mark Greif definiert ihn im Vorwort zum genannten Suhrkamp-Band so: »Der Hipster ist eine Person, die Konsumentscheidungen – das richtige T-Shirt, die richtige Jeans, das richtige Essen – als eine Kunstform versteht. Er bewegt sich dabei zwar innerhalb der Grenzen des Massenkommerzes, sucht aber dennoch nach Distinktion und Exklusivität. … ›Hipster‹ wird somit heute zu einer Bezeichnung für Personen, die über die quasi übernatürliche Inselbegabung verfügen, die winzigen Verschiebungen, die innerhalb der Konsumgesellschaft noch Distinktionen erlauben, zu erkennen und aufzugreifen.« Wir erinnern uns: Anatole Broyard hatte den schwarzen Hipster als »prophetische Figur« bezeichnet. Das Numinose, das Seherische verbindet den alten mit dem neuen Hipster – nur seine Hautfarbe hat wieder mal gewechselt.

Der weiße Neo-Hipster hat sich zu einer weltweiten Hassfigur entwickelt, weil er als Agent der Gentrifizierung gilt. Ein Artikel in *Mashable* hat vorgeschlagen, den aufgeweichten Begriff durch *Yuccie* zu ersetzen – ein Initialwort, das nach dem Vorbild von *Yuppie (Young Urban Professional)* aus *Young Urban Creative* gebildet wird. Es ist allerdings fragwürdig, ob die Hipster sich mit dieser neuen Bezeichnung mehr identifizieren würden als mit der alten.

HIWI

*Von Stalingrad an die Uni –
eine seltsame Reise*

Als ich anfing zu studieren, fühlte ich mich in einen
»Landser«-Roman versetzt. Nicht nur weil im Wirtschafts-
wissenschaften-Studiengang 1983 fast ausschließlich Männer saßen und weil das Germanisten-Hochhaus, in das ich
nach einem Semester wechselte, aussah wie ein Bunker
aus dem Atlantikwall. Sondern vor allem, weil ich ständig mit Hiwis zu tun hatte, studentischen Hilfskräften,
die niedere Arbeiten im Universitätsbetrieb verrichteten.
Hiwis kannte ich bis dahin nur von der Ostfront, nicht aus
eigener Anschauung, sondern dank der Lektüre zahlloser
Heftchen und Bücher über den Zweiten Weltkrieg.

Hiwis oder *Hilfswillige* nannte man »Angehörige eines
vom deutschen Heer besetzten Landes, die freiwillig in der
deutschen Wehrmacht nichtmilitärische Arbeitsdienste
leisteten«, so definiert sie Cornelia Schmitz-Berning in
ihrem *Vokabular des Nationalsozialismus.* Dort ist auch
eine erklärende Stelle aus der Zeitschrift *Das Reich* von
1943 zitiert, die deutsche Leser mit jener Menschengruppe

bekannt machte. Der Artikel trug den Titel »Neue Verbündete« und sollte den Deutschen suggerieren, dass viele eroberte Völker die Wehrmacht begeistert aufnahmen und unterstützten: »Einen ähnlichen Eid wie die Freiwilligen der landeseigenen Kampfverbände leisten die Hilfswilligen, die die Truppe unterstützen. Als Fahrer in Nachschubkolonnen, in Versorgungseinheiten und in Brücken- und Straßenbaubataillonen, aber auch bei örtlichen Hilfspolizeikommandos.«

Schmitz-Berning erwähnt die Abkürzung *Hiwi* für die Hilfswilligen nicht. Doch sie muss allgegenwärtig gewesen sein. Albert Speer erläutert sie am 20. Juni 1946 in der Vormittagssitzung der Nürnberger Prozesse dem Vorsitzenden, der nach der Bedeutung des Wortes in einen Dokument gefragt hatte: »Es handelt sich bei den in dem Dokument genannten ›Hiwi‹ um die sogenannten Hilfswilligen, die sich dem Tross der in Russland kämpfenden Truppen angeschlossen hatten.« Bis in die Sechzigerjahre hinein taucht *Hiwi* ausschließlich in dieser Bedeutung auf. Die *Zeit* berichtet 1966 ausführlich über einen Prozess gegen den ehemaligen Oberleutnant der Reserve, nun Professor, Kurt Leibbrand, der im August 1944 bei Orange und Avignon 22 italienische Hilfswillige der 6. Kompanie des Eisenbahnpionierregiments der 19. Armee mit Maschinengewehren niederschießen ließ.

Als Ausdruck für eine studentische Hilfskraft an der Universität lässt sich *Hiwi* erstmals 1970 belegen. Da ist in dem »Logelei« genannten Rätsel der *Zeit* von einem Professor Syllog die Rede, der »seinen ›Hiwis‹, wie sie der alte

Herr so zartfühlend bezeichnet«, eine logische Aufgabe stellt. Das ironische Attribut »zartfühlend« ist ein Hinweis darauf, dass der Verfasser des Artikels noch wusste, was *Hiwi* ursprünglich einmal bedeutet hatte. Es spricht überhaupt manches dafür, dass es sich hier um eine sarkastische Übertragung handelt, die zuerst im Munde von Professoren und Studenten stattfand, die den Zweiten Weltkrieg noch miterlebt hatten. Denn *wissenschaftliche Hilfskraft*, so die offizielle Bezeichnung, hätte man ja wohl eher als *Wihi* abkürzen müssen.

Für diese Theorie spricht auch, dass es ebenfalls im Jahre 1970 in einem *Zeit*-Porträt über den Konzernchef Detlev Rüger heißt: »›Nationales Interesse‹ war es, das ihn 1956 – zur Zeit der Ungarn-Revolte – als ›studentischen Hiwi‹ an die österreichisch-ungarische Grenze trieb.« Möglicherweise war die Abkürzung an der Universität also schon kurz nach dem Krieg in Gebrauch. Einem Mann wie dem Germanisten Hans Schwerte, alias Hans E. Schneider, der nach dem Krieg seine Identität als SS-Hauptsturmführer auslöschte und ein Uni-Leben unter neuem Namen begann, muss es geradezu schwergefallen sein, seine Hilfskräfte nicht als *Hiwis* zu bezeichnen.

Karriere konnte *Hiwi* aber erst in einer Zeit machen, in der Studenten und Jugendliche massenhaft infantile Neuwörter mit dem Suffix *-i* bildeten. In den Siebzigerjahren häufen sich die universitären Belege, und die alte Bedeutung beschränkt sich allmählich auf die Sorte Literatur über den Zweiten Weltkrieg, aus der ich sie kannte. Dieter E. Zimmer schrieb 1981 in einer Übersicht über diese

Tendenz zur ironischen Verniedlichung in der *Zeit*: »Das bescherte uns den Sponti, den Sympi, den Chauvi, den Assi (Assistenten), den Exi (Spießer), den Hiwi, den Zivi (Zivilfahnder), den Proli (Proleten), den Knacki (Häftling), den Molli (Molotowcocktail), den Brummi (Lkw), den Spasti, Softie, Schlaffi, Schmusi und Schleimi.«

So wurde aus einer tragischen Gestalt eine Witzfigur. Man muss kein Sympathisant des Nationalsozialismus sein, um die Hiwis zu bedauern, die vor allem in Osteuropa nach dem Krieg der Rache ihrer Landsleute ausgesetzt waren. Bei meinen Recherchen stieß ich auf einen Foto von russischen Hilfswilligen, die im Februar 1943 in der Eiseskälte des Kessels von Stalingrad zittern. Man ahnt, welches Schicksal diesen zerlumpten Gestalten blühte.

HOMOPHOBIE

Angst essen Argumente auf:
Von der Inflation der Phobien

In der guten alten Zeit war eine Phobie etwas sympathisch
Kauziges. Leute, die sich vor Spinnen fürchteten oder
Angst hatten, auf große Plätze zu gehen, waren Phobiker,
und wie die Hypochonder belächelte man sie ein bisschen,
verurteilte sie aber nicht. *Phobie* entstand nach französischem Vorbild als Kurzwort zu Begriffen wie *Agoraphobie*
und *Klaustrophobie*, die der Aufstieg der Psychologie als
Wissenschaft Ende des 19. Jahrhunderts hervorgebracht
hatte. Noch älter ist der medizinische Fachausdruck
Hydrophobie, es gibt ihn seit dem 18. Jahrhundert. Zu Mo-
dewörtern wurden *Phobie* und *Phobiker* aber in den Achtzigerjahren des 20. Jahrhunderts.

Heute steht der Vorwurf, an einer Phobie zu leiden,
oft im Zusammenhang mit einem moralischen Verdam-
mungsurteil. Wegbereiter dieses Bedeutungswandels war
Homophobie. Das Wort bezeichnet die Abneigung gegen
Homosexuelle beziehungsweise deren Diskriminierung.
Es ist pseudo-altgriechisch-lateinisch und wurde zuerst

im Englischen analog zum im Deutschen recht seltenen *Xenophobie* (»Fremdenhass«, »Angst vor Fremden«) gebildet. Es hat eine sehr junge Geschichte. In Amerika ist *homophobia* laut *Oxford English Dictionary* seit 1969 belegt, das Substantiv *homophobe* und das Adjektiv *homophobic* seit 1971. Vorher gab es schon seit 1920 das Wort *homophobia* mit einer ganzen anderen Bedeutung, nämlich »Männerfeindlichkeit« oder ganz allgemein »Menschenfeindlichkeit, Misanthropie«.

Danach vergingen noch etwa zwanzig Jahre, bis die genannten Wörter ins Deutsche gelangten. Im Februar 1992 schreibt ein Autor in der *Zeit* über die Zustände in der amerikanischen Schwulen-Hauptstadt San Francisco: »Mancher Politiker hat lernen müssen, dass Homophobie (eine philologische Missbildung, hinter der sich Phobie gegen Homosexualität verbirgt) durchaus die Wahl kosten kann.« Das Adjektiv *homophob* ist schon etwas früher belegt, 1991 heißt es in einem Artikel über die Schwulenverfolgungen zur NS-Zeit: »Dass etwa in der Provinzstadt Würzburg überhaupt Homosexuelle gefangen wurden, habe daran gelegen, dass dort ein besonders homophober Nazi tätig war.«

Häufiger wird *Homophobie* im Deutschen allerdings erst um 2000 im Zusammenhang mit der Debatte um die schwulenfeindlichen Texte des Rappers Eminem gebraucht. Mittlerweile sind *Homophobie* und *homophob* längst auch hier zu omnipräsenten politischen Schlagwörtern geworden, die von homosexuellen Interessengruppen nicht immer sehr differenziert gebraucht werden, um auch den leisesten Widerspruch gegen ihre politische und gesellschaftliche Lobbyarbeit zu verunglimpfen.

Weil sie damit so erfolgreich sind, versuchen andere Gruppen sich mit Hilfe ähnlich gebildeter Wörter ebenfalls als Opfergruppen zu stilisieren: Zwar ist *Islamophobie* bereits seit 1962 im Deutschen belegt, als es in einem Buch des Anthropologen Eno Beuchelt über *Kulturwandel bei den Bambara von Ségou* heißt, ein Missionar sei beherrscht von seiner Islamophobie. Es ist also noch älter als *Homophobie*. Zum häufig gebrauchten politischen Schlagwort wird es jedoch erst im Gefolge der Anschläge vom 11. September 2011, als das Misstrauen gegenüber muslimischen Mitbürgern wuchs. Der Historiker Wolfgang Benz, Experte für die NS-Zeit, hat die Islamophobie mit dem Antisemitismus gleichgesetzt und ist dafür angegriffen worden. Benz und andere neigen dazu, das Schlagwort als Kampfbegriff zu nutzen, mit dem jede Diskussion über einen möglichen gewalttätigen Kern des Islam unterdrückt werden soll.

Nach dem Muster von *Homophobie* und *Islamophobie* ist das Wort *Christianophobie* gebildet worden. Seit 2008 gibt es die österreichische Webseite christianophobie.eu, die über die »Diskriminierung« von Christen berichtet. 2010 griff Papst Benedikt XVI. das Wort auf, als er das Leid der Christen im Nahen Osten beklagte. Im selben Jahr erschien eine wissenschaftliche Studie, die sich mit *Germanophobie*, also der Abneigung gegen Deutsche in der Schweiz, befasst. Seitdem Deutschland den fiskalischen Zuchtmeister Europas spielt, taucht das Wort häufiger in

Zeitungsartikeln über die Südeuropäer auf, die angeblich alle Frau Merkel und uns Deutsche nicht mehr mögen. Im April 2015 benutzte es der französische Intellektuelle Bernard-Henri Lévy in einem Essay für den *Spiegel*. Im selben Jahr machte das Wort *Russophobie* eine steile Karriere als Totschlagargument aller, die die Politik des Kremls in der Ukraine verteidigten. Die Weigerung, sich der Propaganda der Putin-Trolle zu beugen, wird mit Hilfe des nunmehr einschlägig etablierten Wortbildungssuffix *-phobie* zu einer Krankheit und zu einem moralischen Defekt umgedeutet.

HOOLIGAN

*Von der Oktoberrevolution
ins Fußballstadion*

Im Herbst 2014 war in ganz Deutschland ein unheimliches Dröhnen zu hören. Es war der Hooligan, der mit seinen Doc Martens so laut aufstampfte, dass alle seine Wiederkehr zu Kenntnis nehmen mussten. Bis zu diesem Zeitpunkt schien das Schreckgespenst der Fußballfankultur der Achtziger- und Neunzigerjahre weitgehend aus den Stadien verschwunden zu sein. Zumindest las man nicht mehr viel von ihm. Obwohl sich Hooligans immer noch bei Geheimtreffen außerhalb der Arenen wie in der guten alten Zeit gegenseitig die Fressen polierten, interessierte es anscheinend keinen mehr. Verglichen mit der Berichterstattungsflut während und nach der Fußballweltmeisterschaft 1998, als deutsche Hooligans den französischen Polizisten Daniel Nivel halbtot und zum Krüppel prügelten, fand der Hooligan in den Medien nicht mehr statt.

Und dann wurde Anfang des besagten Jahres auf Facebook die Gruppe Hooligans gegen Salafisten gegründet. Die mehrheitlich rechts stehenden Hooligans hatten beschlossen, die Verteidigung Deutschlands gegen salafistische Menschenfischer wie den Prediger Pierre Vogel in die Hand oder Faust zu nehmen. Das griffige Kürzel *HoGeSa* eignete sich ganz wunderbar als Hashtag, und als die Gruppe im September und Oktober 2014 vor allem im Westen Deutschlands teilweise Tausende Demonstranten mobilisierte, wurde es sogar schlagzeilenfähig. Plötzlich hatten die Medien wieder Bedarf für ein Wort, das mit dem *Halbstarken* und dem *Gammler* schon auf dem Friedhof der Bezeichnungen für bedrohliche Jugendkulturen zu ruhen schien.

Aber was wissen wir eigentlich über das Wort *Hooligan*, außer dass es englischen Ursprungs ist und mit dem Erstarken einer gewalttätigen Fankultur im Großbritannien der Achtzigerjahre auch bei uns in Mode kam? Wenig. Jedenfalls, wenn man sich allein auf die wichtigsten Nachschlagewerke verlässt.

In der von Elmar Seebold bearbeiteten 25. Auflage des Wörterbuchs *Kluge*, dem Standardauskunftgeber zu etymologischen Fragen, steht nur, dass *Hooligan* im 20. Jahrhundert entlehnt wurde: »Es wird vermutet, dass ein Personenname zugrunde liegt.« Etwas genauer legt sich schon Wolfgang Pfeifer fest, der das große etymologische Grundlagenwerk der DDR schrieb und mit nunmehr 90 Jahren immer noch regelmäßig dessen Online-Fassung aktualisiert. Er schreibt zu *Hooligan*, dessen Entlehnung aus dem Englischen habe wohl Mitte des 20. Jahrhunderts stattgefunden, und gibt zum Ursprung des Wortes an: »Als Ausgangsform wird der (irische?) Eigenname *Hoo-*

ligan oder *O'Hoolihan* eines polizeibekannten Schläger-typs in London vermutet (unter Anlehnung an irisch *hooley* ›wild‹?).«

Das englische Wort *Hooligan* in der Bedeutung »Randalierer, Rabauke, Schläger« ist insofern eine linguistische Besonderheit, als sich sein Ursprung genau datieren lässt. Der lange, heiße Sommer das Jahres 1898 hatte in London zu einem explosionsartigen Anstieg der Jugendgewalt geführt. Und plötzlich tauchte *Hooligan* massenhaft in Polizeiberichten der Tagespresse auf. So heißt es am 8. August des genannten Jahres in den *Daily News*: »The constable said the prisoner belonged to a gang of young roughs, calling themselves ›Hooligans‹.« (»Der Wachtmeister sagte, der Häftling gehöre zu einer Bande junge Raubeine, die sich selbst ›Hooligans‹ nennen.«) Schon bald wird das rasch populär gewordene Wort im übertragenen Sinne gebraucht. Die *Westminster Gazette* schreibt am 15. September 1898 über Abdallahi ibn Muhammad, einen der Anführer des islamistischen Mahdi-Aufstands gegen die anglo-ägyptische Herrschaft im Sudan: »The Khalifa was, after all, only a sort of Soudanese Hooligan.« (»Der Kalif war alles in allem nur eine Art sudanesischer Hooligan.«)

Das *Oxford English Dictionary*, aus dem all diese Frühbelege stammen, erläutert, in vielen der ersten Berichte werde *Hooligan* als eine Verballhornung der Bandenbezeichnung *Hooley Gang* oder *Hooley's gang* bezeichnet, aber für diese These gebe es keinen Beweis. Sicher ist dagegen, dass spätestens seit den 1880er-Jahren in Liedern der Music Halls und in den Londoner Witzblättern eine rabaukenhafte irische Familie namens Hooligan vorkam. 1892 treten die irischen Komödianten Jim O'Connor and Charles Brady mit großem Erfolg als großmäulige Straßenjungs in der britischen Hauptstadt auf und singen: »Oh, the Hooligans! Oh, the Hooligans! Always on the riot. Cannot keep them quiet.« Im gleichen Jahr veröffentlicht der Karikaturist J. S. Baker ein Buch mit Witzzeichnungen über die Hooligan Family.

Wesentlich erfolgreicher war der Hooligan-Humor von Frederick Burr Opper, der von 1900 bis 1932 den Comic *Happy Hooligan* zeichnete. Seine Strips wurden in den Zeitungen des Konzerns von Randolph Hearst amerikaweit verbreitet und von 1900 bis 1922 mehrfach verfilmt. Allerdings kehrte das Wort *Hooligan* mit Oppers Figur wieder zu seinem Ursprung als Familienname zurück. Der irischstämmige Titelheld in den Comics war gutmütig, nicht gewalttätig und ähnelte der Tramp-Figur Charlie Chaplins.

Das Wort hat sehr schnell außerhalb des englischen Sprachgebiets Karriere gemacht. Der »humanistische« Kulturwissenschaftler Horst Groschopp schreibt in seinem Buch *Dissidenten*, 1906 habe der deutsche Fabrikant, Buddhist, Freigeist und Dichter Arthur Pfungst den Begriff *Hooligan* in Deutschland eingeführt. Diese Behauptung darf als widerlegt betrachtet werden: Bereits 1903 taucht das Wort in der Zeitschrift *Archiv für Kriminal-Anthropologie und Kriminalistik* auf und wird als »Messerheld, Rowdie« erklärt. Der Autor berichtet von einem russischen Mordprozess, benutzt das Wort dann aber auch auf deutsche Verhältnisse bezogen und erklärt, es führe ein Weg von Nietzsches Übermenschen-Philosophie zum Hooligan. Im selben Jahr wird *Hooligan* auch schon von Heinrich Baumann in seinem Werk *Londinismen. Wörterbuch der Londoner Volkssprache* erwähnt.

Der Ausdruck hat sich in der gesamten Arbeiterbewegung – der deutschen wie der russischen – rasch verbreitet. 1907 schreibt ein Autor im *Berliner Tageblatt* bereits über Auseinandersetzungen zwischen linken Gruppen: »Das in Wilhelmshaven erscheinende sozialdemokratische Blatt hatte die Freundlichkeit, uns Worte wie Hooligans, Banditen des weißen Schreckens, revolutionäre Mordbrenner zuzurufen.« Und schon 1900 schildern die *Socialistischen Monatshefte* das Übel des »Hooliganismus«, das sich »in allen größeren Städten Englands manifestiert« und bereits »einige Jahre alt« sei.

Häufig taucht das Wort auch in Berichten über russische Ausschreitungen gegen Juden während und nach der Revolution von 1905 auf – vor allem in linken und jüdischen Publikationen. Im Bericht der Untersuchungskommission des Zionistischen Hilfsfonds von 1910 über *Die Judenpogrome in Russland* wird in Band 1 auf Seite 197 folgende typische und schreckliche Szene geschildert: »Dieser Zeuge sah auch, wie die Hooligans aus dem dritten und dem vierten Stockwerk Kinder auf den Fahrdamm herunterschleuderten, ein Kind aber fasste ein Hooligan an den Beinen, schlug mit dessen Kopf an die Wand.«

Unter den Bolschewiki und ihren Gegnern in Russland wurde es schließlich geradezu Mode, sich gegenseitig als *Hooligans* zu titulieren. Trotzki nannte Lenin während einer ihrer Auseinandersetzungen einen »Hooligan«, Gorki kritisierte 1908 in einem Brief die Sprache von Lenins Buch *Materialismus und Empiriokritizismus*: »Was für eine Unverschämtheit! Der Ton eines Hooligans. So spricht man also mit dem Proletariat, so also erzieht man die Menschen ›neuen Typus‹, die ›Schöpfer der neuen Kultur‹.«

Auch Zarin Alexandra sprach beim Ausbruch der Februarrevolution 1917, die die Zarenherrschaft beendete, von einer *Hooligan*-Bewegung. Und der Dichter Wladimir Majakowski schrieb 1918 das Drehbuch zu einem Kurzfilm namens *Das Fräulein und der Hooligan*. Die Hauptrolle spielt der charismatische Poet selbst: einen vorstädtischen Raufbold, der sich in eine Lehrerin verliebt und von ihr zurückgewiesen wird.

All diese russischen Debatten wurden natürlich auch in Deutschland zur Kenntnis genommen. Deshalb ist es kein Wunder, dass *Hooligan* in den Zwanzigerjahren hierzulande vor allem von linken Autoren benutzt wird. Carl von Ossietzky schreibt 1927: »Fanatiker, Heilige, Hooligans und Tollhäusler haben Dolche geschliffen und Bomben geschleudert.« 1931 betont er: »Hooligans haben in einer Arbeiterpartei nichts zu suchen.« Walter Benjamin benutzt das Wort *Hooliganismus*. Dabei hatte bereits 1917 der Sprachpurist Eduard Engel in seinem Pamphlet *Sprich Deutsch!* gegen solche Anglizismen gewettert: »Mob ist vornehmer als Pöbel, der Rowdy feiner als der Lümmel, nun gar der Hooligan geradezu ein erhabenes Wesen gegenüber dem Strolch oder Messerstecher.«

Mitte des vorigen Jahrhunderts kommt das Wort bei uns

ein bisschen aus der Mode und wird nur noch für das Ausland – meist England und die UDSSR – gebraucht. In der *Zeit* heißt es 1957, wieder mit Bezug auf russische Verhältnisse: »So hat sich der oft kriminelle Typ der ›Stiljagis‹ und ›Hooligans‹ herausgebildet, der etwa unseren ›Halbstarken‹ entspricht.«

Hooligan hat also in der deutschen Sprache eine Vorgeschichte, die bis zur vorvergangenen Jahrhundertwende zurückreicht. Doch erst seit Anfang der Achtzigerjahre hat sich das Wort hier massenhaft verbreitet: 1982 wird es im *Spiegel* in einem Bericht über den »totalen Krieg« gegen die »Hooligans« in England noch in Anführungszeichen gesetzt und so als neu gekennzeichnet. 1985 benutzt es Ralf Dahrendorf in einem Aufsatz für die *Zeit* mit dem Titel »Die Reservearmee der Neonazis«. Darin beschreibt er das für ihn neue Phänomen randalierender weißer Unterschichtangehöriger, die sich tendenziell politisch zur National Front (einer damals populären britischen Nazi-Partei) hingezogen fühlen. Bald wird *Hooligan* regelmäßig in Reportagen aus deutschen Fußballstadien verwendet.

Auch in der DDR entsteht schon damals eine Fußballschlägerszene nach englischem Vorbild. Der Ex-Neonazi Ingo Hasselbach beschreibt in seinem Buch *Die Abrechnung* 1993 sehr ausführlich, wie sich vor 1989 in Ost-Berlin neue Nazis und sich selbst so nennende Hooligans mischten. Vielleicht kannte der eine oder andere von ihnen das Wort sogar aus dem Marxismusunterricht oder aus der Russischstunde.

HURENSOHN

Ein Fluch mit Migrationshintergrund?

Wer vom *Hurensohn* spricht, darf vom *Hurenkind* nicht schweigen. So heißt im Jargon von Journalisten und Layoutern die letzte Zeile eines Absatzes, die fehlerhaft alleine am Anfang einer neuen Spalte oder Seite steht. Das Wort kommt aus der älteren Druckersprache, und das *Online-Typolexikon* belehrt: »Der Begriff ›Hurenkind‹ sollte heute besser vermieden werden, da er sicherlich nicht mehr zeitgemäß ist und heute eine unreflektierte Geisteshaltung gegenüber Frauen widerspiegelt.« Die Frauen, mit denen ich in der *Welt*-Redaktion zusammenarbeite, wissen davon noch gar nichts. Sie benutzen das Wort *Hurenkind* ganz schamlos, wenn sie sich über ein Seitenlayout beugen. Möglicherweise sind sie aber auch nur genauso lässig wie der 2014 für Dortmund spielende Kevin Großkreutz, der seinem Nationalmannschaftskollegen Bastian Schweinsteiger vom FC Bayern München schnell verzieh, dass dieser bei einer Party nach dem Gewinn der Fußballweltmeisterschaft einen Schmähgesang über die Dortmunder, die angeblich alle Hurensöhne sind, angestimmt hatte.

Das Wort *Hurensohn* hat heutzutage für denjenigen, der über feine Ohren verfügt, einen Klang nach Migrationshintergrund. Die entsprechenden Wörter in südeuropäischen Sprachen heißen *pic* und *orospu çocuğu* (türkisch), *figlio di puttana* (italienisch), *hijo de puta* (spanisch) und *filho da puta* (portugiesisch). Der ganze mutterzentrierte Ehrbegriff, der dahinter steckt, passt besser ans Mittelmeer als in den europäischen Norden. Nicht umsonst gehören Anspielungen auf die vermeintliche sexuelle Verfügbarkeit der Mutter des Gegenspielers zum Standardrepertoire des Trash Talk in der italienischen Serie A. Journalistische Belege aus neuerer Zeit stammen auffällig häufig aus Reportagen über entsprechende Länder und Kulturen. Folgerichtig hat auch der Präsident von Uruguay, also ein Latino, die Fifa als einen »Haufen alter Hurensöhne« beschimpft, nachdem diese Luis Suárez für neun Länderspiele gesperrt hatte.

Auch in Schillers *Die Verschwörung des Fiesco zu Genua*, einem der wenigen Klassikertexte, in denen das böse Wort auftaucht, wird ausgerechnet ein Hassan so angeredet: »Heraus, Hassan! Hurensohn der Hölle!« Der Sprecher ist Fiesco, ein Italiener, und er will damit den Hass des Beleidigten anstacheln, der Muslim ist. Die üblichen Verdächtigen waren schon 1783 zusammen.

Wenn es also bei Wikipedia heißt, »in der Jugendsprache« werde *Hurensohn* seit den Neunzigerjahren als »schwere Anfeindung« verwendet, dann darf man einerseits multikulturellen Einfluss vermuten, andererseits die Auswirkungen der Popkultur der USA, wo *son of a bitch* geläufig ist. Der Autor dieser Zeilen hat es bei Frank Zappa aufgeschnappt. Man hätte es aber auch schon bei Ernst Jünger lernen können. In seinem Weltkriegsmemoir *In Stahlgewittern*, das zuerst 1920 erschien, beschreibt er, wie ein Soldat namens Brecht (!), der vor dem Krieg in Amerika gelebt hat, einen Engländer mit den Worten »Come here, you son of a bitch!« gefangen nimmt.

Im Deutschen ist *Hurensohn* allerdings spätestens seit dem 15. und 16. Jahrhundert zu Hause, als es – laut dem *Deutschen Wörterbuch* der Brüder Grimm – zunächst in einem Fastnachtsspiel und dann im Volksbuch *Die Haimonskinder* benutzt wurde. Bei Barockdichtern wie Martin Opitz und Andreas Gryphius taucht es ebenfalls auf. Laut *Grimm* war *Hurensohn* auch als Bezeichnung des Henkers üblich, dessen Beruf als unehrlich galt. Älter ist die Konstruktion *Sohn einer Hure*. Sie benutzt Martin Luther beispielsweise im *Buch der Richter* (11,1). um Jephtea zu beschreiben, der allerdings auch »ein tapferer Held« war.

Man sieht: Das Wort ist doch urdeutsch, wenngleich es – zusammen mit den ihm zu Grunde liegenden moralischen Vorstellungen – ein bisschen aus der Mode gekommen war. Auch Schiller hat es im *Fiesco* in Wirklichkeit nicht benutzt, um seinen Figuren mediterrane Sprachfarbe anzutünchen. Sein Italiener und sein »Mohr« sind deutsche Pappkameraden im Kampf des Sturm und Drang gegen die wohlgesittete Aufklärung. Schiller war nicht der einzige Dichter dieser großmäuligen und manchmal grobianischen Literaturepoche, der *Hurensohn* gern verwendete. Auch Lenz hat es gebraucht. Wir hören bei ihnen gewissermaßen ein Echo der rüpelnden Jugendsprache des 18. Jahrhunderts.

ISLAMISMUS

Wie soll man die kopfabschneidenden
Barbaren denn nun nennen?

Im Spätsommer 2014, als die ganze Welt begriff, dass im Irak und Syrien eine neue blutrünstige Macht herangewachsen war, zeigte eine amerikanische Zeitungskarikatur zwei Kämpfer des »Islamischen Staats« in Gebetshaltung vor einem Fernseher, aus dem Barack Obama spricht. Warum die beiden den Fernseher und den US-Präsidenten anbeten, wurde nicht klar – es war halt eine politische Karikatur, gehörte also zu einem Genre, in dem Logik noch seltener ist als Witz. Die Anbetung ist umso unerklärlicher, als Obama etwas sagt, worüber die Freischärler mächtig wütend sind: »Der Islamische Staat ist nicht islamisch« – das hatte der Präsident in seiner Rede vom 10. September des Jahres betont. Darauf empört sich einer der beiden Bärtigen: »Was glaubt Obama, was wir sind? Mormonen?«

Das Bemühen westlicher Politiker, säuberlich zwischen dem »Islamischen Staat« und dem Islam zu unterscheiden und hundertprozentig sicherzustellen, dass es keinerlei Überschneidungen zwischen den beiden Phänomenen gibt, trieb eine Zeit lang die bizarrsten Blüten. Die SPD-Generalsekretärin Yasmin Fahimi sprach sich 2014 sogar dagegen aus, den »Islamischen Staat« als »islamisch oder radikal-islamisch« zu bezeichnen. Das beleidige die Muslime: »›Islamisch‹ oder ›radikal-islamisch‹ müssen aus Sicht von (friedlichen) Gläubigen überhaupt keine negativen Bezeichnungen sein, sondern können genauso gut Ausdruck einer besonders tief empfundenen, vielleicht auch strikten Religiosität sein – so, wie wir hierzulande von ›strenggläubigen Katholiken‹ sprechen würden, ohne sie damit in die Nähe von Terroristen rücken zu wollen.«

Man hätte der SPD-Politikerin antworten können, dass es eben zurzeit auch relativ wenig katholische Terroristen gibt, die Andersgläubige und Abweichler ermorden, und dass man, als es noch welche gab – beispielsweise in Nordirland –, eigentlich nie Probleme damit hatte, sie als *Katholiken* zu bezeichnen. Die meisten Menschen verstanden damals ganz gut den Unterschied zwischen einem alten Mütterchen, das in einer bayerischen Kirche betet, und einem jungen Mann, der in Belfast Bomben legt.

Man hätte gerne gewusst, wie Frau Fahimi zum Wort *islamistisch* steht. Aber da sie es nicht ausdrücklich verbieten wollte, scheint sie keine großen Probleme damit zu haben. *Islamistisch* ist in der Tat vielleicht das etwas trennschärfere Attribut für das ideologische Gemisch aus Religion, Politik und Weltherrschaftssehnsucht, das die Männer des »Islamischen Staats« antreibt.

Islamismus nennt man heute eine Politik, die den wortgläubig, streng und konservativ ausgelegten Koran zur

Richtschnur ihres Handelns macht. Die Karriere des Wortes und des dazugehörigen Adjektivs beginnt in den Siebzigerjahren. In der Zeitschrift *Außenpolitik* heißt es beispielsweise 1977 über die Türkei: »Infolgedessen ringen in diesem Land bis heute zwei Kraftströme miteinander: ein kemalistisch-reformistischer und ein islamistisch-konservativer.«

Richtig populär werden *Islamismus* und *islamistisch* dann 1979, also in jenem Jahr, in dem der Schah im Iran gestürzt wird und der Ajatollah Khomeini einen Gottesstaat einrichtet. Gleich nach der Flucht des Schahs gebraucht der Journalist Dietrich Strothmann das Wort *Islamismus* mehrfach in einem *Zeit*-Artikel mit der Überschrift »Politik als Gottesdienst«, in dem er zu erklären versuchte, »wie eine Religion die Lage im Nahen Osten veränderte«.

Der Begriff *Islamismus* im heutigen Sinne wurde aus dem Französischen importiert und als *islamism* auch ins Englische entlehnt. In Frankreich mit seinen traditionell engen Beziehungen zu Nordafrika und zum Nahen Osten hatte man schon früh Bedarf für ein Wort, das die neuartigen religiös-politischen Bewegungen in den arabischen Staaten und im Iran bezeichnet. Khomeini war ja bekanntlich in Paris im Exil gewesen, bevor er nach Teheran zurückkam. Der Islamwissenschaftler Tilman Seidensticker schreibt in seiner kurzen Geschichte des Islamismus, dass der französischen Form *islamiste* die arabische Bezeichnung *islâmî* (Plural *islâmîyûn*) zugrunde liege, die sich in den Siebzigerjahren für islamisch orientierte politische Aktivisten herausbildete: »Wörtlich bedeutet sie ›ein Islamischer‹, und man kann sie wirklich kaum besser als mit ›Islamist‹ übersetzen.«

Allerdings, so Seidensticker, hatte der neue Begriff *islamiste* es in Frankreich zunächst schwer, weil *islamisme* schon seit mehr als zweihundert Jahren mit einer ganz anderen Bedeutung etabliert war – und das auch noch von einer der höchsten geistigen Autoritäten Frankreichs: Voltaire. Der Philosoph hatte 1756 in seinem epochemachenden geschichtsphilosophischen Werk *Essai sur les mœurs et l'esprit des nations* die von Mohammed gestiftete Religion *islamisme* genannt, um sie vom älteren Begriff *mahometisme* (was man mit »Mohammedanismus« übersetzen kann) abzugrenzen.

Im siebten Kapitel seines *Essais* schreibt Voltaire: »Cette religion s'appela l'Islamisme, c'est-à-dire résignation à la volonté de Dieu.« (»Diese Religion nennt sich Islamismus, das heißt: Unterwerfung unter den Willen Gottes.«) Wer die Bildung mit *-ismus* für eine Religion befremdlich findet, der sei daran erinnert, dass ja auch das Christentum auf Französisch *Christianisme* heißt und wir in Deutschland von *Buddhismus* und *Hinduismus* reden.

Voltaire setzte damit allerdings nur einen Begriff durch, der schon länger eingeführt war. Im Deutschen lässt sich das Wort schon seit 1699 nachweisen. Da wurde in der Übersetzung von Humphrey Prideaux' *Das Leben Mahomets* »die mohammedische Lehre« *Islamismus* genannt. Prideaux benutzte dagegen in der 1697 erschienenen englischen Originalfassung die französisch anmutende Form *islamisme*. Im Französischen existiert das Wort mindestens seit 1660. Da taucht es in einer Bearbeitung der Weltbeschreibung und Weltgeschichte *Les Estats, empires, et principautez du monde* des jesuitischen Gelehrten Pierre d'Avity auf, die im 17. Jahrhundert 25 Auflagen allein in der Muttersprache erlebte und in zahlreiche Sprachen übersetzt wurde.

Dank Voltaire ist das Wort *Islamismus* dann in allen großen europäischen Kultursprachen verbreitet worden. Tocqueville notierte 1838 in seinen *Notes sur le coran*: »Racines de l'islamisme dans le judaïsme« (»Wurzeln des Islamismus im Judaismus«). Gemeint war auch hier natürlich – wie bei Voltaire – immer die Religion, der Islam im engeren Sinne. So ist *Islamismus* auch in den frühesten deutschen Belegen gemeint. 1759 heißt es in einer Übersetzung von John Grays und William Guthries vielbändiger *Allgemeiner Welthistorie* über einen Araber: »Er war ein geborener Jude, nahm aber zur Zeit des Cafur den Islamismus an.« 1766 stellt Johann Peter Süssmilch in seiner Bevölkerungsgeschichte *Die göttliche Ordnung in den Veränderungen des menschlichen Geschlechts, aus der Geburt, dem Tode und der Fortpflanzung desselben erwiesen* über die Entvölkerung vieler Länder in Asien fest: »Die Römer machten dazu den Anfang, der Islamismus hat es vollendet.« Und 1769 schreibt Christian Gottlob Heyne in seiner *Geschichte der Araber*: »Dieses Jahr schickte der Prophet den Ali ab, diejenigen Einwohner in Najran, die entweder Christen oder Götzendiener waren, zu dem Islamismus zu bringen.« Das sind nur drei von zahlreichen Belegstellen für *Islamismus* im 18. Jahrhundert.

Mit dieser älteren Bedeutung von *Islamismus* ging auch das Adjektiv *islamistisch* einher. So heißt es 1932 im *Archiv der Gegenwart*: »Die Vertreter der vier islamistischen orthodoxen Glaubensschulen haben in Kairo die Frage der Zulässigkeit einer Übersetzung des Korans aus dem Arabischen in andere Sprachen geprüft.«

Im Laufe des 20. Jahrhunderts kamen *Islamismus* und *islamistisch* hierzulande allerdings ebenso außer Gebrauch wie ihre englischen oder französischen Pendants, man sprach jetzt nur noch vom *Islam* und von *islamisch*, wenn man die Religion der Muslime meinten. So konnten französische Wissenschaftler und Journalisten den frei gewordenen und durch Voltaire geadelten Begriff wiederbeleben, um damit zweifelsfrei eine bisher unbekannte politische Erscheinung zu bezeichnen. In dieser neuen Bedeutung ist der Ausdruck dann auch wieder in andere Sprachen entlehnt worden

Die Mühsal, welche die Benennung politisch-religiöser Erscheinungen des Nahen Ostens dem Westen manchmal bereitet, zeigte sich auch beim Versuch, eine korrekte Abkürzung für den *Islamischen Staat* zu finden. Als Obama 2014 Luftangriffe auf dessen Stellungen in Syrien ankündigte, twitterte Pentagon-Pressesprecher John Kirby: »US military & partner nation forces have begun striking ISIL targets in Syria.« *ISIL* war lange in Washington die gebräuchliche Bezeichnung für das Gebilde, das hierzulande *ISIS* oder *IS* genannt wird. Der britische Premier David Cameron benutzte sie ebenfalls, während in englischen Medien meist von *ISIS* die Rede ist. Der *Guardian*-Autor

Ian Black spottete über diese linguistische Nibelungen-treue Camerons: »Es ist dieselbe transatlantische Solidarität, die Washington und London einst von UBL (Usama Bin Laden) sprechen ließ, obwohl alle anderen die gängigere Abkürzung OBL (Osama Bin Laden) benutzten.«

Das Kürzel *ISIL* bewahrte altes Wortwissen. Die Abkürzung steht für *Islamic State in Iraq and the Levant* und bezieht sich auf *Levante*, eine in Deutschland etwas aus der Mode gekommene Bezeichnung für die Länder des östlichen Mittelmeerraums. Das Wort stammt aus dem Italienischen, ist im Deutschen seit dem 15. Jahrhundert gebräuchlich und entstand einst aus der Vorstellung, es handele sich um die Länder der aufgehenden Sonne. *Levare* heißt auf Italienisch »in die Höhe heben«.

Im Arabischen nennt man diese Region – je nach Transkription – *Asch-Scham* oder *al-Scham*. Bilad al-Scham war vom 7. bis 10. Jahrhundert eine Provinz des historischen Kalifats. Der Orientalist Clifford Edmund Bosworth übersetzt *Al-Scham* im entsprechenden Artikel der englischsprachigen *Encylopedia of Islam* mit »Land der linken Hand«, weil für jemanden, der im Entstehungsgebiet des Islams rund um Mekka und Medina nach Osten schaut, der Norden links liegt. Gelegentlich wird dieses Gebiet auch als *Groß-Syrien* bezeichnet.

2013 etikettierte sich die Terrorgruppe, die sich vorher nur *ISI (Islamischer Staat Irak)* nannte, um und hieß nun auf Arabisch *ad-daula al-islamiya fi l-iraq wa-sch-scham*. *ISIL* ist die genaueste Übersetzung dieses Terminus – sieht man einmal von der Bezeichnung *ISIG (Islamischer Staat*

Irak und Groß-Syrien) ab, die bis vor kurzem noch in deutschen Behördenpapieren (Verfassungsschutz, BKA, BND) üblich war.

Dagegen blendete das im Deutschen lange dominierende *ISIS (Islamischer Staat Irak und Syrien)* aus, dass der Machtanspruch der Gruppe längst über die beiden genannten Länder hinausgeht. Um ihre universellen Ziele zu betonen, haben sich die Kopfabschneider Ende Juni 2014 schlicht in *IS (Islamischer Staat)* umbenannt. Die alten Staatengrenzen wurden damit für bedeutungslos erklärt.

Eine andere Bezeichnung ist aus Frankreich in die USA gekommen. Präsident François Hollande spricht von *Daesh* statt der von den meisten Medien bevorzugten Bezeichnung *EI (État islamique)*. *Daesh* ist zusammengesetzt aus den Anfangsbuchstaben der arabischen Bezeichnung des Islamischen Staats. Die IS-Kämpfer mögen diese Abkürzung nicht, weil sie wie ein ausgespucktes Schimpfwort klingt und von ihren Feinden auch so benutzt wird. Auch im Französischen hat es einen abwertenden Klang, erinnert an *dèche* »Pleite«.

Die Obama-Administration in Washington hat *Daesh* ebenfalls Ende 2014 übernommen. Außenminister John Kerry folgte darin erklärtermaßen dem Sprachgebrauch seines französischen Amtskollegen Laurent Fabius. Die republikanische Kolumnistin Pam Geller spottete, dies sei nun die mittlerweile fünfte Bezeichnung von Obama & Co für dieses Gebilde – nach *ISIL, ISIS, I. S. I. L* und *I. S. I. S.* (in den letzten beiden Varianten wird jeder Buchstabe einzeln gesprochen). Mit dem Terminus *Daesh* vermeiden

Hollande und Obama, Fabius und Kerry auch direkte Anklänge an den Islam. Denn in Frankreich und den USA haben sich muslimische Geistliche und Politiker – ähnlich wie hierzulande die SPD-Frau Fahimi – dagegen verwehrt, dass ihr Glauben sprachlich mit Verbrechern in Verbindung gebracht wird, deren Opfer ja in der Tat zum großen Teil selbst Muslime sind.

KANAKE

Ein rassistischer Schimpfwort-Import
aus den deutschen Südseekolonien

Im Herbst 2014 trat eine seltsame Reliquie die Reise von
Frankreich nach Neu-Kaledonien an: Der Schädel von Atai,
einem Häuptling des auf der südpazifischen Inselgruppe
heimischen Volks der Kanaken. Atai, der 1833 geborene
Chef des Kawa-Klans, hatte sich 1878 zusammen mit zahlreichen Getreuen erhoben, um gegen den Landraub durch
französische Siedler zu kämpfen. Er bezahlte es mit dem
Leben – wie weitere 1200 seiner Mitstreiter. Sein Kopf kam
als Trophäe nach Frankreich und endete in den Magazinen
des Pariser Naturkundemuseums. Dort entdeckte man ihn
2011, und nach längeren diplomatischen und wissenschaftlichen Vorarbeiten wurde er schließlich zusammen mit
dem Schädel von Atais Kampfgefährten »Le Meche« einer
Delegation aus Neu-Kaledonien übergeben.

Über die Rückkehr wurde auch in Deutschland berichtet. Manch einer mag bei dieser Gelegenheit erst erfahren
haben, dass es in der Südsee tatsächlich ein Volk gibt, dessen Name hierzulande als besonders übles rassistisches

Schimpfwort gilt. Seit wann das so ist und wie die Kanaken zu dieser zweifelhaften Ehre kamen, ist nicht ganz klar. Der Migrationsforscher Mark Terkessidis schreibt, »seit den 1950er Jahren wurde jede Gruppe von Migranten in Deutschland irgendwann mal als ›Kanaken‹ bezeichnet«. Der einschlägige Wikipedia-Artikel datiert die Entstehung des Schimpfworts eher auf die Siebzigerjahre. Beide sind sich einig, dass das Wort zunächst benutzt wurde, um Italiener, Spanier oder Griechen zu verunglimpfen, dass es heute aber eher auf Türken, Araber oder Perser bezogen wird, allenfalls vielleicht noch auf Menschen aus Südosteuropa. Seinen Erfolg im Deutschen verdankt das Wort ganz gewiss der Endsilbe -ake. Sie klingt nach älteren abwertenden Völkerbezeichnungen wie dem allgemein bekannten *Polacke* (seit dem 17. Jahrhundert für Polen) oder der nicht ganz so bekannten derben Franzosen-Beschimpfung *Franzacke*. Das etymologische Lexikon von Wolfgang Pfeifer nennt als Entstehungszeit von *Kanake* als Hetzwort vage die »Mitte des 20. Jahrhunderts« und als damit bezeichnete Gruppe allgemeiner »Leute fremder Herkunft oder fremdländischen Aussehens«. Belegt werden diese Zeitangaben nirgendwo.

Machen wir uns also wieder einmal selbst auf die Suche. Ein deftiger literarischer Beleg für *Kanake* im heutigen Sinne stammt aus dem Jahre 1985: In Jakob Arjounis Kriminalroman *Happy Birthday, Türke!* wird der Privatdetektiv Kemal Kayankaya in seinem Büro von Unbekannten überfallen, verprügelt und noch getreten, als er auf dem Boden liegt. Die Schläger wollen, dass er seine Ermittlungen in einem Mordfall einstellt: »Wir machen dich sonst alle, Kanake! Sie hörten nicht auf, mir ihre Stiefel in den Körper zu hacken.«

Aber natürlich ist das Wort älter. In der Bedeutung »Ausländer, Türke« lässt es sich bis in die zweite Hälfte der Sechzigerjahre zurückdatieren. In dem im Dezember 1967 im Berliner Schiller-Theater uraufgeführten Stück *Nachrichten aus der Provinz* von Jochen Ziem gibt es eine Szene, in der Gymnasiasten aus Rastatt einen jungen Türken anpöbeln. Sie heißt »Das Verlöbnis«, weil der Türke Celal auf seine deutsche Freundin wartet. Einer der Oberschüler höhnt: »Sag mal, Kanake, stimmt es eigentlich, dass sich die Türken, wenn sie geschissen haben, den Hintern mit Kieselsteinen abwischen?« 1961 hatte die Bundesrepublik Deutschland ein Anwerbeabkommen mit der Türkei abgeschlossen (wie zuvor schon mit Italien, Spanien und Griechenland). Während bis 1960 gerade einmal 1500 Türken in Westdeutschland gelebt hatten – die meisten als Studenten oder Geschäftsleute –, erhöhte sich nun deren Zahl allmählich. Und weil ihre Anwesenheit oft als bedrohlich empfunden wurde, entstand eine neue Variante des Alltagsrassismus, die ein neues Vokabular brauchte.

Dabei griffen die Rassisten auf eine Bezeichnung zurück, die schon länger ins Deutsche eingeführt war. Seit Mitte des 20. Jahrhunderts konnte *Kanake* für alle möglichen Ausländer gebraucht werden. In dem Roman *Gejagt*, der 1953 erschien und in dem die noch sehr frische Erinnerung an den Zweiten Weltkrieg und seine Soldatensprache für alle Ewigkeit konserviert ist, schildert der Schriftsteller Richard Hasemann die Erschießung zweier wehrloser russischer Gefangener durch einen deutschen Soldaten, der sie eigentlich zum Sammelplatz seines Bataillons bringen sollte. Es ist ein ganz gewöhnliches Stück Allerweltsbrutalität einer verrohten Soldateska, ohne dass ein Offizier es befohlen hätte: »Ich hab sie gleich dahinten umgelegt, sagte Löwe. Wozu so weit laufen mit so zwei Kanaken? Der eine flog auf die Schnauze, und dem anderen, der sich umdrehte und die Hände hochhob, habe ich eine mitten in die Fresse gegeben. Hat blöd geschaut, der Kanake.« Der Roman spielt an der südlichen Ostfront, es könnte sich also bei den »Russen« durchaus um Georgier oder andere Kaukasier gehandelt haben, eher südländische Typen also, die dem entsprechen, was man sich heute unter einem Kanaken vorstellen mag.

Aber offenbar war das Schimpfwort ursprünglich nicht so eng gefasst wie heute. In der Erzählung *Der Führer hat Geburtstag* des Autors Thomas Valentin, die ebenfalls im Zweiten Weltkrieg spielt, wird ein abgeschossener amerikanischer Pilot so genannt: »Der Kanake hat ziemlich viel geflucht, von Salms Kamp bis zur SS, wo wir ihn abgeliefert haben, damit sie ihn austauschen können.« Die Erzählung erschien zwar erst 1969, doch bemüht sie sich um authentisches Sprachkolorit, Churchill wird beispielsweise vom jugendlichen Ich-Erzähler *Lügenlord* genannt, ein Nazi-Propagandawort, das damals schon fast wieder vergessen war. Man darf wohl davon ausgehen, dass auch das Wort *Kanake* hier so benutzt wird, wie es tatsächlich in den Vierzigerjahren im Gebrauch war. Ein Kanake konnte also auch ein Amerikaner sein.

Daneben hatte es aber auch eine Zeit lang die ganz harmlose Bedeutung »Trottel«. Im *Schimpfbuch* von Ludwig Kapeller aus dem Jahre 1962 wird *Kanake* definiert als »Schimpfwort für einen einfältigen, weltfremden Menschen«. Es gibt keinen Hinweis darauf, dass dieser Mensch Ausländer sein muss. Die *Schweizer Monatshefte* berichten 1964 von einer Demonstration, bei der Polizisten beschimpft werden: »Polyp, Kanake! Greifer! Poliquetsch! Pickelfritz! Pallapete! Pireskro!« Und noch 1967 nennt »Babba« Hesselbach, der Vater der berühmtesten Fernsehfamilie der frühen Nachkriegszeit, einen seiner Söhne *Kanake* – zumindest in einem Roman von Wolf Schmidt, in dem die Serie *Die Hesselbachs* nacherzählt wird: »Ich habe nur das beste gewollt!«, sagt der Sohn. Das hessische Familienoberhaupt kanzelt ihn ab: »Ja: die besten Briefmarken, du Kanake!«

Kanaka oder *kanaka maoli* war ursprünglich ein hawaiianisches Wort, das einfach nur »Mensch« oder »Volk« bedeutete. Rätselhaft bleibt, wie es ins Deutsche gekommen ist. Im Wikipedia-Artikel zu *Kanake* wird die Theorie vertreten, dass *Kanakermann* ursprünglich in der Sprache deutscher Seeleute eine verbreitete Bezeichnung für Kollegen aus Polynesien oder Ozeanien gewesen sei: »Da diese im Ruf standen, besonders fähige und treue Kameraden zu sein, wurde dieser Begriff sowohl für diese Gruppe meist im positiven Sinne und oft auch als ›Ehrentitel‹ für besonders gute Kameraden europäischer Herkunft gebraucht. Dies war beispielsweise schon vor dem Zweiten Weltkrieg in Süddeutschland und Österreich als *alter Kanaker* in dem gleichen Sinn üblich wie die norddeutsche Bezeichnung *alter Schwede.*« Belege für diese These werden in dem Artikel nicht genannt. Es wird auch nicht erklärt, wie aus der freundlich lobenden Bezeichnung ein Schimpfwort geworden sein soll und warum ein Ausdruck aus der Seemannssprache ausgerechnet in Süddeutschland und Österreich heimisch geworden wäre. Gegen die Theorie spricht, dass weder *Kanake* noch *Kanakermann* im Grundlagenwerk *Seemannsprache* des Etymologen Friedrich Kluge von 1908 verzeichnet sind.

Als Volksbezeichnung ist *Kanake* oder *Kanaker* dagegen schon im 19. Jahrhundert zu belegen. Es wird ziemlich wahllos für diverse Südseevölker benutzt. Deshalb ist es wahrscheinlicher, dass die rassistische und abwertende Bedeutung eine Entlehnung aus dem Englischen ist. Denn im 19. Jahrhundert griffen die Briten das hawaiianische Wort *Kanaka* auf und bezeichneten damit jede Art von Arbeitern, die auf verschiedenen Pazifikinseln angeworben oder oft zwangsverschleppt worden waren. Diese Form des Sklavenhandels nannte man *blackbirding.* Ein Artikel im Wiener *Fremden-Blatt* vom 12. Januar 1870 schildert die Praxis unter der Überschrift »Der Menschenhandel von den Südseeinseln nach Australien«: »Wer sich mit diesem Handel beschäftigen will, rüstet in Sydney oder Brisbane ein Schiff aus und versieht es mit einer Menge Tand, dessen Reize die Augen der Wilden bestechen; gewöhnlich nimmt man auch einige Kanaken mit, die besonders gut behandelt worden sind, um als Köder zu dienen. Das Schiff segelt nach irgendeiner der Inseln, wo man sich Kanaken verschaffen zu können glaubt, und bei der Ankunft an dem Orte seiner Bestimmung verliert man keine Zeit, sich mit den Eingeborenen in Verbindung zu setzen, die gemeiniglich in Kanoes scharenweise den neuen Ankömmlingen entgegenfahren.« Geschildert wird dort auch, dass die Männer, wenn die Glasperlen als Lockung nicht ausreichen, an Bord der Schiffe festgehalten werden. Zwar mussten sich Plantagenbesitzer in Australien, die die billigen Arbeitskräfte anheuerten, verpflichten, diesen nach zwei Jahren die Rückreise auf ihre Inseln zu bezahlen. Doch viele von ihnen waren dann schon an Skorbut, einer Vitaminmangelkrankheit, gestorben: »Auf ihren eigenen Inseln leben sie beinahe ganz von Obst, Gemüsen und Fischen. Im nördlichen Queensland, welches der Theil ist, wo die Kanaken am meisten beschäftigt werden, grenzt es fast an Unmöglichkeit, Obst oder Gemüse irgendeiner Art zu ziehen, wegen der Armuth des Bodens, der großen Hitze und des Mangels an regelmäßigem Regen.«

Offenbar war man sich völlig im Klaren darüber, dass es sich hier um eine schlecht kaschierte Form der längst verbotenen Sklaverei handelte. Der Autor des Artikels im *Fremden-Blatt* schreibt: »Die Franzosen verboten, wie ich glaube, die Abführung irgendwelcher Eingeborener von den unter ihrem Schutze stehenden Inseln, und die Kolonial-Zeitungen meldeten kürzlich, dass ein französisches Kriegsschiff Jagd auf ein Kolonial-Fahrzeug gemacht, das

Kanaken an Bord hatte, und dass dieses genöthigt worden sei, dieselben wieder ans Land zu setzen.«

Kanaken war also schon einmal ein Wort für Gastarbeiter. Sie kamen meist von den Salomonen oder den Neuen Hebriden, andere von den Loyalitätsinseln, Tonga, Samoa, Kiribati oder Tuvalu. Diese Menschen arbeiteten beispielsweise auf Zuckerrohrplantagen im australischen Queensland und auf den Fidschi-Inseln oder als Küchenhilfskräfte für die Hudson Bay Company in British Columbia an der kanadischen Pazifikküste. Einige verschlug es auch in die USA, wo sie schon zu Zeiten der spanischen Herrschaft Anfang des 19. Jahrhunderts als Vertragsarbeiter nachgewiesen sind. In dem Buch *Two Years before the Mast* des amerikanischen Schriftstellers und Menschenrechtsaktivisten Richard Henry Dana, Jr. werden 1840 solche *kanaka* erwähnt. Da auch Deutschland Besitzungen im Pazifik hatte – unter anderem Deutsch-Samoa und Deutsch-Neuguinea, zu dem verwaltungstechnisch auch das Bismarck-Archipel, die nördlichen Salomonen oder die Karolinen gehörten –, werden das Wort *kanaka* und die Praxis des *blackbirding* auch den Kolonialherren der Kaiserzeit vertraut gewesen sein. *Kanaka* ist im *Deutschen Koloniallexikon* von 1920 verzeichnet. Es wird erläutert: »Ursprünglich in verschiedenen Varianten einheimische Bezeichnung für Mensch, Mann in Polynesien, etwa seit der Zeit der Walfänger bei den Europäern eingebürgerte Bezeichnung für den eingeborenen Ozeanier.« Wahrscheinlich hat es eher über den Kolonialjargon seinen Weg als Schimpfwort ins Deutsche gefunden als über das Matrosendeutsch.

Viele *kanaka* wurden auch auf Neukaledonien geblackbirdet. Da es vor der französischen Kolonialzeit kein übergreifendes Staatsgebilde und keine Einheit der Stämme auf den Inseln des Archipels gegeben hatte, übernahmen die Kanaken den Ausdruck der Kolonialherren schließlich für sich als Volksbezeichnung. Mittlerweile ist davon auch die Landesbezeichnung abgeleitet. Das französische Überseeterritorium wird als *Kanaky* bezeichnet. Und es gibt eine lokale Reggae-Variante namens *Kanéka*.

Auch die Hawaiianer haben sich das Wort *kanaka* mittlerweile zurückerobert. Im Zuge der Wiederbelebung ihrer eigenen Sprache und Kultur, die seit der Annexion durch die USA 1898 lange Zeit unterdrückt worden waren, nennen sie sich selbst stolz *kanaka maioli*.

Eine ähnliche Umwertung haben in Deutschland seit den Neunzigerjahren türkische Schriftsteller und Rapper versucht: Menschen wie der Autor Feridun Zaimoglu mit seinem Buch *Kanak Sprak* oder die türkisch-deutsche Hiphop-Gruppe Das Cartel aus Kiel übernahmen *Kanake* als stolze Eigenbezeichnung. Vorbild war das, was den amerikanischen Schwarzen mit dem Wort *Nigger* gelang. Doch so wie kein Weißer einen Schwarzen *Nigger* nennen sollte, sollte auch kein Biodeutscher einen Türken als *Kanake* ankumpeln, wenn er nicht in Verdacht geraten will, ein rechter Idiot zu sein. Wenn zwei das Gleiche tun, ist es linguistisch nicht dasselbe.

KEK

Deutsch-türkischer Neologismus
aus der World of Rapcraft

Get money, fuck bitches mag als Lebensziel ja ganz attraktiv sein. Aber der wahre Erfolg eines Rappers bemisst sich daran, ob es ihm gelingt, die Sprache um neue Wörter zu bereichern. Auch Leute, die die ganze Kultur des Hip-Hop seit dreißig Jahren ignorieren, wissen mittlerweile, was ein *Beef* oder ein *Homie* sind oder was es bedeutet, etwas zu *pimpen* oder jemanden zu *dissen*.

Manchmal ist ein Wort das Einzige, was von einem Eintagsfliegenrapper bleibt. Drei Jahre hintereinander hat die vom Langenscheidt-Verlag eingesetzte Jury zum Jugendwort des Jahres Ausdrücke gekürt, die von Hip-Hoppern populär gemacht wurden: 2011 *Swag*, das der Österreicher Money Boy hierzulande eingeführt hat, 2012 das Abkürzungswort *YOLO* für *You Only Live Once*, das auf den Kanadier Drake und seinen Song *The Motto* zurückgeht, und 2013 *Babo*, das der Offenbacher Haftbefehl unters Volk gebracht hat.

Der nächste Kandidat für einen Jargonausdruck, der die

engen Bezirke des deutschsprachigen Hip-Hop verlässt und Gemeingut wird, könnte *Kek* sein. Das Wort schwirrt im deutschen Rap schon länger herum. Insider, die Bushido und Fler am Geschmack ihrer Poritzen unterscheiden können, kennen es natürlich schon lange. Aber nun hat der Gebrauch von *Kek* eine neue Quantität erreicht. Das Wort war 2015 auf den Alben von Bushido und Fler so präsent, als hätten die beiden sich verschworen, es mit aller Gewalt hinaus in die Welt zu tragen.

Auf Flers *Keiner kommt klar mit mir* gibt es sogar einen Song, der *Du Kek* heißt und in dem der Berliner sich branchenüblich selbst anpreist: »Ich bin all das, was ihr Fotzen euch nicht traut. Ich bin cool, weil keiner meiner Freunde rappt. Du bist nur, du bist nur, du bist nur ein Kek.« Im Lied mit dem Titel *Schwanzlutscher* heißt es: »Dummer Kek, zwischen uns gibt es kein Machtkampf. Trainier dich breit, aber du bleibst immer ein Schlappschwanz.« Und auf *Frank vs. Fler* rappt Flers Alter Ego Frank White: »Und das einzige Fazit ist, dass du Farid disst. Und gleichzeitig Nazi bist! Du Kek!«

Noch häufiger benutzt Bushido das Wort. Auf *Carlo Cokxxx Nutten 3* kommt es nahezu in jedem Song vor. In *POV* droht er einem offenbar jüdischen Gegenüber: »Mr. Sonny Black, der Punisher is back. Ich komm auf deine Feier, happy Chanukka, du Kek, yeah.« In *Kommt Zeit, kommt Rat* prahlt er: »Fick auf dein Erwachsenwerden, du Kek. ›Du Hurensohn‹ ist immer noch mein Ass im Ärmel, du Kek.« Fast melancholisch klingt es in *Tempelhofer Junge*, wenn er reimt: »Ich rauche kein Weed, und ich trage keine Cap. Merkst du jetzt? Du bist nicht meine Kragenweite, Kek.« Und in *Butterfly Effect*, *Gangsta*, *Gangsta* und *Bushido* warnt er konkurrierende Rapper: »Finger weg vom Mic, es ist Gangster, wenn ich rappe, du Kek«, »Geh zur Seite, Kek, West-Berlin am Mic« und »Du denkst, Rap ist Spaß, bleib in deinem Dorf, du Kek.«

Aber was bedeutet *Kek*? Man könnte zwar die beiden Herren selbst einfach fragen. Aber bekanntlich mögen sie die meisten Journalisten nicht so. Und ich mag die beiden auch nicht so. Selbst wenn sie Lust hätten, würde ich nicht so gerne mit ihnen reden, wenn es sich vermeiden lässt.

Also behandeln wir den Jargon des deutschen Gangsta-Rap einfach, als wäre er eine tote Sprache wie Hethitisch, Ägyptisch oder Althochdeutsch. Wir versuchen, *Kek* mit den gleichen linguistischen Methoden zu enträtseln, die Forscher anwenden würden, wenn ihnen auf einer 3000 Jahre alten Tonscherbe oder einem zwölf Jahrhunderte alten Pergament ein neues Wort in diesen zu großen Teilen bekannten und verständlichen Sprachen begegnen würde. Wir betrachten die Sinnzusammenhänge, analysieren die grammatische Stellung in den überlieferten Texten, versuchen, die Etymologie des Wortes zu bestimmen, suchen in größtmöglichen Textsammlungen (der Fachbegriff dafür ist: *Korpus*, Mehrzahl *Korpora*) danach, wann es zum ersten Mal aufgetaucht ist, und schauen uns den Hintergrund der Sprecher und Schreiber an, die es benutzt haben.

Aus den genannten Zitaten lässt sich mühelos erschließen, dass *Kek* eine ziemlich üble Beleidigung ist. Dem Kek wird fast immer angekündigt, Sex mit seiner Mutter zu haben. Und es wird ihm unterstellt, er fröne »nicht traditioneller Sexualität« (wie das in Russland heißt).

Grammatisch ist »du Kek« in fast allen genannten Sätzen eine prädikative Anrede, die aus einem wertenden Nomen und einem Pronomen der zweiten Person Singular als Deiktikon, das auf den Angeredeten hinweist, besteht. Die prädikative Anrede ist nicht zu verwechseln mit einer Vokativphrase, in der das Pronomen durch eine Pause vom Nomen abgegrenzt wird (schriftlich durch ein Komma): »Du, Kek«.

Dass *Kek* ein männliches Nomen ist, erschließt sich in den Belegen meist nur aus dem Sinnzusammenhang. Doch einmal steht bei Bushido in *Wenn der Beat nicht mehr läuft* ein unbestimmter Artikel dabei, der das bestätigt: »Du bist nur ein Kek, der, wenn er rappt, die Stimme tiefer stellt.«

Aber was ist das überhaupt für ein Wort? Woher kommt es? Die ältesten Versuche, diese Frage in Internetforen zu klären, stammen aus dem Jahr 2008. Der Anlass waren bereits damals Bushido-Texte, in denen *Kek* auch früher schon massenhaft auftauchte. Die Theorie liegt nahe, dass andere Rapper, die das Wort benutzen – unter anderen Money Boy, Kollegah, Farid Bang –, es von Bushido und seinen Berliner Kumpels übernommen haben, denn bei ihnen taucht es, soweit die unübersichtliche Quellenlage erkennen lässt, viel später auf.

Kompliziert wird die linguistische Feldforschung auch dadurch, dass das Wort in den Transkriptionen von Hip-Hop-Texten, die die Datenbank Rap Genius sammelt, gerade in der Frühphase oft *keck* geschrieben wird – wie das seit dem Althochdeutschen belegte Adjektiv, das »unbefangen, kühn, verwegen« bedeuten kann, aber auch »dreist«.

Doch obwohl Dreistigkeit gewiss auch zu den Eigenschaften des Kek im Deutsch-Rap gehört, gibt es vermutlich keine Verbindung zwischen dem Adjektiv und dem Substantiv. Das Adjektiv *keck* ist ja eher ein aus der Klassikersprache bekanntes Wort, dessen Gebrauch statistisch nachweisbar seit dem 19. Jahrhundert stark zurückgegangen ist. Es fällt schwer, sich vorzustellen, dass Bushido in Goethes *Faust. Der Tragödie zweiter Teil* las, wie Mephisto seine Teufel im Kampf gegen die Engel anfeuerte »Seid keck nach altem Teufels Brauch!«, und er dann dachte: »Oh, cooles Wort, das probiere ich auch mal aus.« *Keck* als Adjektiv passt besser zu den linken Intellektuellen-Rappern von der Antilopen Gang, bei denen es in *Ikearegal* heißt: »Eure Mütter sind keck und haben freche Frisuren, eure Väter pumpen PUR und sammeln Uhren.«

Möglicherweise gibt es einen Zusammenhang zwischen dem Substantiv *Kek* und World of Warcraft. Im erfolgreichsten Computerspiel aller Zeiten bedeutet *kek* das Gleiche wie das Akronym *LOL (laughing out loud)*, also eine Äußerung höchster Belustigung – allerdings nur im Sprachgebrauch der Horde, einer der beiden Fraktionen, die sich dort ständig bekriegen. Bushido hat oft berichtet, dass er ein begeisterter World-of-Warcraft-Spieler ist. Allerdings erklärte er dieses Kapitel 2014 für beendet, weil er den Endgame-Content erreicht hatte und es dort für ihn nichts Neues mehr gebe. Wenn das Nomen *Kek* sich tatsächlich aus einer Interjektion in World of Warcraft entwickelt hat, könnte man es wohl am besten mit »Lachnummer« übersetzen.

Eine andere Spur ist, dass *kek* auf Türkisch (und Albanisch) »Kuchen« heißt. Das Wort geht wie das deutsche *Keks* auf englisch *cake* zurück – auch wenn Recep Tayyip Erdoğan wahrscheinlich behaupten würde, die Türken hätten das Wort *cake* nach England gebracht, als sie auf ihrem Weg zur Entdeckung Amerikas dort Station machten. Dieser Ursprung klingt plausibel. Denn jemanden zu verunglimpfen, indem man ihn mit einem Nahrungsmittel vergleicht, ist im deutschen Rap üblich. So wird ein körperlich unattraktiver Mann gerne als *Lauch* verhöhnt, unter anderen bei Kollegah und Haftbefehl. Nachdem ich in der *Welt* über *Kek* geschrieben hatte, wiesen mich Leser darauf hin, dass das Wort auch im Türkischen die Bedeutung »Trottel, Leichtgläubiger, Doofmann« haben könne. Damit verwandt seien auch das Verb *keklemek* und die Redensart *birini keklemek* »jemanden an der Nase herumführen«.

Zwar sind weder Bushido noch Fler Türken oder auch nur türkischer Abstammung. Aber in der multikulturellen Szene überfliegen Wörter leicht ethnische Grenzen. *Kek* lässt sich schon 2006 im Lied *Was sein muss, muss sein* des türkischstämmigen Kölners Eko Fresh belegen, bei dem es heißt: »Du denkst, ich wäre korrekt, komm in die Quere, du Kek. Und bevor du dich versiehst, is' deine Ehre im Dreck.« Man sieht an diesem Zitat genau wie an den Textstellen von Bushido und Fler: Die Beliebtheit von *Kek* hat auch damit zu tun, dass es so ein praktisches Reimwort ist.

Damals war Eko Fresh bei Bushidos Plattenfirma Ersguterjunge und rappte mehrfach mit seinem Labelboss. Wer *Kek* als Erster aufgebracht hat oder ob alle drei es aus dem Beleidigungsrepertoire ihrer Herkunftsszenen in den Rap mitgebracht haben, ist vermutlich nicht mehr zu klären. Allerdings stammt der älteste Beleg wiederum von Bushido aus dem Jahre 2002. Da rappt er in *Aggro Teil 2*, einem Gemeinschaftstrack mit Sido und B-Tight: »Ich fick das Rap-Geschäft. Du hast kein Flow, kein Text. Du kriegst den Rest, du Kek.«

Dieser frühe Beleg widerlegt nicht die Theorie, dass *Kek* irgendwas mit World of Warcraft zu tun hat. Zwar wurde das Computerspiel erst 2004 veröffentlicht. Aber Vorgänger-Games aus der Warcraft-Welt des amerikanischen Spiele-entwickler-Studios Blizzard existierten bereits seit 1994.

Genaueres wissen vermutlich nicht mal die Rapper selbst, die ja nicht ständig metasprachlich über ihre Texte reflektieren. Mein Kollege Dennis Sand, der sich mit deutschem Gangsta-Rap viel besser auskennt als ich, wies mich allerdings darauf hin, dass Bushido und Fler *Kek* in ihrer Frühzeit sehr häufig benutzt hätten, dann lange Zeit so gut wie gar nicht, und nun plötzlich wieder massenhaft – als wollten sie mit diesem aggressiven Slang-Ausdruck die Rückkehr zu ihren Wurzeln auch sprachlich zum Ausdruck bringen. Vielleicht war *Kek* am Anfang tatsächlich ein vom Türkischen inspiriertes Wort des Tempelhofer Slangs. Sehr wahrscheinlich ist, angesichts des phänomenalen Erfolgs von Bushido und Fler allerdings, dass sich das Wort irgendwann über seinen engen angestammten Bezirk hinaus verbreiten wird.

KRISE

*Irgendwo
zwischen Krieg und Frieden*

Die *Krise* ist in der Krise. Inflationärer und verhüllender Gebrauch hat das Wort so abgenutzt und ausgeleiert, dass man künftig voller Misstrauen sein muss, wenn irgendwer noch irgendwo von einer *Krise* spricht. Was in der Ukraine 2014/15 passierte, hieß immer *Krise* und nicht *Krieg*, obwohl dort geschossen und gebombt wurde, obwohl Kampfflugzeuge und Raketen im Einsatz waren und niemand zweifelte, dass russische Soldaten dort im blutigen Kasperletheater Separatisten spielen.

Aber wenn es *Krieg* genannt würde, könnten wir es schlechter verdrängen, und deshalb wird die Semantik unseren Ruhebedürfnissen angepasst. Denn sonst würden wir die Krise kriegen.

Zusammensetzungen mit *Krise* und einem geografischen Begriff sind spätestens seit der Suez-Krise 1956, der Kuba-Krise 1962 und der Kongo-Krise 1960–1965 zu einem produktiven Muster der Mediensprache geworden. Vorher setzte man etwa 150 Jahre lieber ein Adjektiv vor das Substantiv *Krise*, wenn man das Land, in dem die Krise sich abspielte, näher bestimmen wollte.

Auch konnte man eine Krise *mit* einem Land haben, so wie man sich im Krieg *mit* einem Land befinden konnte. Johann Gottfried Seume erinnert sich 1803 in *Spaziergang nach Syrakus im Jahre 1802* an seine Soldatenzeit: »In der wichtigsten Periode, der Krise mit Polen, habe ich in Grodno und Warschau die deutsche und französische diplomatische Korrespondanz [sic!] zwischen dem General Igelström, Pototzky, Möllendorf und den andern preußischen und russischen Generalen besorgt.« Dies ist zugleich einer der frühesten Belege für den politischen Gebrauch des Wortes.

Vorher war es in der Form *Krisis/Crisis* mit der Bedeutung »entscheidende Wendung, Höhepunkt einer Krankheit« aus dem Griechischen in die medizinische Fachsprache entlehnt worden. So war es zwei Jahrhunderte ausschließlich in Gebrauch, und *Krisis* ist als Nebenform heute noch üblich, wenn man deutlich machen möchte, dass man den medizinischen Terminus meint. Friedrich Christian Laukhard schreibt 1797 in *Leben und Schicksale* über Erlebnisse in der preußische Armee: »Ein fieberhafter Offizier lag in der Krise, musste sich dennoch auf den Strohwagen laden lassen, und starb in wenig Stunden.«

Ungefähr zu der Zeit, in der Laukhard seine epochalen Memoiren aus der Sicht »von unten« auf die Revolutionskriege schrieb, wurde das Wort noch einmal entlehnt, diesmal aus dem Französischen, der Sprache des Landes, in dem damals gewaltsam mit politischen Formen experimentiert wurde, für die neue Begriffe gefunden werden mussten. *Crise* hatte dort die Bedeutung »entscheidende schwierige Situation« im politisch-militärischen Wortschatz angenommen. Die *soziale Krise* wird dann in der zweiten Hälfte des 19. Jahrhunderts zum allgegenwärtigen Schlagwort.

Krise avanciert in Deutschland zum Lieblingswort von Theodor Mommsen. In seiner nobelpreisgekrönten *Römischen Geschichte* kombiniert er den Begriff gerne mit aus Namen abgeleiteten Adjektiven, schreibt von der *marianischen* und der *milonischen Krise* (nach Marius und Milo, zwei Politikern des 1. Jahrhunderts v. Chr.). Auch Karl Marx kennt schon die *Krise* im ökonomischen Sinne und die *Finanzkrise* – aber der Namenspate des Marxismus wurde noch lange Zeit viel weniger gelesen als Mommsen.

Spätestens in der zweiten Hälfte des 19. Jahrhunderts tauchen auch schon die uns heute so modern anmutenden Komposita von *Krise* mit Namen auf. Diese sind keineswegs nur geografischer Natur: Das heute eher *Dreyfus-Affäre* genannte Justizverbrechen gegen einen jüdischen Offizier in Frankreich und die sich daran anschließenden politischen Tumulte, deren literarischer Höhepunkt Emile Zolas Brandschrift *J'accuse* war, wird zunächst auch als *Dreyfus-Krise* bezeichnet, so im Titel eines 1899 erschienenen Buches von Salomon B. Kritschewsky.

Schon seit 1885 gibt es das Verb *kriseln*, während die Redensart *Ich krieg die Krise* erst seit den Siebzigerjahren gängig ist. Mit ihr nähert sich das Wort auch in der Umgangssprache wieder der alten, nie verloren gegangenen medizinischen Bedeutung an – der Nervenzusammenbruch, der hier mit *Krise* gemeint ist, heißt auf französisch *crise des nerfs* und Pedro Almodóvars turbulenter Achtzigerjahrefilm *Frauen am Rande des Nervenzusammenbruchs* ist jenseits des Rheins unter dem Titel *Femmes au bord de de la crise des nerfs* bekannt. Auch im Deutschen hat man seit Anfang des 20. Jahrhunderts *Nervenkrisen* – oft inmitten der seit den Dreißigerjahren belegten *Ehekrise* –, aber das Wort ist doch viel seltener als *Nervenzusammenbruch* und bezeichnet auch eine mildere Form von psychischer Belastung, die dem Zusammenbruch vorausgeht.

Den Begriff *Krise* sollten Journalisten eigentlich schon deshalb nur sparsam verwenden, weil den Leser sonst womöglich die *Karstadt-Krise*, die *HSV-Krise*, die *Ehekrise*, die *Euro-Krise* und die *Ukraine-Krise* aus Überschriften ein und derselben Seite anbrüllen. Trotzdem ist der Wortschatz in den letzten Jahren noch um die *Ebola-Krise*, die *Ferrari-Krise* und die *»Spiegel«-Krise* bereichert worden. Man muss schon ein bisschen suchen, um noch krisenfreie heile Welten zu finden: Google weiß bisher weder von einer *Glubschi-Krise* noch von einer *Lillifee-Krise*, noch von einer *Filly-Pferd-Krise*.

LIBERAST

Das sprachliche Kainsmal der Putin-Propaganda

Die russische Propaganda, die den Westen via Internet ebenso beknetet wie die eigene Bevölkerung mithilfe des Fernsehens, schafft sich ihre eigene Begrifflichkeit. Manchmal hilft es, solche Schlagwörter zu kennen, um zu wissen, mit wem man es zu tun hat: *Liberast* und seine Ableitungen *Liberasmus* und *liberastisch* sind drei Kampfausdrücke, die hierzulande noch kaum jemand kennt, denen man aber eine Karriere in rechten Zirkeln prophezeien kann.

In der Zeitschrift *Theater heute* veröffentlichte die Dramaturgin Marina Davydova im Mai 2014 einen augenöffnenden Artikel über das wachsende Interesse der Herrschenden am russischen Theater, einem Bereich, der ihnen bisher zu marginal erschien, um ihn auf Linie zu bringen. Dort wird auf die Zeitschrift *Kultura* verwiesen: »Deren Leitartikel stigmatisiert die ›liberastische Seuche‹ (dieser erschreckende Terminus ist eine Wortverbindung aus ›liberal‹ und ›Päderast‹ und in letzter Zeit sehr populär in den russischen Massenmedien geworden). Damit charakterisiert man die heimischen Bühnenkünstler.«

Eine Google-Suche nach russisch либераст ergibt anderthalb Jahre später schon die stattliche Zahl von 198 000 Ergebnissen. Die frühesten Internetbelege reichen – soweit ich das mit meinen sehr bescheidenen Russischkenntnissen erkennen kann – ins Jahr 2000 zurück.

Ein sehr interessanter Artikel auf *Global Voices* über die zehn wichtigsten Wörter des *runet*-Jargons (*runet* ist ein umgangssprachlicher Ausdruck für das russischsprachige Internet) erklärte im Mai 2012 das Wort so: »Liberast dient der Verunglimpfung von Menschen mit liberalen, prowestlichen politischen Ansichten. Den Liberasten wird unterstellt, sie unterstützten auf Kosten russischer Nationalinteressen westliche Vorstellungen von universellen Werten und Menschenrechten. Auch in diesem Schimpfwort fließen zwei Wörter zusammen: *liberal* (»Liberaler«) und *pederast* (»Päderast«, das in Russland vor allem auch als homophobe Schmähung verwendet wird). Es verknüpft den Nationalismus also auf perfide Weise mit der weitverbreiteten Homophobie.«

In deutschen Quellen taucht *Liberast* noch sehr selten auf, ähnlich wie das Adjektiv *liberastisch* – bezeichnenderweise findet man die meisten Belege auf der NPD-Webseite *Deutsche Stimme* und anderen Seiten, bei denen zuallererst ein Werbebanner des Antisem-Versands aus Dortmund aufpoppt. Die Achse zwischen Putin und seinen rechten deutschen Nazi-Fans floriert sprachlich schon. Da wird dann beispielsweise die *Frankfurter Allgemeine Zeitung* als »die liberastisch-finanz-jüdische Zeitung der Main-Metropole der Hochfinanzganoven« bezeichnet.

Es gibt aber Hinweise, dass *Liberasmus* hierzulande schon länger vereinzelt in rechten Kreisen als Schimpfwort gebräuchlich war. Die Internetsuche wirft einen Beleg aus dem Jahre 1986 (!) aus, der weiter in die Vergangenheit weist. Da zitiert das *Ostpreußenblatt*, die Wochenzeitung der ostpreußischen Vertriebenen, den verblichenen FDP-Mann Hermann Schäfer, einen Mitunterzeichner des Grundgesetzes: »Wenn ich gewusst hätte, dass Liberalismus mit ›Liberasmus‹ verwechselt würde, hätte ich nicht mitgemacht.« Das Zitat wird in einem Artikel über die Eindämmung der *Asylantenflut* – auch so ein Wort, vom dem man annahm, es hätte in den Achtzigerjahren noch nicht existiert – benutzt. Aber der Schmierant, der den Artikel verfasst hat, macht nie klar, bei welchem Anlass Schäfer es gebraucht hat. Die »Asylantenflut« der Achtziger kann es nicht gewesen sein, denn Hermann Schäfer starb 1966.

Anti-Liberalismus hat in Deutschland eine lange Tradition. Arthur Moeller van den Bruck, Verfasser der Anfang der Zwanzigerjahre erschienenen programmatischen Schrift *Das dritte Reich*, schrieb: »Der Liberalismus ist diejenige Weltanschauung, nein Anschauungswelt, von der sich die Jugend in Deutschland heute mit Ekel, mit Unwillen und einer besonderen Verachtung abkehrt, weil es nichts gibt, das ihrer eigenen Art, die Welt anzuschauen, entgegengesetzter und zugleich widerwärtiger wäre.« Und der Abendland-Untergangsprophet Oswald Spengler hieb in *Preußentum und Sozialismus* damals in die gleiche Kerbe: »Es gibt in Deutschland verhasste und verrufene

Grundsätze, verächtlich aber ist auf deutschem Boden allein der Liberalismus.«

Ob von diesen Theoretikern der »Konservativen Revolution« ein Weg zum FDP-Abgeordneten Hermann Schäfer führt, darf jedoch bezweifelt werden. Denn der verurteilt in dem Satz, den das *Ostpreußenblatt* zitiert, ja nur den Liberasmus, nicht den Liberalismus selbst. Und selbst Spengler und Moeller van den Bruck waren nicht auf die Idee gekommen, Liberale als Päderasten zu denunzieren.

Das erratische Schäfer-Zitat scheint ohnehin folgenlos für den deutschen Wortschatz geblieben zu sein. Die neuerdings globale Verbreitung von *Liberast* & Co geht eindeutig von Russland aus. Auch die englischsprachigen Fundstellen im Internet, deren Zahl die deutschen weit übertrifft, weisen fast immer auf russische Ursprünge hin. Dem Wort *Liberast* werden wir auch in Deutschland noch häufiger begegnen. Dieser Text soll ein kleiner Steckbrief sein, der die hässliche Fratze des Schurkenworts frühzeitig kenntlich macht.

LÜGENPRESSE

Der Lügner war immer schon der andere

Die belgische Hafenstadt Antwerpen gilt als eine der wenigen zentraleuropäischen Großstädte, deren historischer Stadtkern noch unzerstört erhalten ist. Offenbar lässt sich vor solchen Kulissen besonders gut das bedrohte Abendland beschwören: Im März 2015 gingen dort Demonstranten gegen die vermeintliche Islamisierung Europas auf die Straße. Auch in Dresden treffen sich die wütenden weißen Männer und Frauen ja gerne vor der Altbaukulisse der Semperoper.

Sprachlich interessant war an dem Antwerpener Aufmarsch, dass auch dort unter dem deutschen Akronym *Pegida* demonstriert wurde. Ein paar Tage zuvor im britischen Newcastle hatten sich Demonstranten ebenfalls für die deutsche Originalabkürzung entschieden, die in den britischen Medien mit *Patriotic Europeans against the Islamisation of the West* erläutert wird – das Wort *Abendland* ist ganz offensichtlich nicht ohne Verlust übersetzbar ins Englische.

In Flandern und den Niederlanden weiß man sogar, wie

das Wort deutsch ausgesprochen wird, aber zunehmend behandelt man es wie ein niederländisches Wort und sagt *Pechida* (mit hartem *ch* wie in *lachen*) oder *Perida*. Der Germanist Philipp Krämer vom Institut für Niederländische Philologie der Freien Universität Berlin hat Anfang 2015 mit Erstaunen registriert, dass sich auch Pegida Wallonie-Bruxelles im französischsprachigen Teil Belgiens, Pegida Nederland sowie die Zweige in Skandinavien, Österreich, der Schweiz, Katalonien und sogar Kanada dafür entschieden haben, den originalen deutschen Namen einfach zu übernehmen.

Dank der raschen und – angesichts der lokalen Begrenztheit des Phänomens – reichlich hysterischen weltweiten Berichterstattung ist Pegida offenbar zum global brauchbaren politischen Markenzeichen geworden. Die lokale flämische Variante *Vlagida*, die nach dem gleichen Muster durch Anhängen der Nachsilbe *-gida* gebildet wurde, wie *Legida* in Leipzig, *Bragida* in Braunschweig und *Bogida* in Bonn, ist deutlich weniger verbreitet.

Der Berliner Niederlandist Krämer berichtet aber auch noch von einem zweiten deutschen Ausdruck aus dem Wortschatz deutscher rechtspopulistischer Bewegungen, der sich im flämischen Teil Belgiens und den Niederlanden verbreitet – diesmal allerdings nicht als direkte Übernahme, sondern als Lehnbildung: *leugenpers* und *leugenmedia* sind die Feindbilder, von denen sich auch niederländisch sprechende Rechtspopulisten falsch informiert und verzerrt dargestellt fühlen. Rund 180 Jahre nach seiner Entstehung überschreitet das Wort *Lügenpresse* die

Grenzen des deutschen Sprachraums und könnte zum globalen Propagandaschlagwort werden.

Die neuerliche Karriere von *Lügenpresse* ist engstens mit dem Aufstieg der Pegida-Bewegung verbunden. Als die Facebook-Gruppe Patriotische Europäer gegen die Islamisierung des Abendlandes im Herbst 2014 scheinbar wie aus dem Nichts mehr als 10 000 Menschen für ihre Demonstrationen mobilisieren konnte, wurde rasch offensichtlich, dass die Lügenpresse zu den Hauptfeindbildern der Marschierenden gehört. Anfang 2015 wurde der Begriff dann höchst erwartbar zum Unwort des Jahres gewählt.

Damals haben Sprachhistoriker darauf hingewiesen, dass *Lügenpresse* Hochkonjunktur in der deutschen Propaganda des Ersten Weltkriegs und der Nazi-Zeit hatte. Als Ausgangspunkt wird immer das Buch *Der Lügenfeldzug unserer Feinde: Die Lügenpresse* genannt, das Reinhold Anton 1914 veröffentlichte. Darin wurde eine enthüllende »Gegenüberstellung deutscher, englischer, französischer und russischer Nachrichten« versprochen. Das Buch war ein Versuch, sich gegen die drohende Niederlage Deutschlands im Propagandakrieg zu stemmen.

Mit ihrer Berichterstattung über echte und erfundene Gräueltaten vor allem im besetzten Belgien hatten englisch- und französischsprachige Medien die Weltöffentlichkeit gegen Deutschland aufgebracht. Angesichts dessen verstieg sich sogar ein ehrenwerter Mann wie der protestantische Theologe Adolf Harnack zu paranoiden Tiraden gegen die ausländischen Medien: »Als vierte Großmacht hat sich gegen Deutschland die internationale Lügenpresse erhoben, überschüttet die Welt mit Lügen gegen unser herrliches und sittenstrenges Heer und verleumdet alles, was deutsch ist.« Harnack nannte die Zeitungen des Feindes, berufsbedingt ganz biblisch, »das Tier aus dem Abgrund« – in der Luther-Bibel ist das das Attribut eines der apokalyptischen Ungeheuer, die in der Offenbarung des Johannes den nahen Weltuntergang anzeigen. Und der Literaturnobelpreisträger Gerhart Hauptmann macht im September 1914 in einem offenen Brief an den französischen Schriftsteller Romain Rolland den Hauptschuldigen am Kriegsausbruch aus: »Die französische Lügenpresse …, der das französische und das belgische Volk sein Unglück verdankt.«

Im den vier Jahren von 1914 bis 1918 steigt der Gebrauch des Wortes *Lügenpresse* nachweislich inflationär an. Aber Reinhold Anton hatte es für sein Buch keineswegs erfunden. Das Wort existiert mindestens seit 1835, als in der *Wiener Zeitung* die Pariser Blätter als *Lügenpresse* bezeichnet wurden. Häufiger wird es seit Mitte des 19. Jahrhunderts. Da wird es zu einem Schlagwort konservativer katholischer Kreise gegen die liberalen Druckerzeugnisse, und von Anfang an schwingt ein antisemitischer Ton mit. Der Priester und Abgeordnete der Frankfurter Nationalversammlung, Beda Weber, benutzt 1848 in einem Beitrag für die *Historisch-politischen Blätter für das katholische Deutschland* die Formulierung von der »jüdischen Lügenpresse«, die die Unruhen der Revolutionszeit angeheizt habe. Ein Jahr später klagt jemand im *Bayerischen Volks-*

blatt: »Besonders kommt alles, was die Soldaten tun, in die rothe Lügenpresse.« Und der Wiener Jesuitenpater Viktor Kolb, Gründer eines Vereins zur Förderung katholischer Zeitungen, verband 1905 in seiner Formulierung »Logen- und Lügenpresse« das mittlerweile in seinen Kreisen gut eingeführte Schlagwort mit der alten Verschwörungs- theorie, die Aufklärung sei nichts als eine gigantische Int- rige der Freimauer.

Von Anfang an mischt sich beim Gebrauch von *Lügen- presse* Antisemitismus mit antifranzösischem Ressenti- ment. 1835 war diese Bezeichnung für die Pariser Blätter in der *Wiener Zeitung* noch die Übersetzung eines franzö- sischen Zitat gewesen. Doch schon 1847 schreibt der Me- diziner Gustav Zimmermann in einem Fachbuch über Blut ganz eigenständig aus deutscher Perspektive von den »Tages-Neuigkeiten der Lügenpresse in Frankreich«. Wie zu erwarten, wird die Lügenpresse während und nach dem Deutsch-Französischen Krieg 1870/71 ganz beson- ders häufig in Paris lokalisiert. Daran konnte die Propa- ganda im Ersten Weltkrieg wieder anknüpfen.

Nachdem dieser Krieg zu Ende gegangen war, fand sich für den Begriff *Lügenpresse* rasch eine Anschlussverwen- dung im Wortschatz der rechten Bewegungen, die die Nie- derlage nicht akzeptieren wollten. Hitler gab den Ton vor, als er 1922 formulierte: »Für die Marxisten gelten wir dank ihrer Lügenpresse als reaktionäre Monarchisten.« Alfred Rosenberg benutzt das Wort 1923 im von ihm verfassten Programm der neuen Bewegung namens *Wesen, Grundla- gen und Ziele der national-sozialistischen deutschen Arbei-*

terpartei. Und ausgerechnet Joseph Goebbels gebärdet sich einige Jahre später als Propagandaopfer: »Ungehemmter denn je führt die rote Lügenpresse ihren Verleumdungsfeldzug durch.«

Lügenpresse war damals wie heute aber nicht so sehr ein rechtes Wort als vielmehr ein allgemein antidemokratisches. Wer *Lügenpresse* sagte, war seit 1835 meist jemand, der gar nicht zwischen einer solchen und der wahrhaftigen Presse unterscheiden wollte, sondern insinuierte, dass die Lüge schlechthin das Wesen einer unbeaufsichtigten Presse sei. Die einzige Nicht-Lügenpresse war dann allenfalls die von den *Lügenpresse*-Schimpfern selbst kontrollierte.

Folgerichtig wurde das Wort nicht nur von Nazis, sondern auch von Republikgegnern am ganz entgegengesetzten Ende des politischen Spektrums verwendet. Victor Klemperer berichtet in seinen Tagebüchern von einer Versammlung roter Revolutionäre 1918, auf der »wildes Pfui-Rufen gegen die ›Lügenpresse‹« angestimmt wurde. In dieser kommunistischen Tradition steht die gelegentliche Verwendung des Wortes in DDR-Medien. 1950 berichtete beispielsweise das *Neue Deutschland*, dass Gerüchte über eine Verlegung der »freien Wahlen« in der Ostzone »glatte Erfindungen sind und nur den kranken Hirnen der Journaille entspringen, die diese Lügenpresse bedient«.

Interessant ist auch, dass das Wort 1970 in einem *Zeit*-Porträt über den nordirischen Protestantenführer Ian Paisley auftaucht. Der soll seinen Anhängern gedankt haben: »Ihr seid mein Volk. Als mich die Regierung in den Kerker warf, habt ihr zu mir gestanden. Wenn mich die Lügenpresse verleumdete, wart ihr an meiner Seite.« Gewiss wird er dabei nicht das deutsche Wort benutzt haben, sondern vermutlich sprach er von der *lying press*, das hat er zumindest später noch mehrfach in Reden und Predigten getan. So wütete er 1973 gegen »a lying press, lying parsons, lying politicians and a lying premier«.

Der Journalist, der Paisleys *lying press* 1970 mit *Lügenpresse* übersetzte, war übrigens Karl-Heinz Wocker, der später als Gastgeber der NDR-Talkshow *3 nach 9* ziemlich bekannt wurde. Er stand niemals im Verdacht, ein Anti-Demokrat zu sein. Möglicherweise lag das Wort damals einfach in der Luft. Es war auch von linken Studenten bei Protesten gegen *Bild* und andere Zeitungen des Springer-Verlags benutzt worden.

Einer der ältesten Belege für das Wort *Lügenpresse* bezieht sich übrigens auf belgische Zustände. Die von Cotta herausgegebene *Allgemeine Zeitung*, eines der angesehensten deutschen Blätter des 19. Jahrhunderts, für das auch Heinrich Heine schrieb, berichtet 1840 im Zusammenhang mit der dortigen Duellgesetzgebung über »das Verleumdungssystem einiger schlechten Journale« und spricht von den »Protegierten der Lügenpresse«. Damals war der junge Staat Belgien zehn Jahre alt. Heute, wo er manchmal vor der Auflösung zu stehen scheint, kehrt das Wort in Gestalt der *leugenpers* wieder zurück.

Man sieht an allen genannten Beispielen: Lügenpresse sind natürlich immer die anderen anderswo. Zwar durfte man das Schimpfwort in der roten und der braunen Diktatur gern verwenden – aber nur für das Ausland. Wer die inländischen Medien als *Lügenpresse* bezeichnet hätte, wäre in irgendwelchen Folterkellern zu Brei geschlagen worden. Dass heute auch in offiziellen Medien über die Lügenpresse diskutiert wird, widerlegt schon ihre Existenz. Denn die paradoxe Pointe der Geschichte ist: Immer wenn es in Deutschland tatsächlich eine gleichgeschaltete Lügenpresse gab, durfte keiner sie so nennen.

MANNSCHAFT

Wie ausgerechnet Holländer und Franzosen
unserer Nationalelf einen Namen gaben

Deutschland hat jahrzehntelang etwas gefehlt, und keiner hat es gemerkt. Die Schweizer hatten ihre Nati, die Franzosen ihre Bleus, die Italiener ihre Squadra Azzurra, die Spanier ihre Furia Roja und die Brasilianer ihre Seleção. Aber für die deutsche Nationalelf gab es weder einen Spitznamen noch eine global verständliche Trademark. Im Ausland unternahm man einige mehr oder weniger erfolgreiche Versuche, den Deutschen einen solchen Markennamen zu verpassen, doch ihr Gebrauch blieb lange auf nationale Medien begrenzt – wie etwa das von den Italienern so heiß geliebte *Panzer*.

Ausgerechnet den Holländern und Franzosen verdankt Deutschland, dass auch das DFB-Team neuerdings einen international vermarktbaren Namen hat. In den niederländischen Medien heißen die Deutschen bereits seit den Fünfzigerjahren *Mannschaft*, beispielsweise in einem Artikel des *Telegraf* vom 14. Oktober 1959, in dem über ein bevorstehendes Länderspiel der Holländer gegen die

Deutschen unter Trainer Sepp Herberger und mit Stürmer Helmut Rahn in Köln berichtet wird.

Doch der holländische Spitzname wurde hierzulande lange nicht zur Kenntnis genommen. Wichtiger für die Karriere des Spitznamens waren die Franzosen: Sie nennen die Deutschen *La Mannschaft* – angeblich schon seit der für sie so desaströs verlaufenen Fußballweltmeisterschaft 1982, als sie nach einer 3:1-Führung im Halbfinale gegen Deutschland doch noch verloren.

Hierzulande wurde dieses Etikett erstmals 2010 während der WM in Südafrika bemerkt – und dann gleich mit einem falschen Artikel zitiert: Weil in Frankreich grammatisch manches anders ist, dachten auch seriöse Medien wie die *Süddeutsche Zeitung* oder *11 Freunde*, es müsse *Le Mannschaft* heißen.

Das Wirrwarr um das grammatische Geschlecht zeigt aber vor allem, wie schnell die Deutschen Freude an dem Spitznamen fanden. Im Sommer 2015 hat der DFB diese wilde Taufe amtlich legalisiert: Manager Oliver Bierhoff stellte ein neues goldenes Logo mit dem Namen *Die Mannschaft* vor, das beim Länderspiel gegen die USA zum ersten Mal die Trikots zierte. Längst hatte sich angedeutet, dass der DFB die Fremdbenennung seines Teams offiziell anerkennen würde. Schon der vom DFB koproduzierte Film zum Titelgewinn bei der WM 2014 in Brasilien hieß *Die Mannschaft*. Eine ziemlich steile Karriere für einen Begriff, den noch vor einigen Jahren kein Deutscher mit der Nationalelf verbunden hätte – jedenfalls nicht mehr als mit jeder anderen Mannschaft. Es gab selbstverständlich

Hunderttausende Mannschaften in Deutschland, aber es gab nicht DIE Mannschaft.

Der englische Linguist und Sportjournalist Paul Joyce spottete 2014 auf Twitter, dass der DFB mit der Betitelung des Films *Die Mannschaft* vor dem Sprachgebrauch britischer Medien kapituliert habe. Diese würden nämlich das deutsche Team »seit zwei bis drei Jahren« *The Mannschaft* nennen. Und da er Germanist ist, war Joyce klar, dass dieser Titel bislang in Deutschland genauso wenig üblich war wie das hierzulande oft gebrauchte *Arsenal London* in England, das dort nur *(The) Arsenal* heißt.

Aber auch wenn's die Briten kränkt: Wenn Joyce recht hat, haben Holländer und Franzosen die *Mannschaft* etabliert, und ins Englische ist es erst danach übernommen worden. Andererseits gibt es Belege in englischen Medien auch schon seit den Sechzigerjahren. Inwieweit die aber tatsächlich gängig und allgemein verständlich waren, kann ein Fachmann wie Joyce besser beurteilen als wir hier von Deutschland aus.

Egal. Es ist auf jeden Fall ein ziemlich revolutionärer Vorgang, dass der DFB den ausländischen Begriff offiziell anerkannte. Es war ein bisschen so, als würden die Franzosen und Briten nun selbst anfangen, ihre Nationalteams *L'équipe tricolore* oder *Three Lions Team* zu nennen – zwei Spitznamen, die in den betreffenden Ländern keiner benutzt und die nur in Deutschland üblich sind.

Aber warum auch nicht? *Mannschaft* ist ja ein altes deutsches Wort, das ursprünglich im Mittelhochdeutschen die durch einen Lehneid an einen Herren gebundenen

Dienstleute bezeichnete. Bei Luther konnte es auch die Gesamtheit der Männer bedeuten: »Er drohete, mein Land zu verbrennen, und meine Mannschaft zu erwürgen, Kinder und Jungfrauen wegzuführen«, heißt es im Bibelvers Judit, 16,6. Daraus wurde dann spätesten im 19. Jahrhundert ein Ausdruck für Schiffbesatzungen und Soldaten, wobei das Wort im militärischen Bereich oft im Plural gebraucht wird: »Offiziere und Mannschaften«.

Als Bezeichnung für eine Gruppe von Fußballspielern lässt sich *Mannschaft* bis zu Konrad Koch zurückverfolgen, der es 1903 in seiner Liste *Deutsche Kunstausdrücke des Fußballspiels* verzeichnet. Koch, dem das Deutsche eine große Zahl der Fußballfachausdrücke verdankt, hat jene Bezeichnung in den Jahren zuvor schon oft gebraucht und ist gewiss nicht ihr Erfinder, sondern greift hier nur eingeführten Sprachgebrauch auf. Dass ein Wort, das er selbst als Verdeutschung des englischen *team* vorschlug, jetzt Karriere im englischsprachigen Raum macht, hätte diesem Patrioten sicher gefallen.

MUTTI

*Ein Wort, das nur noch Franzosen
und Ossis benutzen*

Franzosen lernen in der Schule, dass deutsche Kinder ihre Mütter und Väter *Mutti* und *Vati* nennen. Das verriet mir 2007 eine Studentin aus Paris. Sie war Anfang zwanzig, also kann ihr Deutschunterricht noch nicht sehr lange zurückgelegen haben. Aber die Lehrbücher und die Erfahrungswelt der Lehrenden scheinen doch die Welt der Fünfziger- bis Siebzigerjahre zu konservieren. Wahrscheinlich lernen Franzosen auch, dass Deutsche *Backfisch* statt *Teenager* sagen, dass bei hiesigen Jugendlichen *dufte* und *schnafte* Ausdrücke höchster Begeisterung sind und dass es total hip ist, sein Fahrrad *Drahtesel* zu nennen.

Leider haben die letzten drei Bundestagswahlen nichts dazu beigetragen, das nicht nur unter Deutschlernenden in Frankreich verbreitete Missverständnis aufzuklären. Angela Merkels wiederholte Triumphe waren auch Siege des Wortes *Mutti*. Wer im Ausland zu verstehen geben möchte, dass er genau weiß, wie die Allemands oder Germans ticken, der würzt seitdem seine Artikel mit dem Hinweis auf Merkels Spitznamen.

Schon 2009 kommentierte *Le Figaro* den letzten Wahltriumph der Kanzlerin mit dem Satz: »Les Allemands regrettent déjà leur ›Mutti‹«, und dasselbe Blatt schrieb 2012 über den Aufstieg der nordrhein-westfälischen Ministerpräsidentin Hannelore Kraft zur bundespolitischen Größe und potenziellen Merkel-Herausforderin: »L'Allemagne compte une nouvelle Mutti dans la Ruhr.« *Le Monde* betitelte 2009 einen Artikel über Merkels Wahlkampf mit: »Angela Merkel en campagne, ou les ambiguïtés de Mutti«. Und *La Libération* kommentierte den Wahlsieg 2013 mit der Schlagzeile: »Le Triomphe de Mutti«. Doch nicht nur Franzosen schmücken ihre Analysen deutscher Politik mit dem Wort, auch Briten finden *Mutti* putzig. Beispielhaft sei auf die Aufforderung des britischen *Economist* vor derselben Wahl an die Deutschen verwiesen: »Stick with Mutti!«

Was die meisten ausländischen *Mutti*-Schreiber vermutlich nicht wissen, ist, dass das Wort überhaupt erst dadurch zum Spitznamen der Kanzlerin werden konnte, weil in Deutschland kaum noch ein Kind seine Mutter so nennt. Bei uns im Kindergarten in Berlin-Prenzlauer Berg würde eine Frau ihr Kind wohl zur Adoption freigeben, wenn das arme Wurm es wagen würde, sie so anzureden. In der Ablehnung sind sich Ost- und Westfrauen einig.

Bei den etwas Älteren gibt es allerdings noch ein Ost-West-Gefälle: In den alten Bundesländern nennen 57 Prozent der Erwachsenen ihre Mutter *Mama*, nur 22 Prozent

Mutti. In der früheren DDR ist es umgekehrt: 55 Prozent sagen *Mutti* und 24 Prozent *Mama*. Das ergab eine Umfrage im Mai 2013. *Die Welt* sah eine »Mama-Mutti-Mauer«. *Der Atlas der deutschen Alltagssprache*, der auf wissenschaftlichen Fragebögen beruht, bestätigt, dass diese Mauer existiert. Dort gibt es eine Karte, die genau zeigt, in welchen Gegenden Deutschlands *Mutti* als Anrede für die Mutter bevorzugt wird und in welchen *Mama*, *Mami*, *Mutter* oder einfach nur der Vorname. Zum Teil sind die Ergebnisse uneindeutig. Es gibt dann in der jeweiligen Gegend keinen klaren Favoriten, sondern es sind zwei Anredeformen als dominierend angegeben. Auffällig ist auch, dass *Mutti*, wenn es überhaupt noch im Westen benutzt wird, am ehesten in Nordrhein-Westfalen verbreitet ist. *Le Figaro* lag also dialektgeografisch absolut richtig, als er Hannelore Kraft als »neue Mutti« bezeichnete. Trotz solcher Reliktgebiete im Westen geht aus der Karte klar hervor, dass der Osten Deutschlands das wahre Mutti-Land ist.

Ich kann das aus dem Alltag in Berlin zum Teil bestätigen: Man hört das Wort *Mutti*, wenn überhaupt, von Lehrkräften und Erziehern jenseits der Vierzig aus Ostdeutschland, wenn sie zu den Kindern Sätze sagen wie: »Deine Mutti soll mal ins Heft gucken!« Gemeint ist das *Mutti-Heft* genannte Mitteilungsheft für die Eltern. Als meine Mutter ein Pflegefall wurde, suggerierte mir die hilfsbereite Dame von der Pflegebehörde Pankow ihre verständnisvolle Anteilnahme, indem sie von »der Mutti« redete. Ost-Berliner Freunde bestätigen mir aber auch, dass

Frauen um die vierzig, die ihre eigene Mutter noch *Mutti* nennen oder genannt haben, von ihren Kindern nicht so angeredet werden.

Der Grund dafür, dass Ostdeutschland zum Reservat für *Mutti* wurde, ist banal. In der DDR hat sich bis zu deren Ende manches gehalten, was im Westen längst aus der Mode gekommen war. Das Land war ein Musterbeispiel für Karl Marx' These von Basis und Überbau, die grob besagt, dass kulturelle Entwicklungen von ökonomischen Tendenzen bestimmt werden. Als die DDR allmählich wirtschaftlich stagnierte, entwickelten sich Geschmack, Alltagsdesign und Sprache langsamer weiter als im Westen.

Die Trabbis sahen aus wie Westautos von 1962. Die Frisuren waren 1989 noch auf dem Stand von Woodstock. Und die berühmten Kugelaschenbecher auf Ständern, die als ultratypisch für die DDR galten, gab es in den Sechzigerjahren auch im Westen. Ein Bild des Fotografen Günther Zint zeigt Jim Morrison, den Sänger der Doors, bei deren erster Deutschlandtournee Mitte der Sechzigerjahre am Flughafen Hamburg neben einem solchen Designerstück.

Man muss *Mutti* also nicht unter Sozialismusverdacht stellen. Es war lediglich so, dass älterer Sprachgebrauch in der DDR später aus der Mode kam. Wie die Statistiken des *Digitalen Wörterbuchs der Deutschen Sprache (DWDS)* nahelegen, war *Mutti* als Anrede für die Mutter nie so beliebt wie in den Vierzigerjahren. Dann begann der allmähliche Abstieg zum Spottwort für eine etwas dickliche sexuell unattraktive mittelalte Frau. Deutschlands berühmteste Drogenabhängige Christiane F. beschreibt ihre

Freier in *Wir Kinder vom Bahnhof Zoo* so: »Familienväter, die mal eine schnelle Abwechslung von Mutti wollen.«

Diesen abwertenden Beigeschmack hatten Anti-Merkel-Rebellen aus den Reihen der CSU um den damaligen Wirtschaftsminister Michael Glos im Sinn, als sie Merkel 2008 *Mutti* tauften. Ursula von der Leyen war damals empört über die »Abfälligkeit, mit der das Wort ›Mutti‹ benutzt wird, als wäre das etwas Trutschiges«. Dabei, so die damalige Arbeits- und spätere Verteidigungsministerin, »sind die Muttis dieser Welt zupackende, warmherzige und ein Leben lang verantwortungsbewusste Menschen«. Es spricht für Merkels überragende politische Fähigkeiten, dass sie das Schimpfwort zu einem Kosewort ummünzen konnte. Allerdings hat sie damit *Mutti* als ein Wort, das in Familien benutzt wird, vermutlich endgültig erledigt, denn Politik hat im Kinderzimmer nichts zu suchen. Erklär das mal französischen Deutschlehrern!

Franzosen denken natürlich auch, dass *Mutti* besonders deutsch ist, weil ihnen *Mama* so französisch vorkommt. Zu Recht. Denn das maßgebliche deutsche etymologische Wörterbuch, der *Kluge*, schreibt über *Mama*: »In der heutigen Form steht das Wort unter dem Einfluss von frz. *maman*, von dem es seit dem 17. Jh. bestimmt wird.« Indizien dafür sind die ersten schriftlichen Belege, so beispielsweise das 1664 erschienene *Dictionarum gallicogermanico-latinum* von Nathanael Duez. Schon 1691 werden *Mama* und *Papa* erstmals in einem rein deutschen Wörterbuch geführt: in Kaspar Stielers *Der teutschen Sprache Stammbaum und Fortwachs: oder, Teutscher Sprachschatz*.

Aber natürlich haben Kleinkinder schon immer etwas gestammelt, das so ähnlich wie *Mama* klang. Das wissen auch die Autoren des *Kluge*: »Die Lautung *ma-mam* ist als Lautgebärde für ›Brust, Mutter‹ weit verbreitet.« Schon im Lateinischen gab es das Wort *mamma* »Mutterbrust, Zitze«, woraus das englische *mammals* »Säugetiere« abgeleitet ist.

Wahrscheinlich ganz unabhängig davon ist im Germanischen ein Wort entstanden, das noch in unserer modernen Bezeichnung *Memme* »Feigling« überlebt: Mittelhochdeutsch war *memme* oder *mamme* die Mutterbrust, eine Memme ist also einer, der zur Mutter flüchtet. Ebenfalls auf dieses Baby-Urwort wird *Muhme*, der uns nur aus Märchen vertraute Ausdruck für »Tante«, zurückgeführt.

Mutti, das die historischen Wörterbücher stiefmütterlich behandeln, ist also möglicherweise nur ein Irrweg der Sprache gewesen, ein Versuch, eine deutsche Alternative zu *Mama* zu schaffen, das im Verdacht stand, welsch zu sein – zu Unrecht, wie wir gesehen haben. Ein oberflächlicher Blick in die bei Projekt Gutenberg aufgeführten Belege aus der deutschen Literatur gibt Indizien, dass *Mutti* erst um 1900 so richtig floriert, etwa bei Hugo von Hofmannsthal, der in seinem Lustspiel *Der Unbestechliche* 1923 den kleinen Jaromir fragen lässt: »Wo ist der Papi? Ich kann ihn nicht finden, und Mutti hat mich auch weggeschickt.« Oder bei Kurt Tucholsky 1932 in seinem Gedicht *An das Baby*: »Alle stehn um dich herum: / Photograph und Mutti / und ein Kasten, schwarz und stumm, / Felix, Tante Putti …« Auch in den Statistiken des *DWDS* und von Google Books finden sich fürs frühe 20. Jahrhundert nur sehr wenige Beispiele. Aber diese Abwesenheit mag auch damit zu tun haben, dass umgangssprachliche Ausdrücke erst mit dem Realismus in die Literatur gelangten, als man versuchte, literarische Figuren so sprechen zu lassen wie richtige Menschen.

Egal. Wer selbst Kinder hat, kann die im *Kluge* angeführte Beobachtung nur bestätigen, dass es sich bei *Mama* um einen Urlaut handelt, und *Mutter* und *Mutti* erst viel später erlernt werden. Babys würden *Mama* wählen.

NAZI

Das global erfolgreichste deutsche Wort

Als das Goethe-Institut 2005 mit einem Wettbewerb weltweit nach ausgewanderten deutschen Wörtern suchte, kamen viele wunderbare Beispiele zusammen: Vom *kindergarden*, den jeder Amerikaner kennt, über *Jugendstil*, *parikmacher* (russisch »Frisör«, vom deutschen *Perückenmacher*) bis zum physikalischen Fachbegriff *Eigenwert*. Nur das wahrscheinlich global bekannteste deutsche Wort wurde schamhaft verschwiegen, denn es war einfach zu peinlich.

Eine Debatte aus Israel erinnert daran, dass es nur ein deutsches Wort gibt, das überall auf der Welt sofort verstanden wird: *Nazi*. Sogar in der Heimstatt der Juden halten es viele offenbar für angebracht, politische Gegner *Nazis* zu nennen, weshalb das Parlament in Jerusalem vor einiger Zeit ein Gesetz erließ, das den Gebrauch des Wortes verbietet. Bis zu sechs Monate Haft und umgerechnet 20 000 Euro Bußgeld drohen seitdem jedem, der *Nazi* sagt.

Der Grund dafür war, dass ultraorthodoxe Gruppen und radikale Siedler ihre politischen Gegner und die

Sicherheitskräfte zunehmend als *Nazis* beschimpften. Die Politiker in Tel Aviv meinten, dieser Missbrauch sei den Holocaustopfern und ihren Nachfahren nicht zuzumuten. So hatte beispielsweise ein Demonstrant, der 2011 zusammen mit anderen einen Posten der israelischen Streitkräfte stürmte, den Kommandeur Harpaz Zur, dessen Großmutter eine KZ-Überlebende war, als *Nazi* beschimpft. Das neuhebräische Wort für *Nazi* ist נאצי, das in lateinischer Schrift als *n'zy* transkribiert wird.

Das Hebräische ist nur eine von vielen Sprachen, die *Nazi* übernommen haben. Im Englischen heißt beispielsweise Nazi-Raubkunst *Nazi-looted art*, wie man zuletzt in der Berichterstattung über den global Aufsehen erregenden Fall des Kunstsammlers Cornelius Gurlitt lesen konnte, der Hunderte möglicherweise in der NS-Zeit geraubte oder widerrechtlich enteignete Bilder hortete.

Das Wort *Nazi* ist schon 1930 zum ersten Mal in englischen Medien belegt, das *Oxford English Dictionary* bringt zwei Beispiele aus der Londoner *Times* im genannten Jahr. Im angelsächsischen Sprachraum wird es oft unbefangener und im erweiterten Sinne von »Fanatiker« gebraucht. Das *OED* beweist das mit dem schönen Begriff *aerobics nazis*, den ein Journalist des Londoner *Independent* 1995 cool fand. Sprachpuristen müssen sich oft den Vorwurf anhören, sie wären *grammar nazis* – wenn sie sich nicht gar ironisch selbst so nennen.

Ebenfalls schon 1930 wird *Nazi* ins Französische übernommen. Auch im Türkischen, Spanischen, Portugiesischen, Arabischen ist es gebräuchlich, und man kann wohl davon ausgehen, dass das Wort selbst oder seine Ableitungen wie *nazista* (italienisch) нацист (russisch) oder *nàcuìfēnzǐ* (chinesisch) weltweit verstanden werden – sogar in Ländern, in denen es nicht in den aktiven Sprachschatz eingegangen und im Wörterbuch verzeichnet ist.

Nazi ist bekanntlich eine Abkürzung für *Nationalsozialist*. Als solcher wurde lange vor Hitler schon Bismarck vereinzelt bezeichnet, wie Cornelia Schmitz-Berning in ihrem *Vokabular des Nationalsozialismus* nachweist: 1887 erschien im *Deutschen Adelsblatt* ein Beitrag mit dem Titel »Fürst Bismarck der erste Nationalsozialist«.

Noch älter ist *Nationalsozialismus*. Geprägt hat es vermutlich der Radikale Eugen Dühring (den Friedrich Engels durch seinen »Anti-Dühring« unsterblich machte). 1871 schrieb er in seinem Werk *Kritische Geschichte der Nationalökonomie und des Socialismus*: »Die späteren Thatsachen selbst haben es mit sich gebracht, dass der Allgemeine Deutsche Arbeiterverein Lassalles in eine Art Nationalsocialismus eintreten konnte.«

Die erste Partei, die sich *nationalsozialistisch* nannte, war die 1898 gegründete Tschechische Nationalsozialistische Partei (Ceska Strana Narodni Socialni). Die deutsche politische Splittergruppe, die im Januar 1919 als Deutsche Arbeiterpartei gegründet wurde und der im September desselben Jahre Adolf Hitler beitrat, benannte sich im April 1920 in Nationalsozialistische Deutsche Arbeiterpartei um – nach dem Vorbild einer schon länger existierenden Gruppierung in Österreich.

Das spöttische Kurzwort *Nazi* taucht erstmals 1903 auf,

bezogen auf Mitglieder des 1896 von den evangelischen Pfarrern Friedrich Naumann und Paul Göhre gegründeten Nationalsozialen Vereins, dessen politisches Programm gelegentlich auch schon als *nationalsozialistisch* bezeichnet wurde, wie Schmitz-Berning nachweist.

Für Mitglieder von Hitlers NSDAP ist *Nazi* erstmals 1923 bei Kurt Tucholsky belegt. Der schreibt in der *Weltbühne*: »Die Nazis gingen in ihren Klub, wo sie beim Spielverbot neuen Operetten- und Filmstoff aus dem Begräbnis schöpften.«

Nazi existierte in Bayern und Österreich schon lang als Kurzform des Namens Ignatius und wurde auch abwertend, im Sinne von »Depp« gebraucht – so wie man heute von einem Menschen sagen kann, er sei ein *Horst*.

Die Nazis selbst haben die Bezeichnung zunächst gelegentlich selbst aufgegriffen – von Goebbels existiert eine Schrift namens *Der Nazi-Sozi* aus dem Jahre 1932, eine Art Katechismus der NSDAP. Später wurde das Wort zurückgedrängt, es klang ihnen doch zu wenig kämpferisch und zu verniedlichend.

Der Sprachwissenschaftler Wolfgang Klein stellt auf der Basis von statistischem Material fest, dass der Gebrauch von *Nazi* zwar in den Dreißiger- und Vierzigerjahren einen gewaltigen Aufschwung nimmt, aber für die letztgenannte Dekade ein großer Teil der Beispiele aus den Jahren nach Kriegsende stammt: »In der Nazizeit war zumindest in den Zeitungen weitaus weniger von Nazis die Rede als danach.«

Dann sinkt *Nazi*, laut Klein, stark im Vorkommen, um

in den Achtzigerjahren wieder eine »Belebung« zu erfahren. Man liegt wohl nicht falsch, wenn man vermutet, dass diese »Belebung« im Zusammenhang mit dem Auftreten neo-nazistischer Bewegungen steht.

Die Idee eines nationalen Sozialismus stammt übrigens von Juden: Moses Heß und Theodor Herzl hatten laut Schmitz-Berning in der zweiten Hälfte des 19. Jahrhunderts versucht, die beiden Schlüsselideologien Nationalismus und Sozialismus im Geiste des Zionismus anzunähern.

Umso absurder, dass sich heutzutage Rechtsextremisten selbst als *Nationale Sozialisten* bezeichnen – vor allem wohl aus juristischen Gründen, denn die NSDAP ist bekanntlich am 10. Oktober 1945 vom alliierten Kontrollrat verboten worden, und dieses Verbot gilt bis heute.

NERD

Sag mir, wo die Eierköpfe sind

Kinderbücher sind ausgesprochen nationale Phänomene. Es gibt dort kaum Weltliteratur. Selten sind Bücher für Kinder außerhalb ihrer jeweiligen Geburtsländer erfolgreich. Ausnahmen wie die Werke Astrid Lindgrens oder *Der kleine Nick* bestätigen nur die Regel. Eines der frappierendsten Beispiele sind die Bücher von Dr. Seuss, mit denen amerikanische Kinder seit Jahrzehnten aufwachsen, die aber den Europäern (und vermutlich auch anderswo in der Welt) so schwer vermittelbar sind wie Baseball. Vom Valentinstag bis zum Gangsta-Rap haben wir mittlerweile fast jeden amerikanischen Unfug eingebürgert – nur die Erfindungen des Theodor Seuss Geisel, der unter dem Pseudonym Dr. Seuss schrieb, prallen an unseren geistigen Zollmauern ab. Dabei war der Mann sogar deutschstämmig. Und er vermittelt mit seinen Geschichten linksliberale und ökologische Botschaften – also alles, worauf Eltern in Deutschland heute beim Kinderbuchkauf größten Wert legen.

Dr. Seuss starb 1991. Er hat sich nicht mehr damit trösten können, dass wenigstens ein von ihm erfundenes Wort im Lande seiner Vorväter Karriere machte. In *If I Ran the Zoo* reimte Seuss 1950 unübersetzbar: »I'll sail to Ka-Tro / And Bring Back an It-Kutch, a Preep and a Proo / A Nerkle, a Nerd, and a Seersucker, too!« Es geht in der Geschichte um einen kleinen Jungen, der die Tiere im Zoo zu gewöhnlich findet und sich ausmalt, sie durch interessantere Kreaturen zu ersetzen, die er sich ausdenkt. Der Nerd war im Buch gezeichnet als eine kleine wuschelige menschenähnliche Kreatur mit einem riesigen Kopf und einem missmutigen Gesichtsausdruck.

Da ein Jahr später in *Newsweek* die Geburt eines neuen umgangssprachlichen Ausdrucks in der Stadt Detroit verzeichnet wurde, liegt es nahe, Dr. Seuss dafür verantwortlich zu machen. In dem Nachrichtenmagazin heißt es am 8. Oktober 1951: »In Detroit, someone who once would be called a drip or a square is now, regrettably, a nerd.« (»In Detroit ist jemand, den man früher eine Null oder einen Langweiler genannt hätte, nun bedauerlicherweise ein Nerd.«)

Es hat dann noch einmal etwa vierzig Jahre gedauert, bis das Wort zu uns kam. Nötig wurde es, weil Popkultur und Computerzeitalter einen neuen Typus geschaffen hatten, den man benennen musste. Seit den Achtzigerjahren bezeichnete man in Amerika als *Nerd* nicht mehr einen langweiligen, physisch unattraktiven Außenseiter im Allgemeinen, sondern speziell einen Typen, der auf dem Gebiet der Wissenschaft, der Technik und des Computerwissens ein Ass ist, aber dennoch ein sozialer Außenseiter ohne

Freunde bleibt. 1993 muss das Nerd-Magazin *Scientific American* seinen Lesern noch erklären, was ein Nerd ist: »›Nerd‹ is movie shorthand for scientists, engineers and assorted technical types who play chess, perhaps, or the violin.« (»›Nerd‹ ist ein Film-Stereotyp – Wissenschaftler, Ingenieure oder sonst allerlei Techniktypen, die vielleicht Schach spielen oder Geige.«)

Dieser Nerd ist vom Intellektuellen alten Typs zu unterscheiden. Während der Intellektuelle über eine große Allgemeinbildung verfügt und literarisch-geisteswissenschaftliche Kenntnisse angehäuft hat, ist der Nerd einer, der über konzentriertes Spezialwissen aus einem bestimmten Bereich verfügt, ansonsten aber ein ziemlicher Idiot sein kann. Typisches Nerdwissen besteht beispielsweise darin, dass man zwar jede einzelne Dialogzeile aus sämtlichen *Startrek*-Folgen rezitieren kann, aber keinen einzigen Vers von Shakespeare oder Goethe. Auch *Star-Wars*-Philologie ist eine klassische Domäne der Nerds.

Das Wort ist erst in den Neunzigerjahren nach Deutschland gekommen – im Gefolge der Computerisierung und des Internet. 1994 heißt es in dem u. a. von Norbert Bolz und Friedrich Kittler herausgegebenen Buch *Computer als Medium*: »Das Wort [*otaku*, MH] korrespondiert mit ›nerd‹, das in den USA für Computer- und SF-Fanatiker verwendet wird.« Im selben Jahr schreibt die *Zeit* über den Mathematiker Gerd Faltings, der aus Amerika nach Bonn heimgekehrt ist: »In den USA gilt der Mathematiker als nerd.« Der Autor des Artikels muss seinen Lesern erklären: »Nerds sind dreizehn- bis sechzehnjährige Jungen mit Pickeln und dicker Brille, sozial und sexuell verklemmt, aber hochintelligent.«

Auch im Jahre 2000 muss das Wort fast immer noch erläutert werden. 1999 beschreibt der Schriftsteller M. G. Burgheim den Typus in seinen Roman *Future Pop*, wo es über den Partner einer Frau heißt: »Ihr Freund Nick war ein Computer-Nerd und passte eigentlich überhaupt nicht zu ihr. Farblos und blass im Vergleich. Weniger sportlich, eher schmächtig. Fast einen halben Kopf kleiner. Halblanges, leicht fettiges Haar, Hornbrille …«

Zu diesem Zeitpunkt, um die Jahrtausendwende, wird *Nerd* lansam in Deutschland heimisch. Viel dazu beigetragen hat Max Goldt, der es 1998 in seiner *Titanic*-Kolumne »Ein gutes und ein schlechtes neues Wort für Männer« einer breiteren Öffentlichkeit erklärte: »Vor einem Jahr hörte ich erstmals das Wort Nerd. Von einer Amerikanerin erfuhr ich, dass man während ihrer Highschool-Zeit vor zwanzig Jahren zuerst kein passendes für diese, bei den Studentinnen weniger beliebten Kommilitonen gekannt habe, aber plötzlich wäre Nerd aufgetaucht und alle wären für dieses dringend benötigte Wort dankbar gewesen wie für einen lang ersehnten Regenschauer.« Für die Richtigkeit dieser Zeitangabe spricht, dass es 1984 in den USA eine Filmkomödie über zwei nerdige Studenten mit dem Titel *Revenge of the Nerds* gab.

Dieser Filmtitel wurde übrigens hierzulande als *Die Rache der Eierköpfe* verdeutscht. Auch in einer frühen Folge der *Simpsons*, an deren Titel ich mich leider nicht erinnere, wird eine Gruppe von klar erkennbaren Nerds (dicke, übergewichtige Außenseiter, die sich mit Computern und *Star Wars* auskennen), der Homer Simpson begegnet, noch einfach als *Idioten* angeredet. Genauso wie zu dieser Zeit Donuts in den deutschen Dialogen der Serie noch *Teigkringel* hießen.

Der Durchbruch von *Nerd* im Deutschen kam dann 2009, dem Jahr, in dem die amerikanische Serie *The Big Bang Theory* in Deutschland anlief. Der Sprachwissenschaftler Andreas Osteroth hat nachgewiesen, dass bei den Serien *Scrubs* und *Family Guy*, die seit Beginn der Nullerjahre hierzulande ausgestrahlt wurden, *Nerd* noch immer übersetzt wurde – mit *Versager*, *Idiot*, *Trottel*, *Arsch*, *Blödmann*, *Computerfreak*, *Streber* und *Loser*. Bei *The Big Bang Theory* und *American Dad*, die gegen Ende des Jahrzehnts auch bei uns gezeigt wurden, hielt man das nicht mehr für nötig. *The Big Bang Theory*, eine Serie über eine Wohngemeinschaft hochgradig nerdiger junger Naturwissenschaftler und Mathematiker, hat vor allem auch das kulturelle Konzept des Nerds endgültig dem letzten Trottel bekannt gemacht. Bis dahin kannten nur Nerds das Wort *Nerd*.

Mittlerweile ist es so allgegenwärtig, dass Menschen, die sich sprachlich absetzten wollen, eher das nahezu gleichbedeutende *Geek* benutzen. Letzteres ist schon seit Shakespeare im Gebrauch, bedeutete aber wie unser *Geck* (mit dem es etymologisch möglicherweise verwandt ist) zunächst ganz allgemein »Witzfigur«. Erst seit den Fünfzigerjahren wird es im Englischen ähnlich wie das deutsche *Eierkopf* und wie *Nerd* verwendet. So beklagt sich der Romancier Jack Kerouac in einem Brief aus dem Jahre 1957, als Vortragender am Brooklyn College habe er »big geek questions« (»große Geek-Fragen«) beantworten müssen. Das klingt allerdings eher, als hätte er es mit Intellektuellen zu tun gehabt. Vielleicht brauchte man *geek* und *nerd* in Amerika als milde Schimpfwörter so viel früher als hier, weil *intellectual* dort nicht den abwertenden Beiklang hatte, den Nazis und Kommunisten in seltener Einmütigkeit hierzulande dem Wort *Intellektueller* verpasst hatten.

OLIGARCH

*Die Warlords des
postsowjetischen Kapitalismus*

Die Ukraine hat uns, neben vielem Unerfreulichen, auch eines der schönsten neuen Wörter des Jahrzehnts beschert: *Schokoladenoligarch* wurde ihr Präsident Petro Poroschenko von diversen deutschen Medien genannt, und wenn man das liest, wünscht man sich doch sofort für seine Kinder, dass mindestens eines von ihnen Schokoladenoligarch wird.

Der Reiz des zusammengesetzten Substantivs *Schokoladenoligarch* liegt im Nebeneinander von etwas sehr Hartem und wenig Liebenswertem und etwas Schmeichelndem, das nahezu jedermann erfreut. Vergleichbar widersprüchliche Wortschöpfungen wären *Vanilleeisdiktator* oder *Kuschelkätzchentyrann*. Doch beides hat die Welthistorie bisher noch nicht hervorgebracht.

Oligarchen hat dagegen die jüngere osteuropäische Zeitgeschichte in solcher Menge produziert, dass es notwendig wurde, sie durch erläuternde Zusätze zu unterscheiden: Es gibt *Gasoligarchen, Erdgasoligarchen, Stahloligar-*

chen, Immobilienoligarchen und vieles andere Unerfreuliche mehr.

Beim *Oligarch* weiß heute jeder Mediennutzer, dass damit jene Kapitalisten gemeint sind, die in den Nachfolgestaaten der Sowjetunion sehr schnell zu sehr großem Reichtum gelangten. Angesichts der korrupten politischen Strukturen dieser Länder reicht ihre Macht oft weit über das rein Ökonomische hinaus ins Politische. Jemand hat sie einmal »zivile Warlords« genannt. Doch sie sind keineswegs immer bloß zivil, sondern unterhalten oft richtige Privatarmeen.

Die frühesten deutschen Belege für *Oligarch* im heutigen Sinne stammen aus der Mitte der Neunzigerjahre. Der russische General und Politiker Alexander Lebed sagt 1997 in einem *Zeit*-Interview: »Bei uns ist eine Oligarchie an der Macht. Unter den Oligarchen wird das Eigentum neu verteilt.« Im selben Jahr hielt es die *Zeit* aber noch für nötig, das neue Wort in Anführungszeichen zu setzen, wenn es in anderen Artikeln vorkam: »Unter den ›Oligarchen‹ findet sich jedoch nur einer, der den Volkskapitalismus auf Nachfragen ›wärmstens‹ unterstützt: Wladimir Potanin, Sieger im Goldfingerhakeln um Swjasinwest.« Der genannte Potanin leugnet allerdings ein Jahr später die Existenz von seinesgleichen: »Hören Sie mit den ›Oligarchen‹ auf. Die gibt es bei uns nicht.«

Ein Oligarch war bis Mitte des 20. Jahrhunderts fast immer nur in althistorischen Texten ein Vertreter der Oligarchie im antiken Griechenland. Die Oligarchie wird von Aristoteles in seinem Werk zur *Politik* als eine der drei schlechten Staatsformen (neben der Tyrannis und der Demokratie, die er kritisch sah) definiert. Die guten sind die Aristokratie, die Monarchie und die Politie. Grob gesagt war die ideale Politie das klassische Athen, während die klassische Oligarchie Sparta war. Allerdings gab es auch in Athen mit der sogenannten Herrschaft der Dreißig nach der Katastrophe des Peloponnesischen Krieges eine (vom spartanischen Feldherrn Lysander installierte) Oligarchie.

Im Deutschen existiert das Wort *Oligarchie* laut dem *Etymologischen Wörterbuch* von Wolfgang Pfeifer seit dem 16. Jahrhundert. Der früheste Beleg ist anscheinend aber erst Ende des 17. Jahrhunderts bei dem einflussreichen politischen Theoretiker Samuel von Pufendorf zu finden, der 1691 in seiner *Einleitung zur Sitten- und Staatslehre* schreibt: »Diesen gebrechlichen Republiquen pflegen ihrer viele noch besondere Nahmen beyzufügen / also daß man die mangelhaffte Monarchie eine Tyranney / die mangelhaffte Aristocratie eine Oligarchie / oder eigennütziges Regiment etlicher weniger / und die mangelhaffte Democratie eine Ochlocratie / oder Pöbel-Regierung betitult.«

Bei Pufendorf gibt es auch schon eine Definition von *Oligarch*: »Oligarchen / das ist / solche Leute zu nennen / welche / ob sie schon in keinem Stücke besser sind / als andere / dennoch aus Hochmuth über ihres gleichen / oder auch wohl über noch geschicktere herrschen wollen.«

Im 20. Jahrhundert wurde *Oligarch* außerhalb von althistorischen Texten zuerst vor allem für die lateinamerikanischen Machteliten gebraucht, manchmal auch für postkoloniale Tycoons in Afrika und Asien. Gelegentlich wird es aber auch schon auf Russland bezogen, so in einem *Zeit*-Artikel von 1971: »Das Kollektiv der Oligarchen, das Chruschtschow stürzte.« Vereinzelt gibt es auch Belege, die sich auf deutsche Verhältnisse beziehen, meist, wenn Kritik an den Parteien geübt wird.

Alle diese Verwendungsweisen von *Oligarch* sind mittlerweile durch den Bezug auf postsowjetische Verhältnisse an den Rand gedrängt worden. Die Oligarchen gelten als Grundübel all jener Länder. Dabei hält die Verfassungstheorie eine optimistische Pointe bereit: Laut Polybios, der im 2. Jahrhundert v. Chr. die Lehren des Aristoteles über den Kreislauf der Verfassungen weiterentwickelte, folgt auf die Oligarchie notwendigerweise die Demokratie.

ORGAN

Dieses Wort kann Penis,
Stasi oder Zeitung bedeuten

Zugegeben, der Witz ist schon etwas angegammelt, Vintage-Humor sozusagen. Aber gerade deshalb beleuchtet er ganz überraschend die fast vergessenen Bedeutungen eines Wortes, das noch heute jeder kennt. Er spielt zu Zeiten der allgemeinen Wehrpflicht, möglicherweise sogar in einem der beiden Weltkriege, als sich junge Männer zur Prüfung ihrer Tauglichkeit für den Soldatenstand nackt von einer medizinischen Kommission mustern lassen mussten.

»›Mannomann!‹, staunt der Stabsarzt bei der Musterung. ›Sie haben aber ein gewaltiges Organ!‹

Wundert sich der Rekrut: ›Woher wissen Sie das? Ich habe doch noch gar nichts gesagt.‹«

Der Witz spielt mit der Vieldeutigkeit des Wortes *Organ*. Es gibt zahlreiche Wörter im Deutschen, die mehrere recht unterschiedliche Bedeutungen annehmen können. Aber kaum eines hat eine so verwirrende Bedeutungsvielfalt wie *Organ*. Wer Deutsch als Fremdsprache gelernt hat, wird solche Witze zunächst kaum verstehen. Wenn man ihm dann erklärt hat, dass *Organ* auch »Penis« bedeuten kann, wird ihn vermutlich das Wort *Parteiorgan* sehr verwirren. Hat er dann kapiert, dass ein Organ auch eine Zeitung sein kann, wird er beim Lesen des Begriffs *Organhändler* staunen, warum man sich hierzulande so sehr über harmlose Zeitungsverkäufer aufregt.

Die älteste Bedeutung von *Organ* ist fast vergessen. Als das Wort im 16. Jahrhundert aus dem Griechischen beziehungsweise Lateinischen ins Deutsche entlehnt wurde, nutzte man es in der Bedeutung, die es in diesen Gebersprachen hatte, nämlich »Werkzeug«. Man schrieb es noch *organum* oder *organon*. Den letztgenannten Ausdruck kennt man allenfalls noch als Buchtitel: Germanistikstudenten und Theaterwissenschaftlern ist er vielleicht bei Bertolt Brechts grundlegender theoretischer Schrift *Kleines Organon für das Theater* begegnet, in der er seine Theorien des epischen Theaters ausbreitete, oder beim Organon-Modell, einem Konstrukt, mit dem der Psycholinguist Karl Bühler die Wirkungsweise menschlicher Kommunikation erklären wollte. Auch das Hauptwerk von Samuel Hahnemann, dem Erfinder der Homöopathie, trägt den Titel *Organon*.

Die heutige Form *Organ* setzt sich im 18. Jahrhundert allmählich durch, belegt ist sie unter anderem bei Gotthold Ephraim Lessing und Immanuel Kant. Bei der Verkürzung der Wortform dürfte der Einfluss des Französischen eine Rolle gespielt haben, das in diesem Jahrhundert die dominierende Weltsprache war: Dort ist *l'organe* schon seit dem Mittelalter nachweisbar.

Die frühneuzeitliche Vorstellung, Arme, Beine, Herz, Lunge etc. wären die Werkzeuge der Maschine Mensch, hat schon im 17. Jahrhundert dazu geführt, dass *Organ, Organon, Organum* die Bedeutung »Körperteil« annehmen konnte. So heißt es in Albrecht von Hallers *Anfangsgründen einer Physiologie des menschlichen Körpers*: »Dass das Blut in der Leber nicht wasserreich genug sein soll, stimmt mit der Natur des Bluts in der Pfortader nicht überein, indem selbiges vielmehr flüssiger als das Blut in andern Organen ist und eine geringere Neigung zum Dickwerden äußert.«

Besonders oft wird das Wort für die Sinnes- und Sprechwerkzeuge gebraucht. Schließlich kann damit auch die Stimme selbst gemeint sein. So heißt es 1777 in einem Gesangslehrbuch: »Allzustarkes Schreyen verderbt das Organon des Scholaren« – eine Erfahrung, die auch heute noch Sänger machen, die sich zu früh an Richard Wagners Opernrollen wagen.

Seit Goethe und Kant kann *Organ* dann auch mehr eine psychische Fähigkeit als ein körperliches Werkzeug bezeichnen. Günter Grass lässt in der *Blechtrommel* Oskar Matzerath über seine Eltern klagen: »Vater und Mutter hatten nicht das Organ, meine Einwände und Entschlüsse zu verstehen.« Ein unsterblicher Satz über das Problem der Pubertät.

Bereits seit Mitte des 19. Jahrhunderts gebraucht man *Organ* auch für Presseerzeugnisse. Es wird geradezu zum modischen Bestandteil von Zeitschriftentiteln – vom *Organ für die Reformation des Waldbaus* (1850) über das seit 1851 erscheinende *Organ für christliche Kunst* (Herausgegeben und redigirt von Fr. Baudri, Maler, in Cölln) bis zum *Organ für die Fortschritte des Eisenbahnwesens* (1866) – um nur ein paar Beispiele zu nennen. Es ist dann ein Lieblingswort des Wiener Polemikers Karl Kraus, der es in seiner *Fackel* besonders gern für die von ihm verachtete Journaille nutzt. 1900 schreibt er etwa: »Das ›Neue Wiener Tagblatt‹ …, dieses Organ für Liebes- und Hausverkäufe, Gesindewechsel und Absteigquartiere, betreibt in seinem Vorwort zum ›Kleinen Anzeiger‹ auch Politik.«

Es ist nicht überliefert, wie Karl Kraus es fand, dass sechs Jahre später seine eigene Zeitschrift ganz unschuldig *Organ* genannt wurde – und zwar von niemand Geringerem als Sigmund Freud. Der Erfinder der Psychoanalyse schrieb am 12. Januar 1906 einen wenig bekannten Brief an Kraus, weil sein ehemals bester Freund Wilhelm Fließ eine Broschüre veröffentlicht hatte, in der er den Schriftsteller Otto Weininger und den Psychologen Hermann Swoboda des Plagiats bezichtigte. Swoboda habe seine Theorie des Biorhythmus gestohlen, und Weininger, Autor des berüchtigten misogynen Pamphlets *Geschlecht und Charakter*, habe durch Freud, dessen Patient er war, von Fließ' Theorie der »Bisexualität« erfahren, die er dann als eigene Entdeckung verkauft habe.

Freud will Kraus in dieser Debatte ganz offensichtlich auf seine Seite und die der Attackierten bringen: »Der lebende Dr. Swoboda wird seine Verteidigung selbst besorgen und sie leicht finden, für den verstorbenen Weininger werden wahrscheinlich Freunde eintreten und Sie, geehrter Herr, den letzteren wie bei früheren Gelegenheiten Ihr Organ zur Verfügung stellen.«

Es war nicht der letzte Zickenkrieg unter Freud-Lehrlingen, in den Kraus hineingezogen wurde. Der Witz der Psychoanalyse besteht nicht zuletzt darin, Doppelbedeutungen von Wörtern manchmal ganz ernst zu nehmen. Es wird Karl Kraus, der das Wort *Organ* wie ein Verdammungsurteil schleuderte, daher besonders gewurmt haben, dass der irrlichternde Freud-Schüler Fritz Wittels ihm einen journalistischen Ödipus-Komplex und Penisneid unterstellte. Wittels operierte dabei mit dem Doppelsinn von *Organ*: Kraus arbeitete in jungen Jahren bei der *Neuen Freien Presse*, ehe er seine eigene Zeitung *Die Fackel* gründete und darin gegen sein Ex-Blatt polemisierte. Für Wittels war die viel gelesene *Freie Presse* im übertragenen Sinne das (Geschlechts-)Organ von Kraus' Vater, das Kraus mit seinem eigenen Organ überwinden wolle.

Wittels trug seine Theorie Freud, Alfred Adler und anderen am 12. Januar 1910 in der Psychologischen Mittwochsgesellschaft vor, die der Meister regelmäßig mittwochabends um 20.30 Uhr in seiner Wohnung in der Berggasse 19 im 9. Wiener Bezirk abhielt. Der Hintergrund war eine Eifersuchtsaffäre: Wittels, der auch Schriftsteller war und in der *Fackel* einiges veröffentlicht hatte, hatte sich in die 15-jährige Schauspielerin Irma Karczewska verliebt, welche die Geliebte von Kraus war. Nicht zuletzt unter dem Eindruck solcher Kapriolen prägte Kraus dann sein berühmtes Bonmot: »Die Psychoanalyse ist jene Geisteskrankheit, für deren Heilung sie sich hält.«

Wenn die Psychoanalyse ein gemeingefährlicher Irrsinn wäre, müssten andere Organe dagegen einschreiten. Seit dem 20. Jahrhundert hat *Organ* auch die Bedeutung »befugte, mit einer bestimmten Funktion beauftragte Person oder Gruppe« angenommen. Dahinter steckt natürlich die Idee, auch der Staat sei so etwas Ähnliches wie ein Körper und die Institutionen seine Körperteile, mindestens aber seine Werkzeuge. So spricht man von den *Organen der Rechtspflege* und meint Polizei und Justiz. Der Bundestag nennt sich selbst auf seiner Homepage: »Das wichtigste Organ der Legislative im Bund.« Und im Gesetz über die Wahlen zur Volkskammer der Deutschen Demokratischen Republik am 16. November 1958 hieß es beispielsweise: »Die Volkskammer ist das höchste Organ der Staatsmacht.« De facto waren aber von 1949 bis 1989 natürlich die Organe der Partei entscheidend – genauso wie sie es in einem anderen deutschen Staat von 1933 bis 1945 gewesen waren. Lustigerweise nennt die Linke ihre verschiedenen Gremien immer noch so – auch hierin ganz eine Sachwalterin des DDR-Erbes. Aber wir wollen nicht unfair sein – auch im Parteiengesetz kommt das Wort in dieser Bedeutung vor: »Die zuständigen Organe der Partei entscheiden nach näherer Bestimmung der Satzung frei über die Aufnahme von Mitgliedern«, heißt es in Paragraf 10.

Trotzdem kann man sagen, dass *Organ* ein Lieblingswort der DDR war. Die Germanistin Birgit Wolf definiert es in ihrem Wörterbuch *Sprache in der DDR* so: »Mit bestimmten Aufgaben betraute und entsprechenden Rechten und Pflichten ausgestattete Behörde oder höheres bzw. mittleres Führungsgremium einer Partei oder Massenorganisation.« Gebräuchlich waren unter anderem Zusammensetzungen wie *Grenzsicherungsorgan*, *Kontrollorgan*, *Leitungsorgan*, *Sicherheitsorgan* und *Volksbildungsorgan*. Die Bezirkszeitungen der SED waren *Bezirksorgane*. Besonders schön: Staatssicherheit, Volkspolizei und Nationale Volksarmee wurden im Arbeiter-und-Bauern-Staat unter dem Sammelbegriff *bewaffnete Organe* zusammengefasst. Man kann sich ausmalen, was Sigmund Freuds übereifriger Schüler Fritz Wittels in diese doppelte phallische Codierung hineininterpretieren würde. Und wenn der Analytiker noch miterlebt hätte, wie das Zentralorgan der SED darüber schrieb, was die *unteren Organe* (gemeint waren die örtlichen Organe der Partei) so organisierten, wäre er gewiss anschließend reif für die Couch seines Meisters gewesen.

Auch wenn das heutige Deutschland nicht mehr ganz so viele Organe hat, sollten Deutschlerner aus fremden Kulturkreisen schnell ein Organ dafür entwickeln, wie viele Bedeutungen das Wort hat. Sonst werden sie auch diesen Witz nie verstehen:

»Zwei Damen im Konzert.

Sagt die eine über den Tenor im engen Kostüm: ›Der hat aber ein tolles Organ.‹

Darauf die andere: ›Stimmt, aber singen kann er auch nicht schlecht!‹«

ORKAN

Vom Winde verweht:
Die letzte Spur eines untergegangenen Volkes

Als Christoph Columbus 1492 auf den Westindischen Inseln landete, fand er dort Menschen von außergewöhnlicher Friedfertigkeit und Freundlichkeit vor – die Taíno. In seinem Bordbuch beschreibt er diese indigene Gruppe als »unschuldig und von einer solchen Freigiebigkeit mit dem, was sie haben, dass niemand es glauben würde, der es nicht mit eigenen Augen gesehen hat. Was immer man von ihnen erbittet, sie sagen nie nein, sondern fordern einen ausdrücklich auf, es anzunehmen, und zeigen dabei so viel Liebenswürdigkeit, als würden sie einem ihr Herz schenken.« Liebenswürdigkeit wird von der Geschichte selten belohnt – bereits 100 Jahre nach der spanischen Eroberung waren die Taíno komplett ausgestorben. Sie fielen den Strapazen der Zwangsarbeit für die Weißen und den von den Spaniern eingeschleppten Krankheiten zum Opfer.

Fort lebt dieses Volk in einem Wort, das sich in fast alle europäischen Sprachen und von dort aus wiederum über ganz Nord- und Südamerika verbreitet hat – dem Namen ihres Sturmgottes *Hurakan* oder *Hunrakan*, den die Spanier *Juracán* nannten. Im Deutschen kennt man die leicht veränderte Form *Orkan*. Als das Wort 1669 zum ersten Mal im Deutschen benutzt wurde, schloss er ganz offensichtlich – wie jedes langfristig erfolgreiche Fremdwort – eine Benennungslücke. Ohne Zweifel konnte man einen Ausdruck, der einen besonders starken Sturm bezeichnet, gut gebrauchen.

Denn schon vorher waren abweichende Formen des neuen, über Umwege aus Amerika importierten Wortes getestet worden: Der Germanist Philip Motley Palmer von der Universität Berkeley in Kalifornien weist in seinem 1939 in Heidelberg erschienenen und bis heute grundlegenden Buch über *Neuweltwörter im Deutschen* darauf hin, dass schon 1534 *Furacan* (nach portugiesisch *furacão)* in einem deutschen Text auftaucht. Weiterhin experimentierte man mit *Houragan* (zuerst 1590), *Huracan* (1668) und *Ouragan* (ebenfalls 1668), die vermutlich alle mehr oder weniger verballhornte Varianten des französischen Wortes *ouragan* und des spanischen *huracán* sind.

Die Form *Orkan*, die sich schließlich durchgesetzt hat, stammt aus dem Holländischen, der Sprache der damals führenden Seefahrernation. Sehr bald wurde *Orkan*, wie *Sturm*, auch im erweiterten Sinne gebraucht: Der 16-jährige Goethe beschreibt in *Poetische Gedanken über die Höllenfahrt Jesu Christi* folgende Szene aus dem Inferno: »Hier liegt die ungezählte Menge, / In schwarzem schröcklichen Gedränge, / Im Feuer-Orkan um ihn her.« Das 1765 auf Anweisung der Eltern oder Lehrer entstandene Gedicht ist übrigens der früheste literarische Text, der von Goethe überliefert ist.

Im Sachregister des *Deutschen Wörterbuchs* von Hermann Paul werden als indianische Wörter, die ins Deutsche gelangt sind, auch noch *Ananas, Jaguar, Kakao, Kanu, Kautschuk, Kokain, Lama, Mahagoni, Mais, Schokolade, Skunk, Tabak* und *Tomate* aufgezählt. Das ist natürlich nur eine Auswahl, es gibt noch mehr. Und es ist nicht immer zu klären, aus welcher der zig Indianersprachen der beiden Amerikas diese Wörter überhaupt stammen.

Bei *Orkan* ist die Spur, die zu den Taíno führt, ziemlich klar. Dabei wäre auch eine Übernahme von einem anderen Indianervolk denkbar. Die Taíno begrüßten Columbus in einer Variante des Arawak, einer Gruppe von über ganz Mittel- und Südamerika verbreiteten Indianersprachen. Der Stamm, nach dem diese Sprachgruppe benannt ist, lebte im Gebiet der heutigen Staaten Guyana, Suriname und Venezuela an der Nordwestküste des Kontinents, verbündete sich mit den Spaniern gegen die Kariben (die als kriegerischer als die Arawak galten und ihre ackerbauenden Nachbarn seit langem plagten) und hat als Ethnie überlebt – so wie viele andere Arawak-Sprachen sprechende Gruppen in Brasilien, Argentinien, Bolivien

Doch die großen etymologischen Wörterbücher führen einstimmig das Wort auf das sympathische ausgelöschte Volk der Taíno zurück – der deutsche Herkunftsduden ebenso wie das *Oxford English Dictionary* und der französische *Robert*. Die Taíno waren die erste indigene Gruppe Amerikas, mit der die Spanier längere Zeit Kontakt hatten, und aus ihrer Sprache empfingen sie auch die Wörter *Kanu*, *Zigarre*, *Kazike*, *Mais* und *Tabak*.

Der Etymologe Wolfgang Pfeifer hält allerdings auch für möglich, dass das Wort von den Maya zu den Taíno gelangte. Er schreibt über den Ursprung von *Orkan*: »Auszugehen ist wohl von dem Mayawort *hunraken* ›Einbein‹, der Bezeichnung für das Sternbild des Großen Wagens (dessen Deichsel in dieser Gegend nach unten zeigt), da unter diesem Zeichen die Herbststürme auftreten.« Der Altamerikanist Martin Brennan ergänzt, dass der Gott Hunrakan unter genau diesem Namen nicht nur bei den Maya und Taíno sondern auch bei den Nahua in Mexiko (zu denen auch die Azteken gehörten) bekannt war. Eine erhaltene Keramikfigur der Taíno, die Hunrakan darstellt, ähnelt den Götterbildnissen der Maya: Der Gott oder Dämon trägt einen Kopfschmuck aus Klapperschlangenrasseln. Klapperschlangen galten bei den Maya als Regenbringer, und ihre Rasseln wurden mit dem Sternbild der Plejaden gleichgesetzt, deren Erscheinen im Juni und Verschwinden im April in fast allen frühen landwirtschaftlichen Kulturen als Signal für Beginn oder Ende der Regenzeit galt.

Wer all die verschiedenen Früh- und Vorformen von *Orkan* kennt, wird kaum überrascht sein, dass auch das englische, seit Mitte des 17. Jahrhunderts gebräuchliche *hurricane*, auf das gleiche indianische Urwort zurückgeht. Dieses wurde als *Hurrikan* in der ersten Hälfte des 19. Jahrhunderts ins Deutsche übernommen, um speziell die in Mittelamerika auftretenden Wirbelstürme zu bezeichnen.

Im Duden taucht *Hurrikan* erstmals 1914 auf und dann zehn Jahre später an prominenter Stelle in der Literatur: Der Exotik und Amerika liebende Brecht dichtet in seiner Oper *Aufstieg und Fall der Stadt Mahagonny*: »Wir brauchen keinen Hurrikan. / Wir brauchen keinen Taifun.«

Diesen unfrommen Wunsch würden gewiss alle Deutschen unterschreiben, wenn sich in Frühjahr und Herbst das Land unter der Gewalt der großen Stürme duckt. Solange er nicht in Erfüllung geht, sollten wir uns ins Schicksal fügen, vielleicht eine *Mahagonny*-Aufnahme hören und jener freundlichen Menschen auf den Antillen gedenken, denen wir verdanken, dass wir wenigstens ein Wort für das haben, was da draußen die Ziegel abdeckt und die Bäume knickt.

OSSI

*Wie die Ostdeutschen
den friesischen Wessis ein Wort wegkaperten*

In den Jahren 1971/72 war in der Bundesrepublik Deutschland außerordentlich viel von *Ossis* die Rede. Das lag nicht am Grundlagenvertrag, über den die Bundesregierung unter dem SPD-Kanzler Willy Brandt mit der DDR verhandelte und der im Dezember 1972 geschlossen wurde. Denn damals nannte man die Ostdeutschen entweder in pathetischen Sonntagsreden *unsere Brüder und Schwestern jenseits des Eisernen Vorhangs bzw. der Zonengrenze* (eine Formulierung, die Bundeskanzler Konrad Adenauer in der Kabinettsitzung vom 2. Juni 1953 erstmals benutzte und die sein Nachfolger Ludwig Erhard in seiner Regierungserklärung vom 18. Oktober 1963 aufgriff), *Bewohner der SBZ* (wenn man sich weigerte, das staatliche Gebilde DDR anzuerkennen), *DDR-Bürger* (wenn man sich mit den neuen Realitäten abgefunden hatte) oder auch gerne ganz einfach *Russen* – so hielt es meine Mutter, eine Frau, die nur ungern genau unterschied.

Niemand hatte jedoch Anfang der Siebzigerjahre, als

der Kalte Krieg dank Brandt gerade abtaute, das Bedürfnis, die Menschen in der DDR mit dem verniedlichenden Synonym *Ossis* zu bedenken. Dieser Spitzname blieb einer westdeutschen Bevölkerungsgruppe vorbehalten, über die damals ganz Deutschland lachte: den Ostfriesen. Seitdem im Juni 1971 die *Nordseezeitung* in Bremerhaven als erste über die Welle der Ostfriesenwitze berichtet hatte, wurden diese Witze für zwei Jahre zu einer Modeerscheinung in ganz Deutschland.

Erfunden wurden sie vermutlich Ende der Sechzigerjahre vom Schülerzeitungsredakteur Borwin Bandelow am Gymnasium von Westerstede im Ammerland. Die Scherze waren Ausdruck einer regionalen Fehde zwischen Ostfriesen und Ammerländern. Sie bestanden meist aus Frage und Antwort: »Warum machen die Ostfriesen immer nur eine Viertelstunde Teepause? Weil man sie sonst wieder neu zur Arbeit anlernen müsste.« Oder: »Warum haben Ostfriesen so flache Hinterköpfe? Weil ihnen beim Trinken immer der Klosettdeckel auf den Kopf fällt.«

Darüber konnte sich damals ganz Deutschland kaputtlachen – genauso wie einige Jahre später über die noch schlichteren Häschenwitze. Es war eine unschuldige Zeit. Zur Verbreitung der Scherze über die Grenzen Norddeutschlands hinaus trugen wesentlich die Bücher bei, die von großen Verlagen bis in den letzten Dorf-Tante-Emma-Laden getragen wurden. In diesen Bänden wurden Ostfriesen auch als *Ossis* bezeichnet. 1972, als die Welle schon ein bisschen abebbte, erschien beispielsweise *Die Rache der Ostfriesen. Jetzt lachen mal die Ossis*, ein Bändchen, in dem vorgeblich Scherze gesammelt wurden, die Ostfriesen über andere Bevölkerungsgruppen erzählen.

Als Gruppenbezeichnung wurde das Wort *Ossi*, das zuvor vor allem als Koseform des Vornamens Oswald oder seiner selteneren weiblichen Form Oswalda gebräuchlich war (so bei der Stummfilmkomikerin Ossi Oswalda und noch beim 2014 gestorbenen Internetexperten Ossi Urchs), offenbar auch von den Ostfriesen selbst akzeptiert. Der Komiker Otto Waalkes, der seine Karriere auf dem Trottel-Image des Ostfriesen aufbaute, nannte die Firma, die er 1985 in seinem ersten Kinofilm betrieb OSSI (als Abkürzung für Ottis Super-Service International), und im Internet sind einige Klagen darüber zu finden, dass die Ostdeutschen den Ostfriesen den Namen *Ossi* geraubt hätten.

Auch für Nicht-Ostfriesen war es zunächst gewöhnungsbedürftig, plötzlich Ostdeutsche mit jenem Ausdruck bezeichnet zu sehen, dessen milde Schwachsinnigkeit man in den Anfangstagen der Wortgeschichte noch deutlicher erfasste als heute, wo der Beiklang von Debilität durch den massenhaften Gebrauch des Ausdrucks verblasst ist. Das Wort wurde noch lange in Anführungszeichen gebraucht. In der *Zeit* heißt es Ende 1989 über die skeptischen Revolutionäre im anderen deutschen Staat: »Die ›Ossis‹ haben ihre Zweifel und trauen ihrer sanften Revolution noch nicht über den Weg.« Im *Spiegel* wird *Ossi* zwei Monate später, Anfang Februar 1990, bereits als Gegensatz zum ebenfalls neuen Begriff *Wessi* gebraucht: »Freuen sich die ›Wessis‹ wirklich über den aufrechten Gang der ›Ossis‹, den sie heute voller Hoffnungen wieder erlernen, oder bedauern sie nur, dass sie das billige Hinterland verloren haben?«

Kaum war die Mauer gefallen, schon bestand das Bedürfnis, sich zu unterscheiden – noch bevor man offiziell wiedervereinigt war. Nicht jeder wollte das akzeptieren: »Wir und ihr, hüben und drüben, Wessis und Ossis – diese und ähnliche Vokabeln sollten bald aus dem Sprachgebrauch verschwinden«, wünschte der letzte Ministerpräsident der DDR, Lothar de Maizière, im Mai 1990. Eine ausgesprochen trügerische Hoffnung. Sogar Zwanzigjährige, die nach der Wiedervereinigung und nach de Maizières Bannfluch gegen das Wort *Ossi* geboren sind, bezeichnen sich heute noch so.

Es gibt allerdings Indizien dafür, dass das Wort langsam aus der Mode kommt und man sich seiner Peinlichkeit wieder etwas bewusster wird. Den Höhepunkt seiner Verwendungshäufigkeit scheint es in den Neunzigerjahren erreicht zu haben, als sich Osten und Westen gegenseitig als *Jammerossis* und *Besserwessis* bezichtigten – zwei Begriffe, die jetzt schon so antiquiert wirken wie schuhkartongroße Handys aus demselben Jahrzehnt. Seitdem geht es mit dem Wort langsam aber stetig bergab. Für manche Ossis gewiss ein Grund zum Jammern. Für Ostfriesen vielleicht langfristig die Chance, es sich wieder anzueignen.

PANZER

Wie die Welt uns Deutsche sieht:
Ketten müssen rasseln fürs Klischee

Der Juli 2014 war ein Monat großer sprachlicher Panzer-
dichte, nicht nur weil in der Ukraine und in Gaza echte
Panzer rollten. Anfang des Monats verkündete die Rüs-
tungsfirma Krauss-Maffei Wegmann, sie plane eine Vereinigung mit dem französischen Konkurrenten Nexter, was
die Medien von zwei »Panzerschmieden« oder gleich von
einer »Panzerfusion« fabulieren ließ. Zwei Wochen später
gewann Deutschland die Fußballweltmeisterschaft. Vor
allem die italienischen, aber auch die argentinischen Sport-
reporter griffen wieder mal ins Kästchen mit den billigen,
aber zuverlässigen Gebrauchtmetaphern und faselten vom
»Sieg der deutschen Panzer« – so wird die Nationalmann-
schaft (aber auch einzelne Spieler) nicht nur in den dortigen Gazetten seit Jahrzehnten genannt, sondern auch in
vielen anderen Ländern.

Zwischendurch erschien dann auch noch eine neue Ausgabe des Computerspiels Panzer General online, und es
wurde darüber gestritten, dass Wirtschaftsminister Sigmar

Gabriel Rüstungsexporte strenger prüfte als sein Vorgänger – betroffen war davon Deutschlands Exportschlager, der Panzer Leopard II. Der Vorsitzende des Verteidigungsausschusses Hans-Peter Bartels (SPD) rechtfertigte die neue Linie: »Panzer sind nach dem Zweiten Weltkrieg zum Sinnbild innerer Repression durch autoritäre Regime geworden, vom 17. Juni 1953 in Ost-Berlin über Prag 1968, bis zum Platz des Himmlischen Friedens in Peking 1989 und Bahrain 2011.«

Panzer ist – neben *Kindergarten, Nazi* und *Blitzkrieg* – eines der global erfolgreichsten deutschen Wörter. Man versteht es in New York genauso wie in Ulan Bator. Wie kein anderer Gegenstand verkörpert der Panzer den Schrecken und – ja – auch die Bewunderung, den deutsche militärische Operationen während des Zweiten Weltkriegs erregt haben.

Aber das Wort *Panzer* selbst hat sich sein Terrain in der deutschen Sprache keineswegs per Blitzkrieg erobert. Bevor man dazu überging, gepanzerte militärische Kettenfahrzeuge so zu nennen, wurde erst einmal mit anderen Bezeichnungen experimentiert.

Gefühlt würde jeder Kenner der Geschichte die Geburt des neuen Wortes im Ersten Weltkrieg verorten. Denn da wurde in Deutschland – als Reaktion auf britische Panzereinsätze – 1917 der erste Panzer konstruiert: der AV7, der 16 Mann (!) Besatzung hatte, mit 16 Stundenkilometern besonders schnell war, aber erst 1918 zum Einsatz kam.

Doch in der Erinnerungsliteratur zum Ersten Weltkrieg und zeitgenössischen Quellen dominiert noch das Wort

Tank. Ernst Jünger schreibt 1918 in seinem Kriegstagebuch: »Machte am Vormittag einen kleinen Spaziergang längs des Bahndammes, um einige dort stehende Tanks zu besehen. Die Tanks waren sehr interessant, es waren die ersten, die ich in voller Ruhe besehen konnte.« Auch im 1932 erschienenen Buch *Der Arbeiter* spricht Jünger noch von *Tanks*.

Tank ist bekanntlich das englische Wort für die Gefährte, die 1916 von den Briten in der Somme-Schlacht erstmals eingesetzt wurden. Sie hießen so, weil der von Marineminister Winston Churchill gegründete Ausschuss zur Vorbereitung der neuen Waffe im Dezember 1915 den Tarnnamen »Tank Supply Commitee« (»Ausschuss für die Bereitstellung von Tanks«) bekommen hatte. Zuvor wurden die Fahrzeuge in den Planungen *land ships* genannt, denn die ursprüngliche Idee war die eines rollenden Schlachtschiffs. Als endlich die ersten Panzer losrasselten, behielt man die Bezeichnung *tanks* einfach bei.

Panzer ist eigentlich ein uraltes Wort. Schon im Mittelhochdeutschen wurde es in der Bedeutung »Rüstung für den Leib« als *Panzier* aus dem französischen *pancier* entlehnt. Das Wort ist abgeleitet vom französischen *panse* »Leib« und verwandt mit dem deutschen *Pansen* »Tiermagen«. In der Neuzeit wird *Panzer* dann auch für die Horn- und Knochengebilde gebraucht, mit denen Tiere sich schützen, etwa Schildkröten oder Krebse. Und man benutzt das Wort in einem Sinne, für den wir heute *Panzerung* bevorzugen würden, spricht vom starken *Panzer* eines Kriegsschiffes oder einer Festung.

Dagegen hießen die gepanzerten Gefährte, die das deutsche Heer eiligst nach dem Vorbild der englischen Tanks herstellen ließ, offiziell *Sturmpanzerwagen* oder einfach *Kampfwagen*, manchmal auch *Panzer-Tanks*. 1921 stiftete der damalige Reichswehrminister Otto Geßler (DDP) ein »Erinnerungsabzeichen für die ehemaligen Besatzungen deutscher Kampfwagen«, das an 99 ehemalige Panzersoldaten verliehen wurde, die an mindestens drei Fronteinsätzen beteiligt waren oder während eines Einsatzes verwundet wurden.

Ansonsten war in den Zwanzigerjahren in Deutschland wenig von Panzern die Rede. Denn der Friedensvertrag von Versailles verbot Deutschland ausdrücklich »die Herstellung und Einfuhr von Panzerwagen, Tanks und allen ähnlichen Konstruktionen«. Einer der besten Experten für die Geschichte der Panzerwaffe in Deutschland, Helmut R. Hammerich vom Zentrum für Militärgeschichte und Sozialwissenschaft der Bundeswehr in Potsdam, weist darauf hin, dass genau deshalb entsprechende Abteilungen und Gefährte mit Tarnbezeichnungen belegt wurden.

Der Leichtpanzer, den der Reichswehrgeneral Oswald Lutz schon 1932 bei Krupp in Auftrag gab, wurde beispielsweise *Landwirtschaftlicher Schlepper (LaS)* genannt. Und 1933 entstand in Brandenburg das Kraftfahr-Lehrkommando Zossen, die Keimzelle der neuen deutschen Panzerwaffe, die man erst im September 1935, nach der von Hitler einige Monate zuvor verkündeten »Wiedererlangung der Wehrhoheit«, in Panzer-Regiment 5 umzubenennen wagte. 1936 wurde dann auch das Kommando der Kraftfahrtruppen zum Kommando der Panzertruppen.

Angesichts dieser Geheimnistuerei ist es kein Wunder, dass es lange dauerte, bis das umständliche *Panzerkampfwagen* zu *Panzer* verkürzt wurde.

Bezeichnenderweise stammt der älteste bisher auffindbare Beleg nicht aus dem Bereich des Militärs, sondern der Polizei, und nicht aus Deutschland, sondern aus Österreich. 1927 zitiert Karl Kraus in seiner Zeitschrift *Die Fackel* die Wiener Polizeidirektion, die ihre gepanzerten Einsatzwagen beschreibt: »Nur die Mündungen der Gewehre und der Maschinengewehre blinken aus dem Panzer hervor.«

Etwa zur gleichen Zeit benutzt Erich Maria Remarque das Wort schon in seinem Roman *Im Westen nichts Neues*, dessen erste Fassung er 1927 schrieb und der nach der Veröffentlichung 1929 zum Weltbestseller wurde. Dort heißt es an einer Stelle: »Die Tanks sind vom Gespött zu einer schweren Waffe geworden … ihre Kettenbänder laufen endlos wie der Krieg, sie sind die Vernichtung, wenn sie fühllos in Trichter hineinrollen und wieder hochklettern, unaufhaltsam, eine Flotte brüllender, rauchspeiender Panzer.« Allerdings legt das Wort *Flotte* nahe, dass Remarque hier *Panzer* als Metapher gebraucht und die Tanks (so heißen sie sonst überall im Buch) mit Kriegsschiffen vergleicht.

Denn zuvor war *Panzer* in der Seemannssprache des Ersten Weltkriegs schon als Kurzwort für *Panzerkreuzer* gängig. In den Zeitungen finden sich massenhaft Belege dafür. Bereits am 25. September 1914 beziffert das Wiener *Feldblatt* die bisherigen Verluste der englischen Flotte auf »18 Schiffe, darunter vier große Panzer«. Möglicherweise ist die Bezeichnung *Panzer* für gepanzerte Kriegsschiffe noch älter. Dafür spricht, dass in einem historischen Artikel der *Tiroler Soldaten-Zeitung* über die Seeschlacht vor der kroatischen Insel Lissa am 20. Juli 1866 die italienischen Panzerfregatten mehrfach so abgekürzt werden. Diese Panzer kamen der modernen Vorstellung von einem Schlachtschiff schon sehr nahe: Mit ihren Dampfmaschinen erreichten sie bis zu 14 Knoten, sie waren mit gezogenen Geschützen aus Gusseisen ausgerüstet, die mit Explosiv-Geschossen geladen werden konnten. Die »Affondatore« verfügte sogar über gepanzerte Drehtürme, deren 25,4-Zentimeter-Kanonen unabhängig von der Fahrtrichtung ihr Ziel unter Feuer nehmen konnten. Trotzdem feierten die Österreicher bei Lissa einen der wenigen Seesiege ihrer Geschichte.

Aber das war die Vergangenheit, und als Bezeichnung für Kriegsschiffe kam *Panzer* allmählich aus der Mode, je mehr die gepanzerten Landfahrzeuge zum Inbegriff militärischer Modernität wurden. Anfang der Dreißigerjahre schlug dann endlich die Stunde des deutschen Panzers, wie er heute im Klischeereservoir der gesamten Welt geparkt ist: Major Walther Nehring, einer der frühen Theoretiker der Panzerstrategie, verfasste 1932 im Auftrag der Ausbildungsabteilung des Truppenamtes eine Studie zum Thema *Die Panzerbrigade im Rahmen des Kavalleriekorps*, in der *Panzer* schon ganz selbstverständlich benutzt wird. Wahrscheinlich war der Begriff im täglichen Gespräch zwischen ihm und seinem Offizierskollegen Heinz Guderian längst üblich. Nehring schrieb 1936 noch ein Buch über *Panzerabwehr*, und spätestens 1937, mit dem Erscheinen von Guderians Werk *Achtung – Panzer!*, das heute als eine Art epochales Handbuch der deutschen Blitzkriegstrategie gilt, war das Wort für ein entsprechendes Fahrzeug im allgemeinen Wortschatz etabliert.

Guderians Buch wurde noch im Erscheinungsjahr für Zwecke des englischen Generalstabs übersetzt (eine offizielle Übersetzung erschien erst in den Neunzigerjahren). Deshalb wussten die Briten gleich, wie die stählernen Kolosse hießen, die ihnen in den ersten Kriegsjahren so viel Ärger bereiteten, und bezeichneten sie kennerhaft mit dem deutschen Wort *Panzer* statt mit dem englischen *tank*. Der Sprachwissenschaftler H. L. Mencken monierte 1940, dass die Briten und Amerikaner den Krieg sprachlich längst verloren hätten: Ihre Journalisten würden viel zu oft deutsche Wörter wie *Blitz, Blitzkrieg, Ersatz, Flak, Lebensraum* und *Panzer* benutzen, statt nach entsprechenden englischen Vokabeln zu suchen.

Der Appell verhallte ungehört. Alle genannten Wörter stehen heute in jedem englischen Wörterbuch. Und nicht nur dort. Ob wir es wollen oder nicht: Der Panzer ist weltweit Inbegriff deutscher Nationaleigenschaften geworden – auf der einen Seite glänzt dieses Land mit schier unzerstörbarer Ingenieurskunst, auf der anderen erscheinen wir immer noch undurchdringlich, schwerfällig und manchmal furchteinflößend. Die Bilder von den deutschen Spielern, die nach dem WM-Finale 2014 auf dem Rasen mit Kindern spielten, haben dieses Image ein wenig aufgeweicht. Aber haltbarer als jeder deutsche Panzerstahl sind die Metaphern, die noch lange kettenrasselnd über Deutschland rollen werden.

PLATTENBAU

*Westdeutscher Kampfbegriff zur Herabwürdigung
einer DDR-Errungenschaft?*

Neulich in Berlin. Im Heimatmuseum Prenzlauer Berg
wird eine Ausstellung über den Ernst-Thälmann-Park und
die dazugehörigen Alt-Neubauten aus den Achtzigerjahren eröffnet. Die 1986 eingeweihte Siedlung war das letzte
große Wohnungsbauprojekt der DDR. Die Kuratorin, eine
Journalistin der *Prenzlauer Berg Nachrichten*, benutzt in
ihrer kurzen Ansprache mehrfach den Begriff *Plattenbau*.
Dafür muss sie sich hinterher von Bewohnern der Thälmann-Siedlung tadeln lassen, *Plattenbau* sei ein »westdeutscher Kampfbegriff«. Dabei sagt der Chef der Anwohnerinitiative ganz selbstverständlich, er lebe seit dreißig
Jahren »im Plattenbau« und sei zufrieden.

Leute, die keinerlei Probleme damit haben, dass ihre
Wohnsiedlung nach einem antidemokratischen Bandenführer der Zwanzigerjahre benannt ist, werden also ganz
sensibel, wenn man ihre Häuser *Plattenbauten* nennt.
Richtig ist, dass dem Wort *Plattenbau* in den 25 Jahren seit
der Wende meist eine leicht herabsetzende Nebenbedeu-

tung beigelegt wird. Man spricht rückwirkend auch von westdeutschen *Plattenbauten*, wenn man die Großsiedlungen der Sechziger- und Siebzigerjahre meint – unabhängig davon, ob das Wort damals allgemein schon gebräuchlich war und ob die Häuser wirklich in Fertigteiltechnik errichtet wurden.

Als Fachbegriff ist *Plattenbau* seit den Zwanzigerjahren bekannt. Ernst May benutzt ihn in einem Aufsatz über die »Mechanisierung des Wohnungsbaus« in der Zeitschritt *Das Neue Frankfurt*. Zuvor stand das Wort bereits 1920 in dem Handbuch *Der Eisenbetonbau*, ein Leitfaden für Schule und Praxis, allerdings ist da kein Gebäude gemeint, sondern die Plattenbauweise mit Beton.

Diese frühe Diskussion um industriellen Fertigteilbau ist aber zumindest in Deutschland durch die Nazizeit abgewürgt worden – und mit ihr die Karriere des Wortes. Spätestens in den Achtzigerjahren war *Plattenbau* jedoch ein gängiger Begriff in Fachpublikationen über Städtebau in Ost und West. Der Architekturkritiker Christoph Hackelsberger verwendet daneben sogar das Verb *plattenbauen* für den industriellen Häuserbau in China.

Aber hier geht es ja weniger um solche auf Fachzirkel begrenzten Debatten als vielmehr um die Umgangssprache. Ist *Plattenbau* wirklich ein westdeutscher Kampfbegriff, den in der DDR niemand benutzt hätte? Einen ersten Hinweis gibt das Standardwerk *Sprache in der DDR*, das die Germanistin Birgit Wolf im Jahre 2000 veröffentlicht hat. In dem Wörterbuch mit rund 1900 Einträgen fehlt *Plattenbau* tatsächlich. Nur der neutrale technische Begriff

Plattenbauweise steht darin, genauso wie im sogenannten Einheitsduden von 1991, dem ersten gesamtdeutschen Duden nach der Wende. Er wird erklärt mit: »Seit den Sechzigerjahren generell im Wohnungsbau angewandte Technologie, nach der Häuser aus industriell vorgefertigten Großplatten montiert wurden.« Wolf zitiert damit das DDR-*Handwörterbuch der deutschen Gegenwartssprache* von 1984, an dem sie selbst mitgearbeitet hatte.

Ergänzend ist hinzuzufügen, dass mit der Plattenbautechnik bereits seit den Fünfzigerjahren in Berlin-Johannisthal und in Hoyerswerda gearbeitet wurde. Allerdings lautete damals der offizielle Begriff *Großtafelbauweise* – auch im Westen. Die *Zeit* druckte 1961 einen Artikel, in dem es über das Verfahren hieß: »Gelingen alle diese Vorhaben, … dann ist damit bewiesen, dass in der Großtafelbauweise nicht nur Hochhäuser und mehrgeschossige Häuserblocks wirtschaftlich gebaut werden können, sondern auch zweigeschossige Reihenhäuser und freistehende Bungalows.«

Auch andere Quellen stützen den Verdacht, dass *Plattenbau* in der DDR zumindest schriftlich nicht verbreitet war. Der älteste Beleg im Korpus des *Digitalen Wörterbuchs der Deutschen Sprache (DWDS)*, das auch ostdeutsches Schriftgut auswertet, stammt aus dem westdeutschen *Spiegel* und hat schon einen kritischen Drall. In der Ausgabe vom 13. November 1989, vier Tage nach dem Mauerfall, heißt es über den Wohnungsbau der DDR: »Stattdessen wurden Stadtrandsiedlungen aus monotonen Plattenbauten zusammengehauen, während die Altbausubstanz, das ›historische Erbe‹, bis zur Unbewohnbarkeit verfiel.« Kurz darauf, am 12. Dezember 1989, beschreibt die *Zeit* die ehemalige Stasi-Zentrale in Berlin-Lichtenberg: »Ein Plattenbau in grauem Kieselbeton, nüchtern in der Architektur, bedrohlich in seiner Massivität.«

Trotzdem hat *Plattenbau* keinen Eintrag im eigentlichen Wörterbuchteil des *DWDS*. Das ist auch insofern interessant, als das Online-Nachschlagewerk in seiner Substanz auf dem *Wörterbuch der deutschen Gegenwartssprache (WDG)* beruht. Dieses unter der Leitung von Ruth Klappenbach zwischen 1952 und 1977 erarbeitete Werk war der offizielle Versuch der Akademie der Wissenschaften in Ost-Berlin, den aktuellen Wortschatz des Deutschen zu erfassen. Die gedruckte Version umfasst über 4500 Seiten und enthält über 120 000 Stichwörter. *Plattenbau* war dort offenbar nicht verzeichnet, nur das Wort *Großplattenbauweise*. Allerdings haben die *DWDS*-Macher die *WDG*-Ausgabe von 1967 benutzt, weil diese noch nicht so massiv von ideologischem Wortschatz durchdrungen war wie spätere Neuauflagen. Sicher kann man also sagen, dass Ende der Sechzigerjahre in der DDR zwar schon Plattenbauten existierten, aber noch nicht das Wort *Plattenbau*.

Auch im zweiten großen Korpus zum Gegenwartsdeutsch, der Belegsammlung *Cosmas II* des Instituts für deutsche Sprache in Mannheim, taucht *Plattenbau* erst nach der Wende auf. In der *taz* vom 18. Januar 1990 heißt es über einen Neubau, der in einem Leipziger Altbauviertel als Fremdkörper empfunden wird: »Plattenbau, gestapelte Wohnungen, die auf die sprichwörtliche grüne Wiese gehören«.

Auffällig ist, dass alle Erwähnungen aus der unmittelbaren Wendezeit ohne Anführungszeichen stehen. Das spricht dafür, dass *Plattenbau* und die Kurzform *Platte* eventuell mündlich in der Spätphase des Arbeiter-und-Bauern-Staats im Gebrauch waren. Daran glauben sich auch einige von mir befragte Ex-DDR-Bürger zu erinnern. Andere sind sicher, dass Plattenbauten einfach nur *Neubauten* genannt wurden.

Der mündliche Sprachgebrauch lässt sich schwer rekonstruieren. Zwar finden Begriffe aus der gesprochenen Sprache normalerweise rasch ihren Weg in die Medien. Aber unter den Bedingungen der DDR-Presse, wo jedes Wort auf die Zensurwaage gelegt wurde, war die Hürde natürlich höher.

Es spricht also einiges dafür, dass *Plattenbau* als Kurzform für »ein in Plattenbauweise errichtetes Gebäude« tatsächlich ein Ausdruck ist, der erst von westdeutschen Medien nach der Wende massenhaft verbreitet wurde. Im *Neuen Deutschland (ND)*, dem Zentralorgan ostdeutscher Heimatvertriebener fortgeschrittenen Alters, dessen Archiv online rückwirkend bis 1990 durchsucht werden kann, wird das Wort seit 1991 verwendet. Seitdem nutzen es die *ND*-Journalisten aber häufig und ganz selbstverständlich. Man ist offenbar nicht so hellhörig wie die Mieter der Thälmann-Siedlung.

Zum abwertenden Kampfbegriff wird *Plattenbau* im *ND* nur noch, wenn von einem Feindstaat wie Israel die Rede ist. Dann steht in der Überschrift eines Artikels vom August 2013 über neue Siedlungen im Westjordanland polemisch: »Plattenbau statt Frieden.«

PRIVILEG

Keiner will Privilegien,
aber niemand will unterprivilegiert sein

Als das Bundesverfassungsgericht 2015 das Kopftuchver-
bot an öffentlichen Schulen außer Kraft setzte, versetzte
es damit auch einer sehr alten Rechtspraxis einen schweren Schlag: Das im nordrhein-westfälischen Schulgesetz
festgelegte Privileg für die »Darstellung christlicher und
abendländischer Bildungs- und Kulturwerte oder Traditio-
nen« verstoße »gegen das Grundgesetz«, argumentierten
die Richter. Da war es, das böse Wort: *Privileg*. Nichts ist
unserer Gesellschaft abscheulicher als die Vorstellung, das
Gesetz gelte nicht für alle im selben Maße, sondern einige
Menschen oder in diesen Falle Religionen seien gleicher
als andere. CSU-Generalsekretär Andreas Scheuer hat
den Kirchen vermutlich einen Bärendienst erwiesen, als er
gleich nach dem Urteil trompetete: »In jedem Fall werden
wir in Bayern alle gesetzlichen Möglichkeiten ausschöp-
fen, damit das Christentum bei uns in Bayern privilegiert
bleibt und weiterhin das prägende Wertefundament für
unsere Gesellschaft ist.«

Das Wort *Privileg* wird in allen gegenwärtigen Wörterbüchern eigentlich immer als etwas Negatives definiert. Im engeren juristischen Sinne ist es einem Einzelnen, einer Gruppe oder einer sozialen Schicht vorbehaltenes Sonderrecht. Es kann aber auch ein Vorrecht in einer etwas weiteren Bedeutung meinen.

Jahrhundertelang hat sich niemand an der Existenz von Privilegien gestört. Die Vorstellung vom gleichen Recht für alle war dem Mittelalter fremd. Völkerschaften erwarteten nach ihrem eigenen Recht abgeurteilt zu werden, auch wenn die Gesetze des umgebenden Reichs andere waren. Als Beispiel aus dem frühen Mittelalter berichtet Heinrich Brunner in seiner *Deutschen Rechtsgeschichte* über die Spanier im Frankenreich: »Ein Privileg Karls des Kahlen von 844 nimmt von der autonomen Gerichtsbarkeit der Spanier nur die drei Verbrechen des Totschlags, des raptus und der Brandstiftung aus.«

Privilegien waren nicht nur Völkerschaften, dem Adel oder Klöstern vorbehalten, sondern sie waren ein weitverbreitetes Mittel der archaischen Wirtschaftspolitik. Sie konnten anstelle von finanziellen Anreizen gewährt werden. Deutsche Siedler in Osteuropa wurden von den jeweiligen Herrschern mit Privilegien gelockt, beispielsweise der Freiheit von Soldatendienst und Fronarbeit. Kaufleute wurden mit Privilegien ausgestattet, wenn man entweder den heimischen Handel fördern oder ausländische Händler ins Land holen wollte.

Das *Privileg* steht, laut dem *Rechtslexikon* von Holtzendorff »als wirkliches durch die Staatsgewalt begründetes

recht im gegensatz zu jederzeit widerruflichen conces-
sionen«. Das *Deutsche Wörterbuch* von Hermann Paul
definiert *Privileg* als »die mit Gesetzcharakter versehene
Gunstbezeugung eines Herrschers«. Mit dem Niedergang
des Adels begann auch der Ansehensverlust des Privilegs.
Die Französische Revolution brach 1789 vor allem deshalb
aus, weil der dritte Stand, also die Bürger, nicht länger bereit war, die Privilegien des Adels und der Geistlichkeit
hinzunehmen, zu denen unter anderem die Befreiung von
Steuern gehörte. `

Nicht zufällig ist in der Revolutionsepoche zum ersten
Mal die Rede vom »Privilegienunwesen«. In einem von
Johann Gottfried Seumes Aphorismen heißt es: »Das
Resultat des Privilegienunwesens ist: Ihr sollt alles thun,
damit wir alles haben, und wir bewilligen, dass ihr geben
sollt.« Sehr modern mutet uns an, dass Privilegien auch
Banken gewährt werden konnten, wenn einer der vielen
deutschen Kleinstaaten sie als systemtragend ansah. In
Adolph Bachs *Beiträgen zur Lehre von den Banken* heißt
es 1857 über leichtgläubige Kapitalgeber: »Ohne das Con-
cessions- und Privilegienunwesen, wer würde sich freilich
da an einer Bank in Gera, Sondershausen, Homburg usw.
betheiligt haben.«

Heute bezeichnet *Privileg* juristisch ein Steuervorrecht.
Im Zusammenhang mit der Absetzbarkeit von Dienst-
und Firmenwagen ist oft polemisch vom *Dienstwagen-
privileg* die Rede. Und im Versicherungsrecht spielt das
Familienprivileg eine Rolle. Das besagt: »Hat ein in häus-
licher Gemeinschaft mit dem Geschädigten lebender Fa-

milienangehöriger das Schadensereignis verursacht, und hat er dabei nicht vorsätzlich gehandelt, ist nach § 116 Abs. 6 SGB X ein Forderungsübergang ausgeschlossen.« Ein juristischer Laie versteht den Satz auch nach mehrmaligem Lesen nicht, aber es handelt sich beim Familienprivileg offenbar um etwas so Erstrebenswertes, dass auch nichteheliche Lebensgemeinschaften es haben wollen – und deutsche Gerichte es ihnen zugestanden haben.

Das Wort stammt vom lateinischen *privilegium*, dessen Bestandteile *privus* »eigen, eigentümlich, besonders« und *lex* »Gesetz«, sind. Es existiert schon im Mittelhochdeutschen in der Form *privilegje*. Mit dem Aufkommen des Humanismus und der Hinwendung zu den originalen lateinischen Rechtsquellen kehrt es dann zu seiner ursprünglichen Form zurück: *Privilegium* ist vom 15. bis zum 19. Jahrhundert die gängige Form, erst dann setzt sich die heutige Wortgestalt durch. Den Plural *Privilegien* gibt es schon seit dem 15. Jahrhundert, 1431 ist schon einmal von »des kowffmannes privilegien« die Rede.

Im 19. Jahrhundert taucht der Typus des Privilegierten als politisches Feindbild der deutschen Linken auf. 1895 werden zum ersten Mal die »privilegierten Klassen« erwähnt. Diese sind natürlich gemeint, wenn es im großen Roman *Die Ästhetik des Widerstands* des roten Schriftstellers Peter Weiss über den Pergamonaltar heißt: »Genuss vermittelte das Werk den Privilegierten, ein Abgetrenntsein unter strengem hierarchischem Gesetz ahnten die andern.« Dem gegenübergestellt sind in der Vorstellungswelt der Linken die Unterprivilegierten, die nicht ganz zufällig

1973 im ersten Nach-68er-Duden erstmals verbucht sind, bzw. die »unterprivilegierten Gruppen«. Von Letzteren ist schon früher, 1957 in Helmut Schelskys soziologischem Klassiker *Die skeptische Generation* die Rede. Dort heißt es, sie seien »gekennzeichnet durch ein hohes Maß an physischer Arbeitsbelastung und durch gleichzeitig geringen geistigen Wert ihrer Arbeit, der zumeist wieder in engem Zusammenhang mit dem sozialen Prestige einer Arbeit steht, und andererseits durch eine relativ niedrige Entlohnung«.

Der alte positive Klang von *Privileg* als etwas Erstrebenswertem ist noch in Markennamen bewahrt, etwa bei den Haushaltsgeräten des Versandhauses Quelle oder beim Cognac Hennessy Privilège. Aber wenn man neuerdings häufiger Sätze hört wie: »Es war ein Privileg, dass ich diese Trauer leben durfte« (Katja Eichinger über die Zeit nach dem Tod ihres Mannes Bernd Eichinger), oder: »Es war ein Privileg und gleichzeitig ein Fluch, damals so jung zu sein« (Andreas Dresen über die Figuren seines Film *Als wir träumten*), könnte möglicherweise englischer Einfluss eine Rolle spielen. Dort hat *privilege* die im Deutschen nicht im Wörterbuch zu findende Bedeutung »außergewöhnlich seltene günstige Gelegenheit«.

Danke, liebe Leser. Es war ein Privileg, sich mit dem Wort *Privileg* beschäftigen zu dürfen.

ROBOTER

Wie Kraftwerk einmal sogar Adorno hereinlegten

Der Name des tschechischen Schriftstellers Karel Čapek hat schon einmal weit heller geglänzt. Sein berühmtester Roman *Der Krieg mit den Molchen* ist nur noch antiquarisch zu erwerben. Weltweit bekannt und in aller Munde ist bloß ein Wort, das er erfunden hat: *Roboter*.

2014 lief in den Kinos das Remake des Science-Fiction-Klassikers *RoboCop*, in dem ein getöteter Polizist in einen unbesiegbaren Roboter verwandelt wird. Es ist eine Anti-Utopie, genau wie Karel Čapeks Theaterstück *R. U. R. Rossum's Universal Robots*, das 1921 uraufgeführt wurde. Darin geht es um eine Firma, die künstliche Menschen herstellt, welche den echten die Arbeit abnehmen sollen: Im tschechischen Original heißen sie *roboti*, aber schon diese Fassung hatte den genannten Untertitel mit dem englischen Wort *robots*. Es kommt in dem Stück, wie es seitdem immer in solchen Science-Fiction-Werken gekommen ist – beispielsweise auch in *I, Robot* mit Will Smith aus dem Jahre 2005: Am Ende rebellieren die Roboter.

In seinem Stück bezeichnete Čapek die Maschinenmenschen mit dem neu erfundenen Wort *robot*. Das war, wie Wolfgang Pfeifer in seinem etymologischen Wörterbuch schreibt, »eine eigenwillige Bildung zu tschech. *robota* ›schwere, mühsame Arbeit, Frondienst, Knechtsarbeit, Untertanenarbeit‹«.

Ähnliche Wörter für »Arbeit« existieren in vielen slawischen Sprachen, und manchen deutschen Umgangssprachen ist das Wort *roboten* bzw. *rabotten* geläufig. Seit dem 15. Jahrhundert existierte in ostmittelhochdeutschen Dialekten auch schon *Roboter* im Sinne von »Fronarbeiter«. So heißt es etwa 1847 in dem Buch *Die Rechte und auch Pflichten der Grundherren im Lande Böhmen* von Franz Joseph Schopf: »Ein zu spät in der Arbeit ankommender oder zu früh davon abgehender Roboter hat die versäumte Arbeitsstunde an einem andern Tage nachzutragen.« Aus diesem Werk, das in Prag erschienen ist, wird ersichtlich, wie weit verbreitet *Roboter* im Gebiet des heutigen Tschechien war, wo Deutsch und Tschechisch nebeneinander gesprochen wurden. Die Fronarbeit selbst wird darin immer als *Robot* bezeichnet – wohlgemerkt: in einem deutschsprachigen Buch. In dem alten Sinne gebraucht das Wort noch Hans Fallada 1934 in seinem Roman *Wer einmal aus dem Blechnapf friss*t: »Man hielt ihn allein darum, weil er wirklich ein außergewöhnlich tüchtiger Arbeiter war, dazu noch ein Wühler, Roboter, wie er sich selbst genannt hatte.«

Als Otto Pick Čapeks Stück 1922 übersetzte, änderte er zwar den Namen der Herstellerfirma in Werstand, das Drama hieß nun *Werstands Universal Robots*. Doch die künstlichen Menschen behielten im eigentlichen Dramentext ihre slawische Bezeichnung. Pick deutschte den *robot* bloß ein, indem er das Wort um das Suffix der Nomina agentis *-er* erweiterte: Sein *Roboter* war eine Bildung, die dem Muster von *Arbeiter* usw. folgte. Aber es ist doch sehr wahrscheinlich, dass der in Prag geborene und zweisprachige Pick auch das alte Wort mit der Bedeutung »Fronarbeiter« kannte.

Wie auch immer: Der jetzt ganz neue Begriff brauchte ein paar Jahre, um sich durchzusetzen. Zwar wird in einem humoristischen Beitrag des Magazins *Der Uhu* getan, als wären Roboter bereits eine Selbstverständlichkeit. Dort heißt es: »Das war zu jener Zeit, als eine neue Art von Robotern aufkam, eine viel zu menschliche.« Doch ausgerechnet die Urahnin aller Filmroboter beweist, dass das Wort noch nicht allgemein durchgesetzt war: Die künstliche Frau, die der Erfinder Rotwang 1925 in Fritz Langs Stummfilmklassiker *Metropolis* schuf, wurde dort als *Maschinenmensch* bezeichnet.

Viel zur Popularisierung des neuen Wortes trug vermutlich der Journalist Eduard Rhein (später Gründungschefredakteur der Programmzeitschrift *Hörzu*) bei, der 1940 sein bis in die Fünfzigerjahre mehrfach neu aufgelegtes Sachbuch *Du und die Elektrizität* schrieb, in dem an zahlreichen Stellen über die künftigen Einsatzmöglichkeiten von Robotern spekuliert wurde.

Die Idee eines Maschinenmenschen geht weit hinter die Zeit von Čapek und Fritz Lang zurück. In E. T. A. Hoffmanns schauerromantischer Erzählung *Der Sandmann* aus dem Jahre 1816 gibt es eine künstliche Frau, die Olimpia heißt: eine sich lebensecht bewegende und sprechende Holzpuppe, die den Protagonisten Nathanael in den Wahnsinn treibt. Damals nannte man solche Geschöpfe aber noch *Automaten*.

Bereits in der *Ilias* ist die Rede davon, dass der Gott der Schmiedekunst Hephaistos sich künstliche Diener geschaffen hatte, Leonardo da Vinci hatte schon die Konstruktion eines einfachen Roboters skizziert, und im 18. Jahrhundert bauten der Franzose Jacques de Vaucanson und der Schweizer Uhrmacher Pierre Jacquet-Droz lebensecht wirkende mechanische Tiere und Menschen. Sie waren wohl das Vorbild für Hoffmanns Olimpia.

Von diesen Automaten, die immer Ausnahmeerscheinungen mit einer magischen Aura waren, ist der Roboter gedanklich zu unterscheiden. Denn eine neue Welt schafft neue sprachliche Bedürfnisse. Čapeks Roboter kam genau zum richtigen Zeitpunkt, um den Grusel vor der allgemeinen Mechanisierung und Normierung der Arbeit und des Lebens auszudrücken, der viele Menschen im frühen 20. Jahrhundert ergriffen hatte. Dafür war das gemütliche alte *Automat* offenbar genauso wenig geeignet wie das allzu konkrete *Maschinenmensch*. *Roboter* drückte diese Ängste am adäquatesten aus, gerade weil es so fremd klang. Hier stimmte tatsächlich einmal der Satz des israelischen Schriftstellers David Grossman über die Schriftsteller: »Wir finden Worte für Gefühle, die unklar und unaussprechlich sind.«

Typisch für die mit dem Begriff verbundene Furcht vor

der Auflösung des Ichs ist ein Beleg aus Wolfgang Koeppens Roman *Tauben im Gras* von 1951: »Die Lautsprecher, diese gefährlichen Roboter, halten auch Edwin gefangen: sein Wort wird durch ihren blechernen Mund gepresst, es wird zur Lautsprechersprache, zu dem Weltidiom, das jeder kennt und niemand versteht.« Peter Sloterdijk hat die zugrunde liegende Ideenwelt 1983 im zweiten Band seiner *Kritik der zynischen Vernunft* so beschrieben: »Das Denkschema lautet: Die Technik nimmt ›überhand‹; sie ›droht‹ den Menschen zu degradieren; sie ›will‹ uns zum Roboter machen.«

Schon ein sehr früher Beleg für *Roboter* drückt solche antimodernen Vorbehalte aus. Angesichts eines neuen Gebäudes, dessen Front als »Fensterorgie« bezeichnet wird, fühlt sich ein Journalist des *Berliner Tageblatts* am 3. April 1928 an ein »Idealheim für Roboter« erinnert.

Im politischen Meinungskampf des 20. Jahrhunderts ist *Roboter* dann zu einer Lieblingsvokabel geworden, wenn es darum ging, den jeweiligen Gegner zu entmenschlichen und als seelenlos zu brandmarken. Theodor Eschenburg schreibt 1957 in *Staat und Gesellschaft* über »kollektivistische Anschauungen, die den Einzelnen in mehr oder weniger starkem Maße zur Selbstaufgabe zwingen und ihn als Massenmenschen in ein nicht überschaubares Kollektiv einzuordnen oder gar zum Roboter zu stempeln versuchen«.

Roboter sind immer die anderen. Für Theodor W. Adorno sind es 1951 in *Minima Moralia* die Nazis. Allerdings gebraucht der gerade aus den USA nach Deutschland heimgekehrte Philosoph das englische Wort: »Wie der Faschismus selber sind die Robots lanciert zugleich und subjektlos. Wie jener vereinen sie die äußerste technische Perfektion mit vollkommener Blindheit.«

Für Robert Kurz wiederum bringt die kapitalistische Ökonomie den Robotermenschen hervor. In seinem *Schwarzbuch des Kapitalismus* beschreibt er 1991 die Entstehung des »Fordismus«: »Es war, als liefe das bis ins Mark demoralisierte Menschenmaterial geradezu gleichgültig und bereits roboterhaft kalt durch eine Feuerwand in den kommerziellen, endgültig entgeistigten Stumpfsinn des kommenden trostlosen Konsumparadieses hinein.«

Dagegen waren aus kapitalistischer Sicht die Gegner jenseits des Eisernen Vorhangs Roboter. In der *Zeit* diagnostiziert 1986 ein Autor: »Das Bild vom roboterhaften, eiskalt funktionierenden Kommunisten gehört oft genug zu den Einbildungen des Westens.« Und auch als Schlagwort innerkapitalistischer Auseinandersetzungen war *Roboter* beliebt. Als die Japaner und Koreaner ab ca. 1980 die USA und Europa wirtschaftlich herausforderten, schafften es nur wenige Analytiker, das Klischee vom maschinengleich schuftenden Asiaten zu umgehen. In einem *Zeit*-Artikel von 1987 wird die Arbeit in einer südkoreanischen Brillenfabrik beschrieben: »Dies alles geht mit fliegenden Bewegungen unglaublich schnell und roboterhaft.«

Es war die in vielerlei Hinsicht Epoche machende deutsche Elektronikband Kraftwerk, die endlich Schluss machte mit dem blöden alten Kinderspiel, bei dem verfeindete Gruppen mit dem Finger aufeinander zeigten:

»Ihr seid Roboter! Nein ihr! Nein ihr! Selber Roboter!« Die Größe und Genialität dieser Popgruppe zeigt sich nicht nur in der Musik, sondern auch darin, dass sie 1978 mit ihrem Album *Mensch-Maschine* die ganzen angstgetriebenen bürgerlichen Roboterfantasien auf den Kopf stellten.

Im Lied *Wir sind die Roboter* wird die Roboterhaftigkeit des modernen Menschen als etwas Positives angenommen. Die Austreibung der Gefühle, so legen die zugleich mechanisch und enthusiastisch gesungen Worte jener Hymne nahe, könnte ja auch befreiend sein. Adorno wäre vermutlich nicht amüsiert gewesen, wenn er das noch gehört hätte. Karel Čapek, der sehr viel Humor hatte, vielleicht schon.

EXKURS II

25 Wörter aus dem Kalten Krieg

Angela Merkel, Wladimir Putin, Michail Gorbatschow, Henry Kissinger: Seit einiger Zeit reden alle wieder vom Kalten Krieg. Aber was war das überhaupt? Eine Annäherung an ein historisches Phänomen in Schlüsselbegriffen.

Abschreckung war die Strategie, die dafür sorgte, dass der Kalte Krieg kalt blieb. Durch »guaranteed mutual destruction« (garantierte gegenseitige Zerstörung) sollte der Gegner vom Atomkrieg abgehalten werden. Dieses Prinzip, das auf Deutsch auch *Gleichgewicht des Schreckens* genannt wurde, formulierte der amerikanische Außenminister Robert McNamara 1965.

Atombusen. Im Schatten der Atombombe wurde manches, was gewaltig war, mit dem Präfix *Atom-* charakterisiert. Der *Atombusen* lässt sich paradoxerweise erstmals 1960 bei einem DDR-Schriftsteller belegen – aber natürlich gab es so etwas pervers Faszinierendes nur im Westen: »Rita Hayworth mit ihrem Atombusen Nummer eins, ich werde ihr befehlen, in die Wolga zu springen«, ließ 1960 Friedrich Wolf einen Amerikaner namens Kennedy in seinem Drama *Menetekel oder Die Fliegenden Untertassen* fiebern.

blockfrei nannten sich Staaten, die weder den Warschauer noch den Nordatlantikpakt unterzeichnet hatten und mehr oder weniger Äquidistanz zum Westen oder Osten hielten. Auf einer Konferenz im indonesischen Bandung mit 29 teilnehmenden Ländern wurde 1955 die Bewegung der blockfreien Staaten eingeleitet, im gleichen Jahr taucht *blockfrei* erstmals in deutschen Zeitungen auf – als Attribut für die Außenpolitik Jugoslawiens unter Marschall Tito. Die Idee der Blockfreiheit übte auf Intellektuelle, die den Kalten Krieg überwinden wollten, immer einen romantischen Reiz aus, obwohl zu ihren Urhebern und Fackelträgern viele Folterer, Diktatoren und Massenmörder wie die Präsidenten Nasser und Sukarno aus Ägypten und Indonesien gehörten.

Bikini. Wenn ein Franzose ein von ihm erfundenes heißes Kleidungsstück nach amerikanischen Atomversuchen benannte – dann war das Kalter Krieg. So geschehen, als 1946 der Modeschöpfer Louis Réard sich einen zweiteiligen Badeanzug patentieren ließ und ihn nach einem Atoll im Pazifik taufte, auf dem die USA gerade eine Reihe von Kernwaffentests abgehalten hatten.

Dissident war ursprünglich jemand, der keiner staatlich anerkannten Religionsgemeinschaft angehört. So wird es im Deutschen seit dem 18. Jahrhundert verwandt. Seit dem frühen 20. Jahrhundert wird es auch im politischen Sinne gebraucht. 1936 wird der französische Hygieneminister Henri Sellier in der deutschen Presse als »dissidenter Kommunist« bezeichnet. Im Kalten Krieg wurde die Bedeutung von *Dissident* schließlich auf Oppositionelle in Osteuropa eingeengt. Die Moskauer Parteizeitung *Prawda* griff die westliche Vokabel 1976 auf: »Verleumderisch sind Behauptungen, dass in der Sowjetunion ›Dissidenten‹ an spezielle psychiatrische Spitäler überwiesen werden.«

Dritte Welt. Dieser von dem französischen Ethnologen Alfred Sauvy in einem Artikel für die Zeitschrift *L'Observateur* vom 14. August 1952 etablierte Begriff war ursprünglich gleichbedeutend mit *blockfrei*. Sauvy hatte *tiers monde* in Anlehnung an den *tiers état*, den *Dritten Stand* (alle nicht dem Adel und dem Klerus Angehörigen), geprägt, der in der Revolution von 1789 seine Gleichberechtigung erkämpfte. Sauvy bezeichnete als *Dritte Welt* Staaten, die zwar die Mehrheit aller Länder bildeten, aber gegenüber den beiden großen Blöcken machtlos waren. Auf der Konferenz in der indonesischen Stadt Bandung vom 18. April 1955 übernahmen die anwesenden blockfreien 29 Länder aus Asien und Afrika diese Bezeichnung für sich. Mit dem Ende des Kalten Krieges wurde *Dritte Welt* mehr und mehr zum

Sammelbegriff für die armen »Entwicklungsländer«. Heute wird der Ausdruck von denjenigen, die einst damit bezeichnet wurden, als herabsetzend abgelehnt und kaum noch benutzt. Ein fernes Echo ist die ironische Phrase *first world problems*, mit der Luxusprobleme verspottet werden, die nur in reichen kapitalistischen Staaten auftreten.

Eindämmung ist eine Lehnübersetzung für *containment*. Gemeint war damit das Ziel des Westens, die weitere Ausbreitung des Kommunismus zu verhindern. Diese Strategie »zur Eindämmung des sowjetischen Imperialismus« hat der Diplomat George F. Kennan im Auftrag von Außenminister George C. Marschall und Präsident Harry Truman formuliert. Ihre offizielle Bekanntgabe im Juli 1947 in einem Artikel für die Zeitschrift *Foreign Affairs* markierte das Ende der Anti-Hitler-Koalition und den offiziellen Beginn des Kalten Krieges.

Eiserner Vorhang. Den Begriff *Iron Curtain* für die undurchlässige Grenze zwischen den Blöcken machte Winston Churchill bekannt, der am 5. März in einer Rede in Fulton (Missouri) sagte: »Von Stettin an der Ostsee bis nach Triest an der Adria ist ein eiserner Vorhang durch den Kontinent gegangen.« Ein Eiserner Vorhang ist eigentlich der flammenfeste Vorhang, der auf die Bühne heruntergelassen werden kann, um Theaterbrände einzudämmen. Schon 1919 schrieb Hans Vorst in seinem Buch *Das bolschewistische Russland*: »Damit senkte sich für Westeuropa aufs Neue der eiserne Vorhang über die russischen Ereignisse herab.« 1945 gebrauchte Joseph Goebbels *Eiserner Vorhang* in einem ganz ähnlichen Sinn wie Churchill. Unwahrscheinlich ist, dass der Brite die Erwähnung des Propagandaministers gekannt hat. Die Häufigkeit der Metapher ist eher ein Beleg für die Bedeutung, die das Theater damals hatte. 2014 griff Russlands Präsident Wladimir Putin auf die Sprache des Kalten Krieges zurück: »Ein Eiserner Vorhang würde uns zum Verhängnis werden.«

Eurokommunismus war ein Terminus, dessen Aufkommen das allmähliche Ende des Kalten Krieges signalisierte. Seit etwa 1975 wurde er für kommunistische Parteien in Westeuropa gebraucht, die die uneingeschränkte Führungsrolle der Sowjetunion in Frage stellten – ohne dabei, wie die maoistischen Parteien, einfach China als neues Leitbild zu propagieren. Der früheste deutschsprachige Belege stammt aus der *Zeit* vom März 1976, wo der Politiker der Democrazia Cristiana Guilio Andreotti mit der Frage zitiert wird: »Ist der Eurokommunismus eine Utopie oder schlimmer, eine Falle?« Führende Eurokommunisten waren der italienische KP-Chef Enrico Berlinguer und sein spanischer Amtskollege Santiago Carillo, der sich in einem 1977 erschienenen Buch namens *Eurokommunismus* um die Abgrenzung desselben vom *Realen Sozialismus* im Ostblock bemühte. Ein ferner Nachhall des *Eurokommunismus* ist der Begriff *Euroislam*, den Bassam Tibi 1992 in die Debatte um die Gefahr des Islamismus einführte und so definierte: »Es ist die aufgeklärte Version des Glaubens, die eine Trennung von Staat und Kirche fordert.« Also ein nicht mekkahöriger Islam.

Finnlandisierung. Damit gemeint ist, dass ein Land offiziell neutral oder blockfrei ist, in Wahrheit aber zum Machtbereich der Sowjetunion gehörte. Den Begriff hat vor allem der CSU-Politiker, Verteidigungsminister und bayerische Ministerpräsident Franz Josef Strauß häufig in polemischer Absicht benutzt. Bundeskanzler Willy Brandt sagte in einem *Spiegel*-Interview zu seiner Ostpolitik 1971: »Ich glaube, Strauß hat das mit der ›Finnlandisierung‹ vor Jahren zum ersten Mal hochgebracht.« Im Duden und bei Wikipedia wird der Politologe Richard Löwenthal als Schöpfer des Worts genannt. In der Tat benutzte der Sozialdemokrat Löwenthal den Ausdruck 1966 während einer Tagung des Londoner Institute for Strategic Studies in Wien. Der Terminus lässt sich aber schon seit etwa 1960 belegen. Im fünften Band der Zeitschrift *Moderne Welt* erklären 1964 die Autoren Otto R. Liess und Ernst Sandig in einem Artikel über »Finnlands Außenwirtschaft und Handelspolitik« eine sechs Jahre zurückliegende Krise: »Damals, am 4. Dezember 1958, zwang der Kreml die sozialdemokratische Mehrheitsregierung K. A. Fagerholm durch handelspolitische Repressalien zum Rücktritt. Man nannte dieses massive Vorgehen des Kremls ›Finnlandisierung‹.« Interessant ist in diesem Zusammenhang, dass Willy Brandt, dessen Berater in außenpolitischen Fragen Löwenthal war, ihn offenbar nicht für den Schöpfer des Wortes hält. Auch der Journalist und Vorsitzende der Deutsch-Finnischen Gesellschaft Siegfried Löffler behauptete zwar 1999 in einem Vortrag, das Wort sei bereits zu Beginn der Sechzigerjahre gebraucht worden, Löwenthal sei lediglich »der erste Wissenschaftler« gewesen, der es benutzt habe. Aber vielleicht vermischten sich in der Erinnerung des damals 81 Jahre alten Löffler auch die Wörter *Finnlandisierung* und das gleichbedeutende *Finnisierung*. Letzteres ist älter: Vor einer »finnischen Politik« Österreichs hatte bereits 1953 der damalige Wiener Außenminister Karl Gruber gewarnt. Mit Bezug auf diese Warnung wurde gelegentlich von einer drohenden *Finnisierung* Österreichs oder gar der Bundesrepublik gesprochen, bis sich dann *Finnlandisierung* durchsetzte. Der Begriff ist in viele Sprachen eingegangen, in der Form *Finlandization* lässt er sich 1969 erstmals im Englischen belegen. Ungefähr zur gleichen Zeit wird er als *Suomettuminen* ins Finnische übersetzt und für die russlandfreundliche Neutralitätspolitik von Urho Kekkonen gebraucht, der von den Fünfzigerjahren bis 1981 zunächst Minsterpräsident, dann Staatspräsident war. Die Finnen wehren sich allerdings gegen die mit dem Wort verbundene Unterstellung, sie seien quasi Heloten der Sowjetunion gewesen, und verteidigen Suomettuminen als Realpolitik. Als Urheber der mit dem Ausdruck *Finnlandisierung* verbundenen Polemik werden in der finnischen Wikipedia Strauß und die Springer-Presse genannt. Kritischer sieht eine Intellektuelle der jüngeren Generation die Suomettuminen. 2014 warnte die junge finnische Schriftstellerin Sofi Oksanen vor einer Finnlandisierung der Ukraine: »Bei der Finnlandisierung ging es um reine Schaufensterpolitik für die Sowjetunion. In Wahrheit hat Moskau sogar kontrolliert, was in Finnland in Schulbüchern über die Sowjetunion geschrieben wurde. Ich bin Teil der Generation, die letztlich durch die Finnlandisierung betrogen und hinters Licht geführt wurde.«

Gulag war ursprünglich die Abkürzung für die Lagerhauptverwaltung, die im sowjetischen Innenministerium die zahlreichen Straflager verwaltete. Weltbekannt wurde das Wort durch den zwischen 1958 und 1967 geschriebenen, 1974 erstmals veröffentlichten Roman des russischen Nobelpreisträgers Alexander Solschenizyn *Der Archipel Gulag*. Darin beschreibt Solschenizyn die Lager als ein Paralleluniversum, das die ganze UDSSR prägt. Der *Gulag* wird schließlich zum Synonym für das Lagersystem und für die Herrschaftsweise der Kommunisten. In seiner *Kritik der zynischen Vernunft* schreibt Peter Sloterdijk 1983: »Seit den technischen Gräueln des 20. Jahrhunderts von Verdun bis zum Gulag, von Auschwitz bis Hiroshima spricht die Erfahrung allen Optimismen Hohn.«

Kalter Krieg nannte man die seit Ende der Vierzigerjahre die Weltpolitik bestimmende Konfrontation zwischen den Blöcken des um die USA zentrierten kapitalistischen Westens und des von der Sowjetunion geführten kommunistischen Ostens (zu dem auch das tief im Westen gelegene Kuba gehörte), bei der weitgehend direkte militärische Auseinandersetzungen vermieden wurden. Die Metapher *cold war* wurde im Juni 1947 vom amerikanischen Präsidentenberater Bernard M. Baruch in einer Rede benutzt. Global populär gemacht hat den Begriff jedoch der Autor Walter Lippmann mit seinem im Herbst desselben Jahres erschienenen Buch *The Cold War*. Dieter Felbick schreibt in *Schlagwörter der Nachkriegszeit*: »Bis 1949 wird das Schlagwort nur vom Westen gebraucht, der es mit einem Schuldvorwurf an den Osten verbindet.«

Koexistenz. Die friedliche Koexistenz zweier unterschiedlicher Gesellschaftssysteme wurde 1956 vom sowjetischen Parteichef Chruschtschow als politische Maxime verkündet: »Der leninsche Grundsatz von der friedlichen Koexistenz zwischen Staaten mit verschiedenartiger sozialer Struktur war und bleibt Generallinie in der Außenpolitik unseres Landes.« Als »leninsch« konnte Chruschtschow das Prinzip bezeichnen, weil bereits 1922 Lenins Kommissar für Auswärtige Angelegenheiten, Georgi Wassiljewitsch Tschitscherin, auf der Konferenz von Genua eingeräumt hatte, es bestünde »die Möglichkeit einer parallelen Koexistenz zwischen der alten und der entstehenden neuen Ordnung«.

Kreml-Astrologie war im Kalten Krieg ein wichtiger Zweig des Expertenwesens, betrieben von Leuten, deren Schlüsselkompetenz darin bestand, die undurchsichtige sowjetische Politik und vermeintliche Machtverschiebungen hinter den Mauern des Kreml besser zu verstehen als andere. 1961 schrieb die *Zeit* über deutsche Versuche, Frankreichs enigmatischen Präsidenten Charles de Gaulle zu durchschauen: »Wieder, wie zur Zeit des Algerien-Krieges, da man wusste, der General werde ›etwas tun‹, nur nicht, was, treiben die Sachverständigen ›Élysée-Astrologie‹ – analog der ›Kreml-Astrologie‹.« Besonders qualifiziert für Kreml-Astrologie waren ehemalige Kommunisten wie Wolfgang Leonhard. Der *Spiegel* schrieb 1962 über ihn: »Der Mangel an marxistisch versierten Zeitungsleuten ließ den Ex-Komsomolzen, der schließlich eine Sekretärin des Tanker-Griechen Onassis ehelichte, schnell in die Rolle eines rheinischen Kreml-Astrologen aufsteigen (Leonhard: ›Ich bin Sowjetologe‹).« Der Kreml-Astrologe war in mancherlei Hinsicht ein Vorläufer des heutigen Putin-Verstehers, aber weniger von Sympathie für seinen Forschungsgegenstand getragen als dieser.

Mauer nannte man ursprünglich nur eine Grenzbefestigung, die vom 13. August 1961 an von der DDR um West-Berlin herum errichtet wurde, um Republikflüchtlinge daran zu hindern, die Ostzone zu verlassen. Dann wurde die Bezeichnung auf die gesamte innerdeutsche Grenze übertragen, die jedoch selten nur durch eine

Mauer gesichert war, sondern durch einen breiten Todesstreifen mit zahlreichen Hindernissen, darunter die besonders perfiden Selbstschussanlagen und kegelförmigen Splitterminen, die erst 1983 demontiert wurden, als Erich Honecker um internationale Anerkennung der DDR rang. Den Begriff *Mauer* hat der DDR-Staatsratsvorsitzende Walter Ulbricht verbreitet, bevor es das Bauwerk überhaupt gab, als er im Juni 1961 sagte: »Niemand hat die Absicht, eine Mauer zu errichten.«

moskauhörig wurden Kommunisten genannt, die – im Gegensatz etwa zum Jugoslawen Tito – besonders parteifromm alles exekutierten, was im Kreml beschlossen wurde. Als *moskauhörig* wurden schon 1932 die deutschen Kommunisten in der von Fritz Gerlich herausgegebenen Münchner Zeitung *Der gerade Weg* bezeichnet, einem katholischen Kampfblatt gegen den Nationalsozialismus. Vereinzelt taucht der Begriff in deutschsprachigen Zeitungen der Dreißigerjahre auf, er gehörte allerdings kaum zum Kernwortschatz der NS-Sprache. Karriere machte das Wort im Kalten Krieg. 1949 lässt es sich erstmals in der *Zeit* belegen – ironischerweise mit Bezug auf die chinesische KP, die sich später von Moskau lossagte. Seit den Siebzigerjahren wurde der Terminus gebraucht, um moskauhörige Kommunisten von Eurokommunisten zu unterscheiden. Seltsamerweise hat der Ausdruck in den letzten Jahren kein großes Comeback erlebt, obwohl Moskauhörigkeit bei Rechten und Linken seit einiger Zeit geradezu epidemisch auftritt.

Overkill. Das seit 1946 im Englischen belegte Wort bezeichnete die Fähigkeit, Bevölkerung und Infrastruktur des Gegners mit Atomwaffen mehrfach zu vernichten. In Deutschland ist es seit den Fünfzigerjahren nachweisbar. Die *Zeit* schrieb 1959: »Für all das, was jenseits einer strategisch notwendigen Vergeltungskraft liegt, hat das Pentagon die lapidare Formel vom ›overkill‹, vom ›Übertod‹ gefunden.« Diese Bedeutung war den Medien, die zuletzt oft von einem »Helene-Fischer-Overkill« schrieben, sicher nicht mehr geläufig.

Pankow ist ein Bezirk in Ost-Berlin, in dem die Führungsspitze der DDR wohnte. Vor allem in den Fünfzigerjahren in Westdeutschland metonymisch für die DDR-Regierung gebraucht, ähnlich wie *Bonn* für die Bundesrepublik. So heißt es etwa 1956 in einem Bericht über den Besuch des indischen Präsidenten Nehru in Westdeutschland: »Auf die Frage, ob Indien Pankow anerkennen werde, antwortete Nehru, dass derzeit mit Pankow keine diplomatischen Beziehungen, sondern nur einige Handelskontakte bestünden.« Bundeskanzler Konrad Adenauer sprach *Pankow* notorisch »Pankoff« aus.

Pakt. Ein etwas altertümliches Wort für *Vertrag*. Im Kalten Krieg war die Welt durch zwei Pakte geteilt: den *Warschauer Pakt*, in dem die Staaten des Ostblocks sich 1955 in der Hauptstadt Polens zusammengeschlossen hatten (der offizielle kommunistische Name war *Warschauer*

Vertragsorganisation), und die 1949 gegründete *Nato* (North Atlantic Treaty Organisation), die auf Deutsch oft *Nordatlantikpakt* genannt wurde. Heute kann man einen Pakt eigentlich nur noch mit dem Teufel abschließen. Wenn das Wort für andere Verträge benutzt wird, steckt meistens die Absicht dahinter, die Vertragspartner zu satanisieren. Die *Zeit* schrieb in den Neunzigern etwa von einem *Pakt Bertelsmann / Kirch / Telekom* und von einem *Pakt*, den Bill Gates – damals der Gottseibeiuns der Computerbranche – gegen seine Konkurrenten Sun und Netscape einfädelte.

Rollback. Bezeichnung für das strategische Ziel des Westens, den Einfluss des Kommunismus einzudämmen oder den Kommunismus gleich ganz wieder zu beseitigen. Die Strategie wurde schon Ende der Vierzigerjahre formuliert von konservativen Vordenkern wie James Burnham und Ende der Fünfzigerjahre von Außenminister John Foster Dulles popularisiert. Seitdem lässt sich das Wort auch im Deutschen belegen. Das Rollback scheiterte in Korea, Kuba und Vietnam. Erfolge in den Achtzigerjahren in Afghanistan führten zum Ende des Warschauer Pakts und des Kalten Krieges. Heute wird *Rollback* als politische Metapher meist nur noch von linken Propagandisten gebraucht, denen vor einem neoliberalen, konservativen oder patriarchalischen Rollback graust.

Rotes Telefon. So wurde in der populären Kultur nach dem englischen Vorbild *Red Telephone* die direkte Telefonverbindung zwischen den Führern der USA und der UDSSR bezeichnet, die 1963, nach der Kubakrise, eingerichtet wurde, um sicherzustellen, dass der Dritte Weltkrieg nicht aus Versehen ausbricht. Im *Dr. Seltsam*-Film kann allerdings auch so ein Telefonat die Welt nicht mehr retten. Offiziell hieß die Verbindung *Washington – Moscow Direct Communications Link*. In Deutschland war sie auch als der *Heiße Draht* bekannt.

Spätkapitalismus war ein von Kommunisten gerne benutzter Begriff, mit dem die hartnäckige Fortexistenz der Marktwirtschaft erklärt wurde. Man wollte damit andeuten: Es gibt sie zwar noch, aber sie zeigt alle Zeichen des Verfalls und ist reif für die Revolution. Angesichts der Tatsache, dass der Begriff *Spätkapitalismus* schon 1902 vom Soziologen Werner Sombart zur Abgrenzung von *Frühkapitalismus* und *Hochkapitalismus* als Beschreibung damals gegenwärtiger Zustände eingeführt wurde, erfreut sich der Kapitalismus nun schon eines erstaunlich langen und munteren Greisendaseins. Die akademische Linke der Sechzigerjahre kannte das Wort *Spätkapitalismus* meist nicht aus Sombarts Grundlagenwerk *Der moderne Kapitalismus*, sondern aus der 1944 verfassten *Dialektik der Aufklärung* von Max Horkheimer und Theodor W. Adorno, wo es heißt: »Amusement ist die Verlängerung der Arbeit unterm Spätkapitalismus.«

Tauwetter nannte man die kurze Periode politischer und kultureller Lockerung in der Sowjetunion nach dem

Tode Josef Stalins 1953. Den Namen verdankt diese Epoche dem gleichnamigen Roman des Schriftstellers Ilja Ehrenburg, der 1954 erschien und genau wie Alexander Solschenizyns Gulag-Buch *Ein Tag im Leben des Iwan Denissowitsch* zu Lebzeiten Stalins nie hätte erscheinen können. Die Tauwetter-Periode endete spätestens mit der Absetzung des KP-Generalsekretärs Nikita Chruschtschow 1963. Von *Tauwetter* spricht man heute noch, wenn sich die Beziehungen zwischen verfeindeten Staaten normalisieren. Im Jahre 2015 war etwa die Rede vom *Tauwetter* zwischen den USA und Kuba, als diese nach Jahrzehnten wieder diplomatische Beziehungen aufnahmen. Auch orakelte man vom *Tauwetter* zwischen dem Westen und dem Iran, als dieser im Juli desselben Jahres einen Vertrag unterzeichnete, der verhindern soll, dass der Gottesstaat am persischen Golf Atomwaffen bekommt.

U2. Bevor es Spionagesatelliten gab, setzten die USA seit 1956 sehr hoch fliegende Aufklärungsflugzeuge der Firma Lockheed ein, um den Ostblock mit hochauflösenden Kameras auszuspähen. Die Typenbezeichnung war *U2*. Zweimal standen U2-Flugzeuge im Brennpunkt der Kalten Krieges: erstmals, als es der sowjetischen Abwehr 1960 gelang, eine wegen Triebwerksschäden sehr tief fliegende Maschine über dem Ural abzuschießen und den Piloten Gary Powers gefangen zu nehmen. Zum zweiten Mal, als U2-Flugzeuge 1962 Abschussrampen russischer Mittelstreckenraketen auf Kuba fotografierten. Das löste die Kuba-Krise aus – nie war der Kalte Krieg näher daran, heiß zu werden.

Zone. Ursprünglich ein Kurzwort für jede der vier Besatzungszonen der Alliierten, in die Deutschland 1945 aufgeteilt wurde. Die sogenannte *Bizone*, in der am 1. Januar 1947 die britische und die amerikanische Zone zusammengeschlossen wurden, gilt als Keimzelle der späteren Bundesrepublik Deutschland. Im März 1948 kam die französische Besatzungszone dazu, dadurch entstand die *Trizone*, deren Existenz im Karnevalslied *Wir sind die Eingeborenen von Trizonesien* gefeiert wurde. Übrig blieb die *Sowjetische Besatzungszone (SBZ)*. So wurde die DDR bis ca. 1970 in westdeutschen Schulbüchern genannt. In der Umgangssprache hieß sie eher *Ostzone*, woraus sich dann die Kurzform *Zone* entwickelte: »Sie kam vor zwei Jahren aus der Zone«, lässt Max von der Grün 1963 den Bergmann Jürgen Fohrmann im Roman *Irrlicht und Feuer* über eine Bekannte sagen. Legendär ist die Zonen-Gabi mit ihrer »ersten Banane« vom Titelbild der Satirezeitschrift *Titanic* im November 1989. Das Wort *Zoni* für die Bewohner der DDR lässt sich erst seit Ende der Achtzigerjahre nachweisen, beispielsweise in Dieter E. Zimmers Roman *Mädchen vom Alex* 1989: »Ein Zoni als blinder Passagier auf einem Schiff, das in ein Nato-Land fuhr!«

ROCKER

Born to be Denglisch:
Warum Deutschland diesen Begriff exklusiv hat

Ein ahnungsloser Amerikaner könnte beim Lesen deutscher Zeitungen auf die Idee kommen, eines der größten Probleme unseres Landes wären Schaukelstühle. Gegen zehn Schaukelstühle wurde 2014 in Berlin ein Prozess geführt, weil diese verdächtig waren, das Mitglied einer konkurrierenden Schaukelstuhlbande ermordet zu haben. Dem Ex-Kanzler Gerhard Schröder wird immer wieder vorgehalten, er unterhalte ein enges Verhältnis mit dem berüchtigten Schaukelstuhl-Boss Frank Hanebuth. Und in Berlin liefert seit Jahren ein Schaukelstuhlkrieg zwischen den verfeindeten Schaukelstuhl-Banden Hells Angels, Bandidos und Mongols der Boulevardpresse gruselige Schlagzeilen.

Solche Missverständnisse provoziert das Wort *Rocker*. Im Englischen ist *rocke*r, laut Definition des Merriam-Webster-Wörterbuchs einerseits ein Stück Holz oder Metall, auf dem eine Wiege oder ein ähnliches Möbelstück hin- und herschwingt. Im Deutschen gibt es dafür offenbar kein so spezifisches Wort, man spricht von *gebogenen Kufen*. Darüber hinaus heißt *rocker*, Merriam-Webster zufolge: »Any of various objects that rock on rockers« – als Beispiel wird ein Schaukelstuhl genannt.

Im Englischen kann *rocker* andererseits auch einen Mann bezeichnen, der Rockmusik macht und hört, oder einen Rocksong. Das weiß man spätestens, seitdem unter anderem Judas Priest, AC / DC, Bruce Springsteen und – als Allererste schon 1973 – Thin Lizzy Lieder gesungen haben, die *I'm a Rocker* heißen.

Die Bedeutung »Mitglied einer kriminellen Motorradfahrerbande« hat *Rocker* ausschließlich im Deutschen. Auf Englisch heißen solche Männer *biker*, ihre Banden *biker gangs* oder *motorcycle clubs*. Die Franzosen nennen sie *motards*.

Die deutsche Sonderbedeutung hat sich in den Sechzigerjahren entwickelt. Zunächst war ein *Rocker* einfach nur ein Jugendlicher, der Rock 'n' Roll hörte und sich entsprechend kleidete. Spätestens seit 1956 gibt es das Wort in Deutschland, schreibt Lorelies Ortner in ihrem *Wörterbuch der Rock- und Popmusik*.

Jene Jugendkultur wurde auch in England so bezeichnet – wenn man ihre Vertreter nicht *teddyboys* nannte. Wer den Film *Quadrophenia* gesehen hat, weiß, dass es im Großbritannien der Sechzigerjahre zu regelrechten rituellen Straßenschlachten zwischen *Rockern* und *Mods* kam. Bezeichnenderweise ist die Bedeutung »teddyboy« in einem amerikanischen Wörterbuch wie dem Merriam-Webster überhaupt nicht notiert. Es war eben ein sehr britisches Phänomen. Andererseits steht dieser *Rocker*, der sich mit den *Mods* prügelt, auch nicht im auf britisches Englisch konzentrierten großen Muret-Sanders von 1974.

Die frühen Rocker in Deutschland traten ähnlich auf wie die Briten, waren aber keine hundertprozentige Kopie des englischen Originals. Sie stammten häufig aus dem proletarischen und subproletarischen Milieu und grenzten sich scharf von Gymnasiasten und Studenten ab, die eher Jazz hörten und denen man unterstellte, an der von Jean-Paul Sartre begründeten Modephilosophie des Existenzialismus interessiert zu sein. Überliefert ist der Spruch: »Lieber blöd und Rocker sein als ein dummes Exi-Schwein.« Im frühesten Beleg, den Broder Carstensen in seinen grundlegenden *Anglizismen-Wörterbuch* verzeichnet, spielt dieser Gegensatz noch eine Rolle. Eine Überschrift in der *Welt* vom 28. September 1963 lautete: »Rocker gegen Jazzer«. Es ging um eine Bande, die Flensburg terrorisierte.

Irgendwann in den Sechzigerjahren scheint sich die Bedeutung von *Rocker* dann unter dem Einfluss amerikanischer Vorbilder wie der Hells Angels allerdings verschoben zu haben. Während die Rocker der Frühzeit eher Halbstarke mit Elvis-Tolle waren, haben sie sich 1968/69 dem Look der neuen Zeit angepasst. In der *Mittelbayerischen Zeitung* werden sie so beschrieben: »Die jungen Burschen tragen lange Mähnen, Rollkragenpullis und Lederjacken, und wo sie mit ihren Mopeds und Motorrädern auftauchen, suchen ängstliche Bürger das Weite.« Das Motorrad ist mittlerweile ein absolut notwendiges Accessoire. In der *Woche* heißt es ebenfalls 1968 über die Regensburger Rocker-Szene: »Zu den Rockern in der Kongo-Bar gesellen sich nur die mit den schweren Maschinen. Wer sich nur ein Moped leisten kann, ist ein ›Gringo‹ und wird nicht für voll genommen.«

Doch immer noch rekrutieren sich Rocker eher aus den unterprivilegierten Schichten: »Von den hanseatischen Rockern sind nach Schätzungen der Hamburger Polizei etwa 20 Prozent Hilfsschüler«, und »unter 745 erfassten Minderjährigen (ca. 95 Prozent der Hamburger Rockers, darunter 57 Mädchen) findet sich kein einziger, der nicht in seinem Leben stark benachteiligt worden wäre«, heißt es Ende der Sechzigerjahre wieder in der *Mittelbayerischen Zeitung*.

Kein Wunder also, dass die Rocker von den Linken der Zeit als Objekte der Agitation und der Sozialarbeit entdeckt wurden. Man hielt den Rocker für einen natürlichen Verbündeten im Kampf gegen das Establishment. Ein 1971 erschienenes Buch über *Sozialistische Projektarbeit im Berliner Schülerladen Rote Freiheit* nennt als eine der »Spielszenen, über deren Inhalt wir hofften, leichter mit den Kindern ins Gespräch zu kommen«, das Improvisationstheaterstückchen *Rocker gegen Polizei*. In dem Buch *Fabrikbewohner* über eine Kommune, das der Journalist Rolf-Ulrich Kaiser (der später eine gewichtige Rolle bei der Propagierung des sogenannten *Krautrocks* spielte) schrieb, heißt es: »Die im Frühjahr 1968 entstandene Projektgruppe ›Märkisches Viertel‹, eine der Berliner Basisgruppen, hat versucht, mit den Rockern dieses Gebiets zusammenzuarbeiten.« Buchtitel wie *Rocker. Stief-*

kinder unserer Gesellschaft aus dem Jahre 1971 bringen die Romantisierung auf den Punkt. Es gab 1970 sogar einen Rockerpastor.

Die ganze Ambivalenz der Einstellung zu den Rockern besingt erstaunlich differenziert Udo Lindenberg im Lied *Ich bin Rocker* aus dem Jahre 1976: »Ich bin Rocker, ich bin Rocker, doch ich hätt' noch viel mehr Spaß dabei, wenn's unter uns nicht immer wieder so 'n paar Ochsen gäb', immer geil auf 'ne Schlägerei. Manchen Rentner haben sie ausgenockt und ihm die Kohle abgenommen, und jede Menge alte Frauen sind auch schon voll auf den Horror gekommen.«

In den Achtziger- und Neunzigerjahren kamen dann die Rocker allmählich aus der Mode. Broder Carstensen schreibt 1996 in seinem *Anglizismen-Wörterbuch*, die Bedeutung »Angehöriger einer lose organisierten Bande von meist männlichen Jugendlichen, die häufig zu Aggression und Gewalt neigen und für die schwarze Lederkleidung und schwere Motorräder charakteristische Statussymbole sind«, sei »veraltend«.

Ich selbst nahm im Jahre 2000 bei einem Besuch in Kanada staunend zur Kenntnis, dass in diesem Land Rocker noch sehr präsent in Filmen, Medien und auf der Straße waren. Zur selben Zeit hörte und las man allerdings auch in Europa regelmäßig von gewalttätigen Auseinandersetzungen zwischen Hells Angels und den rivalisierenden Bandidos, die damals allerdings fast nur in Skandinavien stattfanden.

Es waren Vorboten jener Renaissance des Rockertums

als einer Spielart des internationalen organisierten Verbrechens, der wir verdanken, dass *Rocker* jetzt wieder ein allgegenwärtiges Schlagzeilenwort geworden ist. Die Rocker sind darin der Mafia vergleichbar, indem sie eine naive Form proletarischen Sozialrebellentums imitieren. Doch das ganze Lederjacken- und Motorradgetue ist heute nur noch folkloristische Maskerade eines knallharten Gangstergeschäfts.

Dieser kriminelle Karneval kann für die Verkleideten genauso tödlich werden wie die Machete oder Pistole eines Konkurrenten: Im Berliner Chapter – so nennen sich lokale Abteilungen von Rockerclubs – des Mongols MC, der von arabischstämmigen Männern dominiert wurde, war nur ein einziges Mitglied so traditionsbewusst, den Motorradführerschein zu machen. Zwei Wochen nach der Prüfung starb der Mann bei einem Unfall mit seiner neuen Maschine.

SALE

Ein nützlicher kleiner Proll-Anglizismus

Jedes Jahr im Januar wählt eine Jury aus politisch eher links angesiedelten Sprachwissenschaftlern den Anglizismus des Jahres. Die Wahl ist der Versuch, dem patriotischen Gejammer über eine angebliche Zerstörung der deutschen Sprache durch wahllos und massenhaft übernommene englische Wörter etwas entgegenzusetzen. Einige der Wörter, die die Linguisten als lobenswerte Bereicherung des Deutschen auszeichneten, sind auch in diesem Buch vertreten: So der *Shitstorm*, der 2011 gewählt wurde, und die Nachsilbe *-gate*, die 2013 gewann. Verglichen mit diesen beiden populären Lehnwörtern war der Anglizismus des Jahre 2014 ein ausgesprochenes Elfenbeinturmwort: *Blackfacing* kannte kaum jemand, der nicht die Debatten über Rassismus im Theaterbetrieb zur Kenntnis genommen hatte. Mit dem Wort wird in Amerika die Praxis bezeichnet, dass weiße Schauspieler sich das Gesicht schwarz schminken, um dann beispielsweise Shakespeares Othello zu spielen. In den USA ist das schon lange verpönt. Seit ein paar Jahren protestieren afrodeutsche Aktivisten dagegen auch in Deutschland.

Man sieht an den genannten Beispielen: Genau wie die Medien interessieren sich auch die Wissenschaftler mehr für solche hippen Vokabeln aus Mode, Internet und Politik als für die Prollanglizismen, die den Alltag der nichtlesenden Plebs prägen: Wörter wie *Gamer*, *Wellness*, *Spoiler* (im guten alten Sinne von »hässliches Plastikgeschwür am Auto«), *Basecap* (bekanntlich eine deutsche Schöpfung, die im Englischen gar nicht existiert) oder der in den Geschäften und bei den Internetversandhäusern allgegenwärtige *Sale*.

Der *Sale* hat in dem guten Dutzend Jahren, in denen er sich explosionsartig im deutschen Sprachraum ausgebreitet hat, so viel Hass auf sich gezogen wie kaum ein anderes Fremdwort (außer vielleicht *Event*). 2004 klagte eine Leserbriefschreiberin der *Zeit*: »Schon lange hat der deutsche Einzelhandel mit Schildern wie Sale den Ausverkauf der deutschen Sprache eingeleitet.« Und 2006 erregte sich eine andere Leserin: »In einem Supermarkt unserer Gegend (viel ältere Landbevölkerung!) hängen seit Wochen in der Textilabteilung zahlreiche Schilder ›SALE‹, ohne irgendwelche Erklärung!«

2008 gab es in Nürnberg sogar eine von der Senioreninitiative Nürnberg betriebene Unterschriftensammlung gegen das verabscheute Wort, bei der immerhin 4000 Unterstützer zusammenkamen.

Von einer derart epidemischen Ausbreitung war nichts zu ahnen, als Auslandskorrespondenten die hiesige Leserschaft mit dem Ausdruck bekannt machten. Im Englischen existiert er seit dem 11. Jahrhundert in der breiten

Bedeutung »Verkauf« und ist seit 1866 in der verengten Bedeutung »vorübergehende Verkaufsaktion mit gesenkten Preisen« belegt. Der älteste deutsche Beleg für *Sale* als allein stehendes Substantiv (also nicht in Verbindungen wie *for sale* oder *garage sale*) stammt aus dem *Spiegel* vom 17. Juni 1985. Er bezog sich auf Südafrika, und der Autor hielt es für nötig, das Wort zu übersetzen: »An den Schaufenstern vieler Boutiquen in den Johannesburger Nobelvororten prangen neuerdings ständig Plakate mit der Aufschrift ›Sale‹, Ausverkauf.«

Ein anderer Frühbeleg aus den *Salzburger Nachrichten* vom 7. Dezember 1993 schildert eine Szene in London: »Von den 102 Geschäften in der Regent Street haben 19 überhaupt vor der Weihnachtssaison zugemacht, weil sie die sündteuren Mieten nicht mehr zahlen konnten und die Einnahmen ausgeblieben sind. Mitten in der Saison hat die Hälfte der Shops ›Sale‹ ausgeschrieben und senkt die Preise manchmal sogar auf die Hälfte.«

Die Karriere von *Sale* in der deutschen Sprache beginnt erst so richtig mit dem Inkrafttreten der Reform des Gesetzes gegen den unlauteren Wettbewerb am 3. Juli 2004. Seitdem dürfen Schlussverkäufe nach Belieben durchgeführt werden und sind nicht auf Saisonwaren beschränkt. Davor waren Sommer- und Winterschlussverkauf nur zu ganz bestimmten gesetzlich reglementierten Zeiten erlaubt. Besonders streng wurde das Gesetz aber damals schon seit einiger Zeit nicht mehr angewandt. Bereits 2002 hatte ein Autor der *Zeit* registriert: »Rabattgesetz und Zugabeverordnung sind de facto längst abgeschafft. Leuchtende ›Reduziert‹ – und ›Sale‹-Schilder sind allgegenwärtig, Aktionen à la ›zwei Paar Schuhe zum Preis von einem‹ normal, Sonderrabatte auch.«

Nach dem Ende des klassischen bürokratisch reglementierten Schlussverkaufs benötigte man offenbar ein neues Wort. Denn ein Sale kann jederzeit stattfinden. Ein Händler kann einen Sale veranstalten, wann immer es ihm geraten scheint, das Geschäft durch Preissenkungen anzukurbeln. Gerade Internetversandhäuser wie H&M oder Johnnie Boden werben ständig mit Sales, ohne dass sie dabei irgendein bestimmtes Datum als Anlass brauchen.

Ein Sale ist kein Ausverkauf. Denn *Ausverkauf* deutet doch an, dass es überflüssige Ware gibt, die man loswerden möchte. Sei es, weil man die Nachfrage überschätzt hat. Sei es, weil das Geschäft dichtgemacht wird. Oder sei es, weil man Saisonware aus dem Lager räumen möchte. Ein Sale braucht all diese Anlässe nicht – wie am sinnfälligsten der Midseason Sale deutlich macht –, sein einziger Anlass ist das Bedürfnis, ein bisschen Rummel zu machen.

Der *Sale* hat sich also nicht nur in der Sprache breit gemacht, weil er prägnanter und zeitgeistiger klingt als die angestaubten Bürokratenwörter *Schlussverkauf* und *Ausverkauf*. Sondern er deckt offenbar ein semantisches Gebiet ab, das vorher brachlag. Er schließt eine Benennungslücke. Der vermeintlich überflüssige Anglizismus ist also ein geradezu schulbuchmäßiges Beispiel dafür, dass sich auf Dauer nur Fremdwörter durchsetzen, die wirklich benötigt werden. Wir werden den *Sale* nicht so schnell wieder loswerden.

Sollte der *Sale* eines Tages doch noch wieder aus der deutschen Sprache verschwinden, dann wohl weniger, weil ihn ein anderes Wort verdrängt, sondern weil ihn das Prozentzeichen überflüssig gemacht hat. Das % hat sich bereits seit einiger Zeit als ein Bildzeichen für Preissenkungen etabliert, das mittlerweile fast jeder versteht – auch Leute, die keine Ahnung von Prozentrechnung haben –, so wie jeder das Bild einer Diskette als Symbol für »speichern« begreift oder das Bild einer Schallplatte mit »Musik« verbindet.

Der Erfolg dieses Piktogramms ist eigentlich noch viel interessanter als der von *Sale*, aber seine Geschichte lässt sich viel schwerer erzählen, weil es für Bilder keine Archive und Korpora gibt, in denen man ähnlich einfach suchen kann wie in den großen Belegsammlungen zur Sprache.

SÄUBERUNG

Hitler und Stalin wuschen nicht nur sauber,
sondern rein

Es war – wir gebrauchen die verdächtige Formulierung hier mal ganz bewusst – ein innerer Reichsparteitag für AfD-Kritiker. Hans-Olaf Henkel, einer der Mitbegründer der Partei, rief im Frühjahr 2015 zum Kampf gegen Rechte in der Alternative für Deutschland auf und benutzte dabei ausgerechnet ein Wort mit faschistoidem Beigeschmack: »Wir müssen die Partei von diesen Elementen säubern«, sagte Henkel.

Das Verb *säubern* löste bei vielen Beißreflexe aus. Fast alle Kommentare in sozialen Netzwerken argwöhnten, Henkel habe einen Ausdruck aus dem *Wörterbuch des Unmenschen* benutzt. So hieß ein 1957 erschienenes Buch über Schlüsselwörter der Nazizeit von Dolf Sternberger, Gerhard Storz und Wilhelm Süskind. Der Titel wurde zum Synonym für die NS-Sprache schlechthin.

Doch gemeinhin verbindet man das Verb *säubern* und noch mehr das Nomen *Säuberung* vor allem mit dem »großen Terror« Stalins. In den Jahren 1937 und 1938 ließ der sowjetische Diktator eineinhalb Millionen Menschen verhaften, von denen später 700 000 hingerichtet wurden. Diese Ausrottungswelle wurde von der Propaganda als *tschistka* (»Säuberung«) bezeichnet und richtete sich gegen unliebsame Elemente innerhalb der Kommunistischen Partei, die meist beschuldigt wurden, Anhänger von Leo Trotzki zu sein. Umgebracht wurden aber auch ein Großteil der Führungsspitze der Roten Armee und politische Gegner.

Der Begriff *Säuberung* war im Wortschatz der Kommunistischen Internationale schon länger verankert. Bereits im August 1920 verpflichteten sich die in diesem übernationalen Verbund zusammengeschlossenen Parteien, regelmäßig Säuberungen (im russischen Originaldokument steht der Plural *tschistki*) vorzunehmen, um kleinbürgerliche Elemente zu entfernen. Das war Punkt 13 der »21 Bedingungen der Aufnahme in die Kommunistische Internationale«, die Lenin selbst formuliert hatte. Allerdings wird in der Resolution deutlich gemacht, dass mit *Säuberungen* (noch) keine Gewaltaktionen gemeint sind, sondern Neuregistrierungen. Gesäubert werden sollte also nur die Mitgliederkartei der Partei, ähnlich, wie es wohl Henkel vorschwebte.

Lenin betrachte die Bolschewiki als eine Art säkularen Orden, und sehr wahrscheinlich hat er sich auch bei der *Säuberung* von religiösem Gedankengut inspirieren lassen. Im Christentum gilt Reinheit traditionell als erstrebenswertes Ziel. Die Sekte der Katharer (auf die unsere Wort *Ketzer* zurückgeht) nannte sich selbst »die Reinen«, und der Höllenglut traute man zu, denjenigen von allen Sünden zu reinigen, der genügend Zeit darin verbracht hatte – diese Idee steckt im deutschen Wort *Fegefeuer*. Das Wort *vegen* hatte im Mittelhochdeutschen noch einen weiteren Sinn und war keineswegs auf die Reinigung mit dem Besen beschränkt. Es lag also nahe, das lateinische *ignis purgatorius* mit *vegeviur* zu übersetzen.

Das *Purgatorium* leitet sich vom lateinischen Verb *purgare* (»reinigen«) her, aus dem unter anderem das englische *purge* und das französische *purger* hervorgegangen sind. Mit *purge* wird im Englischen meist die Stelle in der Komintern-Resolution von 1920 übersetzt, an der Lenin regelmäßige Säuberungen fordert.

Obwohl Lenin und Stalin linguistische Vorreiter waren, steht *säubern* dennoch nicht zu Unrecht unter Nazi-Verdacht. Allerdings wurde es in der NS-Zeit kaum im Zusammenhang mit der Partei selbst gebraucht. Massenhafte Ermordungen von NSDAP-Mitgliedern aufgrund von Machtkämpfen gab es nur einmal, im Juni 1934 als Abwehrmaßnahme gegen den angeblich drohenden Röhm-Putsch. Damals ließ Hitler durch Himmlers SS die gesamte Führungsspitze der SA ermorden, darunter auch ihren Chef Ernst Röhm.

Das, was bei diesem als »Nacht der langen Messer« bezeichneten Massenmord passierte, wurde in der NS-Propaganda gelegentlich *säubern* genannt. So hieß es in Presseberichten über den Reichsparteitag in Nürnberg, der am 5. September 1934 begann, »es werde die Aufgabe des kommenden Jahres sein, die innere Ordnung der Partei und ihrer Glieder weiter fortzuführen, diese Gemeinschaft von allen jenen zu säubern, die nicht im bedingungslosen Gehorsam zu ihr gehören«.

Die Nazi-Sprache bevorzugte für Aktionen wie die »Nacht der langen Messer« allerdings den Ausdruck *ausmerzen* – ein Schlüsselwort des braunen Jargons. So heißt es im *Völkischen Beobachter* vom 15. Juni 1934 mit klarem Bezug auf die Ermordung des homosexuellen Röhm und seiner Paladine: »Wenn vom Volke gefordert wird, dass es einer Führung blind vertraut, muss diese Führung dieses Vertrauen aber auch durch Leistung und durch besonders gute Aufführung sich verdienen. Fehler und Irrtümer mögen im einzelnen unterlaufen, sie sind auszumerzen. Schlechte Aufführung, Trunkenheitsexzesse, Belästigung friedlicher anständiger Menschen aber sind eines Führers unwürdig, nicht nationalsozialistisch und im höchsten Maße verabscheuungswürdig.«

Säubern wird in der NS-Zeit zwar auch gebraucht, aber meist hallt da jene neutrale militärische Bedeutung nach, die das Wort schon im 19. Jahrhundert angenommen hatte. Hier meint *säubern* die Beseitigung letzter Widerstandsnester des Feindes. In diesem Sinne heißt es 1902 im *Berliner Abendblatt* über Erfolge der Briten im Krieg gegen die holländischstämmigen Südafrikaner: »Die englischen Truppen säubern den Distrikt noch von einzelnen zersprengten Buren.« 36 Jahre später, kurz nach dem Einmarsch der Nazis in Österreich resümiert die sozialdemokratische Exilzeitung *Neuer Vorwärts*: »Der Anschluss ist vollzogen. Den Truppen ist der Henker auf dem Fuße gefolgt, Himmler ist mit Gestapo-Spezialisten in Österreich, um zu ›säubern‹.« Die Anführungszeichen legen nahe, hier werde der Sprachgebrauch der Faschisten zitiert.

In deren Wortschatz war *säubern* allerdings nie prominent genug, um in einschlägige Standardwerke aufgenommen zu werden. Cornelia Schmitz-Berning verzeichnet es in ihrem *Vokabular des Nationalsozialismus* nicht. Auch im *Wörterbuch des Unmenschen* und in Victor Klemperers *LTI* wird es nicht erwähnt.

Frisch mit Grauen aufgeladen wurde *Säuberung* in den Neunzigerjahren durch den jugoslawischen Bürgerkrieg. Die Gemetzel zwischen verfeindeten Nationalitäten dort machten die Welt mit dem Fachausdruck *ethnische Säuberung* bekannt. Es ist eine Lehnübersetzung des serbischen *etničko čišćenje*. Als *ethnische Säuberung* wurde von den Serben zunächst bereits in den Achtzigerjahren die Bedrängung der serbischen Bevölkerung im Kosovo durch die albanische Mehrheit bezeichnet. In die deutsche Sprache dringt der Begriff allerdings erst ein, als die Serben im Zuge des Bosnienkriegs ab 1992 selber anfingen, Nichtserben aus von ihnen beherrschten Gebieten zu vertreiben, sie zu internieren oder zu ermorden. In jenem Jahr ist in der *Zeit* zu lesen: »Kein Serbenführer ist bisher bereit, die ›ethnischen Säuberungen‹ zu beenden.« Etwas früher schon ist der Begriff als *nettoyage ethnique* und als *ethnic cleansing* ins Französische und Englische eingegangen.

Heute wird *ethnische Säuberung* allgemein für Vertreibungen benutzt, die möglicherweise den Tatbestand des Völkermords noch nicht erfüllen. Völkermord kann allerdings die radikalste Form der ethnischen Säuberung sein. So warnte schon Ende 2014 Amnesty International, der IS betreibe im Nordirak eine Kampagne der »systematischen ethnischen Säuberungen« gegen Jesiden, Christen oder schiitische Turkmenen.

Die Kämpfer des IS sind, kaum überraschend, auch sonst große Sauberkeitsfanatiker der schlimmsten Art. Im Zusammenhang mit ihrer systematischen Zerstörung von Denkmälern, war oft von *kultureller Säuberung* die Rede. Und als der IS 2015 die Stadt Ramadi eroberte, ließen seine Propagandisten verlautbaren: »Gott hat es den Soldaten des Kalifats ermöglicht, ganz Ramadi zu säubern.«

Die Maßstäbe setzende Hölle der Säuberungen bleibt aber vorerst Europa und hier vor allem sein östlicher Teil. Man muss kein Etymologe sein, um zu bemerken, dass dem serbischen *čišćenje* dieselbe slawische Wortwurzel zu Grunde liegt wie dem russischen *tschistka*.

Moralischer Hochmut ist deutscherseits unangebracht. Nirgendwo ist in der Nazi-Zeit häufiger von *Säuberungen* und vom *Säubern* die Rede als in den Wehrmachtsberichten. Meist waren feindliche Soldaten das Ziel solcher Operationen. Doch wie heute bekannt ist, richteten sich diese Einsätze oft genug auch gegen unschuldige zivile Opfer. Das Massaker von Ouradour, bei dem Angehörige der Waffen-SS nahezu vollständig die Bevölkerungen eines Dorfes in der Normandie ermordeten, wurde – wie ähnliche Einsätze auch – von den Tätern als *Säuberungsaktion* bezeichnet. Dieses Wort steht auch im Wörterbuch *NS-Deutsch* von Renate Birkenhauer und Karl-Heinz Brackmann. Dort wird es definiert als »gewaltsame Entfernung jüdischer und anderer politisch unerwünschter Personen aus bestimmten Gebieten«. In einer Meldung der Einsatzgruppe A über den Fortgang der Judenvernichtung in den eroberten osteuropäischen Gebieten heißt es: »Die systematische Säuberungsarbeit im Ostland umfasste gemäß den grundsätzlichen Befehlen die möglichst restlose Beseitigung des Judentums. Dieses Ziel ist mit Ausnahme von Weißruthenien im wesentlichen durch die Exekutionen von bislang 229 052 Juden (s. Anlage) erreicht.« Die Feststellung, das Wort *Säuberung* und seine Ableitungen seien in der Nazizeit nicht massenhaft verbreitet gewesen, wird dadurch nicht unbedingt widerlegt. Bei den zitierten Quellen handelt es sich oft um geheime Dokumente. Man war in der NS-Führung nicht daran interessiert, die Bevölkerung über den Massenmord an Juden aufzuklären.

Mag also die Erinnerung an Stalins Verbrechen auch im Vordergrund stehen – Hitler und seine Erfüllungsgehilfen haben mitgewirkt, das Wort *säubern* zu kontaminieren. Es lässt sich vom Blutgeschmack nicht mehr reinigen.

Aber was könnte die Alternative sein? Vielleicht sollte man sich Putzmetaphern in Bezug auf Menschen besser ganz verkneifen. *Kärchern* geht jedenfalls auch nicht. Als der französische Innenminister und spätere Präsident Nicolas Sarkozy 2005 davon sprach, man müsse die Vorstädte mit dem Kärcher von kriminellen Elementen reinigen (»nettoyer au karcher«), wehte ihm ein Shitstorm um die abstehenden Ohren. Zu ausgeprägt war die Erinnerung daran, dass, wann immer im Europa der letzten

100 Jahre sich Organisationen und Länder von bestimmten Menschengruppen reinigten, dies selten nur mit Wasser und Seife geschah.

SCHICKERIA

Als München die Hauptstadt des
schönen alten Westens war

Als der Filmregisseur Helmut Dietl im März 2015 starb, war in den Nachrufen viel von der *Schickeria* die Rede. Google News zählte über 400 Artikel, in denen die Wörter *Dietl* und *Schickeria* vorkamen. Selbst wenn man davon ausgeht, dass darunter ein paar Hundert Mal gleichlautende Nachrufe und Meldungen gezählt sind, die die Deutsche Presseagentur an ihre Bezieher gesendet hat, ist es doch ein eindrücklicher Beweis, wie sehr das Schicksal dieses Wortes mit dem Regisseur von *Monaco Franze*, *Kir Royal*, *Rossini* und seinem Werk verbunden war. Es gibt mit ziemlicher Sicherheit keinen einzigen Dietl-Nachruf, in dem das Wort *Schickeria* nicht vorkam.

Vielleicht nahm Dietl das Wort mit ins Grab. Es hat auf jeden Fall – genau wie die Münchner Gesellschaft – schon bessere Zeiten gesehen. In der letzten Zeit kommt es fast nur noch in Lokalmedien wie der *Abendzeitung* und der *tz* vor. Die *AZ*-Leute-Redaktion wirbt zwar noch für ihre Klatschkolumne mit dem Wissen, »wo sich die lokalen Promis und die internationalen Stars treffen, was die Schickeria treibt, was den Boulevard umtreibt«. Aber der Wikipedia-Artikel zu *Schickeria* ist eine dilettantische Ruine. Und die Verwendung des Wortes für Phänomene außerhalb von München zeugt oft vom Bemühen, den Ausdruck mit einem neuen Sinn zu füllen. So berichtete etwa das NRW-Blog *Ruhrbarone*, dass Umweltaktivisten in Emmerich als *Öko-Schickeria* beschimpft wurden. Man kann sich die Leute, die da geschimpft haben, ganz gut vorstellen – Menschen, die Angst um ihre mit Schwerindustrien verbundenen Arbeitsplätze haben und die auch linguistisch nicht ganz up to date sind.

Es gibt Hinweise darauf, dass *Schickeria* als ein Wort, das ein altbundesrepublikanisches Phänomen beschrieb, sich seit der Wiedervereinigung im steten Niedergang befindet. Den Höhepunkt der Verwendungshäufigkeit erreichte es 1991, seitdem geht es bergab. In den Neunzigern war es noch einigermaßen präsent, weil da viel über die Prozesse wegen Drogenmissbrauchs gegen Münchner Zelebritäten wie den Starkoch Eckart Witzigmann und den Liedermacher Konstantin Wecker berichtet wurde. In dieser Zeit wurde für Kokain die Bezeichnung *Schickeria-Droge* geprägt.

Aber in dem Maße, in dem sich das Zentrum Deutschlands ganz langsam von München weg verlagerte und auch Helmut Dietl aufhörte, Filme über die *Bussi-Bussi-Gesellschaft* (ein zeitweilig notwendig gewordenes Synonym) zu drehen, ging es mit dem Ausdruck *Schickeria* bergab. *Rossini* war 1997 der Schlusspunkt von Dietls Beschäftigung mit diesem Milieu. In Berlin ist das Wort nie so heimisch und allgegenwärtig geworden wie in Bayern – für die Menschen, die sich im Grill Royal treffen, gebraucht man eher Begriffe wie *hip* oder *Szene*. Vielleicht wäre der Ausdruck schon ganz aus der Mode gekommen, wenn nicht *Schickeria*, der Hit der Spider Murphy Gang von 1982, immer noch im Radio laufen würde.

Dabei war Dietl nicht sein Erfinder, und ursprünglich wurde er keineswegs nur für Münchner Verhältnisse gebraucht. *Schickeria* gehört zu den wenigen Wörtern, bei denen Sprachhistoriker auch den »Geburtsschein« vorlegen können – wie es der große Schlagwortforscher Otto Ladendorf idealtypisch gefordert hat.

In seinem 1963 erschienenen Buch *Idiotenführer durch die deutsche Gesellschaft* schildert der Schriftsteller Gregor von Rezzori jenes »Grüppchen innerhalb der bundesdeutschen Gesellschaft, das sich selbst den Namen Schickeria gegeben hat«. Über die Entstehung der Bezeichnung gibt Rezzori an: »Etymologisch stellt dieser Name eine zwar wenig schöne, immerhin für die geistige Welt, aus der er stammt (das Rothschild-Wien zwischen den Kriegen), noch überraschend einfallsreiche Verschmelzung zweier in den verhunzten deutschen Sprachgebrauch übernommener Fremdwörter dar, nämlich der dem Modischen entlehnten französischen Vokabel *chic* (besser: *schick*, was sowohl geschrieben wie auch gesprochen ordinärer wirkt und umso inniger entspricht) und dem ursprünglich jiddischen Jargonausdruck *schickern*, was so viel heißt wie: sich besaufen.«

Interessant wäre es, wenn man den 1998 gestorbenen Autor fragen könnte, welche Kriege er da meinte? Denn die große Zeit der Wiener Rothschilds war eher die Metternich-Ära im 19. Jahrhundert, als Salomon Rothschild ein mächtiger Verbündeter des Fürsten Metternich war. Zwischen dem Ersten und dem Zweiten Weltkrieg befand sich das Bankhaus unter dem letzten wichtigen Vertreter des Wiener Familienzweiges Louis Nathaniel von Rothschild im Niedergang, sodass es ein bisschen übertrieben wäre, vom »Rothschild-Wien« zu sprechen. Möglicherweise dachte Rezzori an die Zeit zwischen den Napoleonischen Kriegen, die 1815 mit der Schlacht von Waterloo endeten, und dem preußisch-österreichischen Krieg 1866.

So alt ist das Wort *Schickeria* allerdings sicher nicht. Es lässt sich nirgendwo früher belegen als bei Rezzori selbst, dessen Buch auf einer 1958 ausgestrahlten gleichnamigen und ebenfalls von ihm verfassten Radiosendung des NDR beruht. Wahrscheinlich ist er sogar sein Erfinder. Und auch die Etymologie, die wir zitiert haben, ist falsch. Zu Rezzoris Ehrenrettung muss aber gesagt werden, dass er die richtige wenigstens in einer Fußnote andeutet. Dort schreibt er: »Auch im Italienischen kommt der Ausdruck vor, etwa wenn zwei Flaneure, von denen der eine besonders neu und stechend elegant gekleidet ist, einander begegnen: ›Che scicheria!‹, ruft dann der andere ironisch aus.« Mittlerweile geht die Wissenschaft davon aus, dass das Wort in der zweiten Hälfte des 20. Jahrhunderts tatsächlich nach dem Vorbild von italienisch *scicheria* gebildet wurde und die »in der Mode und im Gesellschaftsleben tonangebende Schicht« bezeichnet. So steht es im Herkunfts-Duden, und keiner bezweifelt es.

Tonangebend ist die *Schickeria* heute allerdings nur noch im Stadion. Denn so heißt die seit 2002 existierende Vereinigung der Ultras des FC Bayern München. Der Name ist allerdings hoch ironisch, denn diese Schickeria ist kein Schnöselfanklub, sondern eher links – auf jeden Fall antirassistisch, antifaschistisch und stolz auf die jüdische Tradition des FC Bayern und seinen Präsidenten Kurt Landauer. Man unterhält unter anderem eine Fanfreundschaft mit den Ultras von St. Pauli, obwohl die Vereine ja kaum weiter voneinander entfernt sein könnten.

Rezzori definierte die Schickeria 1958 absichtlich umständlich so: Soziologisch könne sie »begriffen werden als eine kleine, ungemein aktive Gruppe von Bundesbürgern männlichen sowohl wie weiblichen Geschlechts, die sich aus Angehörigen der Restbestände derjenigen Gesellschaftsklassen zusammensetzt, welche nach heute noch oder schon wieder geltenden beziehungsweise neu gesetzten Wertmaßstäben für höher angesehen werden, und die ihren Anspruch auf eleganten Lebensgenuss nie aufgegeben hat und mit dem erfüllt, was sie dafür hält«. Gemeint waren der Adel, das Großbürgertum und vielleicht auch die Neureichen, denen Rezzori im Buch wiederholt den Schlüsselsatz »Sportlich kommt doch nur Sankt Anton infrage« in den Mund legt.

Sportlich kommt für die letzte Bastion der Schickeria heute nur die Südkurve der Allianz-Arena infrage. Es ist eine wunderhübsche Ironie, dass der Name für eine niemals sehr geschätzte Kaste vielleicht nur überleben wird als Eigenbezeichnung einer Gang von Münchner Lokalpatrioten, die deutlich beliebter sind als der Klub, dem sie anhängen.

SCHIESSEREI

Dazu gehören immer zwei

Als Anfang 2015 ein Asylbewerber in Dresden erstochen wurde, wäre niemand auf die Idee gekommen, das eine *Messerstecherei* zu nennen. Aber wenn in Brüssel, Paris oder Dänemark Schwerbewaffnete auf Wehrlose schießen, dann gibt es immer wieder Medien, die glauben, das richtige Wort dafür wäre *Schießerei*.

So hieß es in der ersten Zusammenfassung der Deutschen Presse-Agentur zum Attentat auf einen Kongress zur Meinungsfreiheit in Kopenhagen im Februar 2015: »Bei einer Schießerei in der dänischen Hauptstadt sind laut Polizei ein Mensch getötet und drei weitere verletzt worden.« Dabei wurde in derselben Meldung schon berichtet, der oder die Täter hätten von außen mit automatischen Waffen auf das Gebäude gefeuert (zu diesem Zeitpunkt wusste man noch nicht, dass es nur einer war). Von Widerstand war keine Rede.

Zwar könnte es theoretisch sein, dass Polizisten das Feuer erwiderten. Doch auch beim Attentat auf *Charlie Hebdo* im Januar 2015 war zunächst von einer *Schießerei* die Rede gewesen, obwohl in der Redaktion ganz offensichtlich kein Widerstand geleistet worden war. Vollends absurd ist, dass auch das Attentat im Jüdischen Museum in Brüssel vom Mai 2014 in seriösen Medien wie der *Tagesschau*, der *Süddeutschen Zeitung* oder dem *Deutschlandfunk* als *Schießerei* bezeichnet wurde – und das sogar in Beiträgen, die entstanden, als der Tathergang längst klar war: Hier hatte ein Terrorist unbewaffnete Museumsbesucher erschossen.

Dabei ist die Definition im Duden eindeutig: *Schießerei* wird dort als »wiederholter Schusswechsel« erklärt. Die Betonung liegt ganz klar auf »Wechsel«. Zwar gibt es noch die andere Bedeutung »dauerndes Schießen«, doch hier drückt die Nachsilbe *-ei* vor allem Dauer aus. Man kann von einem iterativen Nomen sprechen. Obendrein sagt der Duden, *Schießerei* sei in diesem Sinne »meist abwertend« gemeint. Als Beispiel sei aus Briefen von im Ersten Weltkrieg gefallenen Studenten zitiert. Karl Aldag berichtet am 11. November 1914 nach Hause: »Wir hatten keine Schützengräben oder sonst gedeckte Stellungen und waren dem Granatfeuer sehr ausgesetzt, den ganzen Nachmittag; das waren schwere Stunden voll Entsetzen und Schrecken. Abends ging dann die Schießerei nochmals los.« Und Ernst Hieber schrieb am 14. April 1915: »Ich bin jetzt bald drei Monate, ein Vierteljahr, wieder im Feld, höre fast jeden Tag die Schießerei der Gewehre.«

Das *-ei* drückt in solchen Hauptwörtern das Grauen des Sprechers angesichts eines sich wiederholenden Schreckens aus. Es kann auch bloße Genervtheit anzeigen, wie in Martin Walsers Roman *Ein springender Brunnen*, wo er die akustische Umweltverschmutzung in einer Landschaft beschreibt: »Die Schießerei bei Gefechtsübungen konnte die Winterweltruhe nicht stören.« Im Grunde ist das ähnlich, wie wenn jemand seine Durchfallerkrankung als *Scheißerei* bezeichnet oder über die *Schreierei* eines Babys klagt. Diesen Sinn von *Schießerei* hatten die Artikelschreiber bei Brüssel, Paris und Kopenhagen ganz bestimmt nicht im Sinn.

Vielleicht hat es mit dem Niedergang des Westernfilm-Genres zu tun, dass viele Sprecher des Deutschen sich heute unter einer Schießerei nicht mehr eine Auseinandersetzung zwischen zwei annähernd gleich bewaffneten Gegnern vorstellen, wie sie am O. K. Corral in Tombstone oder am Bahnhof von Hadleyville (in *Zwölf Uhr mittags*) stattgefunden hat.

Dabei ist die Beleglage im *Digitalen Wörterbuch der Deutschen Sprache* eindeutig: Das Wort *Schießerei* wird in den dort gesammelten Zitaten häufig mit den Präpositionen *zwischen*, *mit* oder *unter* verwendet, was immer darauf hinweist, dass sich zwei bewaffnete Parteien gegenüberstanden. Als solche werden in den Belegen Albaner, Vietnamesen, Sicherheitskräfte, Jugendbanden, Polizisten, Anhänger von irgendwem, die Armee oder Extremisten genannt. Orte, an denen Schießereien stattfinden, sind häufig Diskotheken, Nachtklubs, Lokale oder das Grenzgebiet, als Städte werden überproportional häufig Washington, New York und Hamburg (mit den konkreten Orten Gänsemarkt und Reeperbahn) genannt.

Vielleicht liegt der Verunklarung auch eine Fehlübersetzung des englischen Wortes *shooting* zugrunde. Dieses kann sehr wohl eine Situation, in der eine wehrlose Person mit einer Feuerwaffe er- oder beschossen wird, bezeichnen. Die ersten Nachrichten von den genannten Attentaten haben sich immer auf Englisch global verbreitet. Das erklärt allerdings nicht, warum Tage nach den mörderischen Vorfällen manchmal immer noch von *Schießereien* die Rede ist. Fahrlässig wird hier die Täter-Opfer-Beziehung relativiert.

SERVICEWÜSTE

*Zu Hause ist, wo keine
Dienstleistungsgesellschaft ist*

Wo genau liegt die typische deutsche Seelenlandschaft? Um 1900 herum hätten sich die Anhänger des von Heinrich Heine besungenen Loreley-Felsen am Rhein oder der Gegend um Heidelberg, über deren Schlossruine Hölderlin dichtete, um diesen Titel gestritten. In der weltweiten Touristenwerbung wird heute vor allem mit Oberbayern und dem Alpenvorland Reklame gemacht. Der Schwarzwald ist als unser globales Markenzeichen ebenfalls sehr beliebt, vor allem, wenn dort irgendwo eine Kuckucksuhr tickt. Norddeutsche werden wehmütig, wenn sie an die Lüneburger Heide denken. Und Goethe bevorzugte das »bucklicht-mittelgebirgige« – wie sein aufmerksamer Leser Arno Schmidt es genannt hat –; er verbrachte sein Leben dort, wo Saale und Ilm sich küssen, und im *Faust* setzte er dem Brocken ein Denkmal. Das Saaletal hat auch Gottfried Benn in einem Gedicht verewigt, aus einer Postkarte seiner Mutter zitierend: »Jena, vor uns lieblich im Tale.«

Aber kein Dichter hat bisher die Servicewüste besungen.

Dabei ist dieses psychogeografische Phänomen quasi die Mutter aller deutschen Landschaften. Sie erstreckt sich von den Marschen der Nordseeküste bis zu den Hochalpen. Das Reiseportal *Matador* veröffentlichte Anfang 2015 eine jener Listen mit typischen Kennzeichen von Nationen, die im Internetjournalismus so beliebt sind: »26 Kennzeichen, die verraten, dass Du in Deutschland geboren und aufgewachsen bist«. Punkt zwölf: »Du klagst ständig über die Servicewüste Deutschland.« Beschrieben wird darin auch, dass Deutsche im Ausland bald anfangen, die Servicewüste zu vermissen, weil ihnen in Osteuropa oder Asien schnell klar wird, dass diese Wüste daheim, verglichen mit den Saharas der Unfreundlichkeit, die sie dort kennenlernen, ein lebens- und liebenswertes Biotop mit vielen Oasen des Lächelns ist.

Die Servicewüste wurde erst in den Neunzigerjahren entdeckt. Ein Artikel in der *Süddeutschen Zeitung* vom November 1996 beschreibt die Hysterie, die ganz Deutschland angesichts dieser Entdeckung erfasste: »In letzter Zeit ist das Kaufhaus im allgemeinen laut öffentlicher Meinung zu einer Art Problemzone geworden, stellvertretend für den gesamten Standort Bundesrepublik. ›Servicewüste Deutschland‹ titelte *Focus* unlängst, und als besonders schreckliches Beispiel wurde die Unfreundlichkeit von Verkäufern in Warenhäusern genannt. ›Der Kunde ist nicht mehr der König, sondern nur noch der Dumme‹, lautete ein *Stern*-Titel vor wenigen Wochen. Talk-Shows sind voll mit Leuten, die empört berichten, wie langsam die Frau an der Kasse wieder war – und auch noch frech.«

Politisch hat der Aufstieg des Wortes *Servicewüste* mit der Idee der Dienstleistungsgesellschaft zu tun, die ebenfalls Mitte der Neunzigerjahre propagiert wurde. Als die Arbeitsplätze in der Industrie und beim Staat allmählich knapp wurden, wollte man den Leuten einimpfen, dass es den in Deutschland immer sehr deutlich empfundenen Rangunterschied zwischen einem Facharbeiter und Beamten auf der einen Seite und einem Dienstleister auf der anderen Seite, in Wirklichkeit gar nicht gäbe. Der ehemalige baden-württembergische Ministerpräsident Lothar Späth malte 1996 fast schon genüsslich den Westdeutschen die Zukunft in einer Dienstleistungsgesellschaft aus: »Sie [die Ostdeutschen] haben erfahren, wie sich die Strukturen verändern, wenn sich eine Industriegesellschaft in eine Dienstleistungsgesellschaft verwandelt. ›Das habt ihr alles noch vor euch‹, reibt Lothar Späth, der Chef von Jenoptik, einem aus den Trümmern des alten Kombinats entstandenen Technologiekonzern, seinen westdeutschen Besuchern gern unter die Nase.« Das war genau zu der Zeit, als *Focus* die Servicewüste entdeckte. Ein Schelm, wer dabei an Propaganda denkt.

Der schneidige Herrenmenschen-Ton des Späth-Zitats offenbart aber auch die ganze Ideologie, die der Idee von der Dienstleistungsgesellschaft zugrunde liegt: Dienen sollen natürlich immer die anderen. Das fiel hellhörigen Menschen schon früh auf. Die *Zeit* zitiert im März 1997 Friedemann Nerdinger, Professor für Wirtschafts- und Organisationspsychologie an der Universität Rostock: »Den Professor ärgert die ganze Debatte um die angebliche Servicewüste Deutschland ohnehin. ›Dass die Leute nicht mehr dienen wollten, das ist einer der übelsten Hetzsprüche.‹« Mit dieser Diskussion wolle man die Menschen dazu bringen, mit all den minderwertigen Jobs zufrieden zu sein, die bei der Umstrukturierung von der Industrie- zur Dienstleistungsgesellschaft entstünden.

Es gibt Indizien, dass sich diese Erkenntnis nach fast zwanzig Jahren allmählich durchzusetzen beginnt. In den vom Institut für Deutsche Sprache gesammelten Zeitungsbelegen ist erkennbar, dass heute deutlich weniger von der *Servicewüste* die Rede ist. Es gab nach der Erfindung des Wortes einen Höhepunkt im Gebrauch 2006, seitdem wird es anscheinend wieder seltener verwendet.

Das kann natürlich auch damit zu tun haben, dass es tatsächlich weniger Grund zum Klagen gibt. Viele Unternehmen und Betriebe haben erkannt, dass Freundlichkeit und Hilfsbereitschaft wichtige ökonomische Faktoren sind. Mitarbeiter wurden entsprechend geschult und ganze Serviceabteilungen neu geschaffen. Selbst in der Hauptstadt der deutschen Unfreundlichkeit, Berlin, trifft man heute nur noch selten Verkäuferinnen, die einen anschreien, wenn man sich an einer übersichtlichen Schlange falsch anstellt – wie es mir in den Neunzigerjahren im »Luxus«-Kaufhaus KaDeWe passiert ist. Und eine Kellnerin, wie diejenige, die einem unzufriedenen Freund 1991 im Szenerestaurant Gorgonzola Club erklärte: »Wenn du 'ne WARME Suppe willst, darfst du nicht in Kreuzberg essen gehen«, existiert nur noch in urbanen Mythen.

Für das Verschwinden der Servicewüste sprechen auch

die neuesten Zeitungsbelege. Fast immer wird dort zurückgeblickt auf eine vergangene Zeit: »Die in den Neunzigerjahren viel beschimpfte ›Servicewüste Deutschland‹ ist auch nicht mehr das, was sie mal war. Wer verkaufen will, muss freundlich sein. Das scheint sich herumgesprochen zu haben«, schreiben die *Nürnberger Nachrichten*, und die *Rheinzeitung* zitiert einen triumphierenden Geschäftsmann: »Servicewüste Deutschland. Das war einmal. Schlechten Service kann sich keiner mehr leisten.«

Vielleicht ist also die permanente Klage über die Servicewüste Deutschland, die in dem genannten Artikel als eine von 26 typischen Eigenschaften unseres Nationalcharakters genannt wird, nur noch Legende – wie das Gerücht, wir Deutschen würden angeblich auch nachts um drei an einer roten Fußgängerampel stehen bleiben, obwohl weit und breit kein Auto zu sehen ist.

Mit dem Verschwinden von Landschaften geht aber immer auch ein Artensterben einher. Die Servicewüste war nur aus Sicht des Kunden ein lebensfeindlicher Raum – nicht aus der Sicht der Spezies, die in ihr eine ökologische Nische gefunden hatte – darin ist sie den Mooren vergleichbar. Während man sich aber überall bemüht, Feuchtbiotope anzulegen, die bedrohten Tierarten Lebensraum bieten, denkt keiner darüber nach, letzte vorhandene Teilstücke der einst riesigen deutschen Servicewüste zu Naturschutzgebieten zu erklären. Molche, Frösche, Störche und Nattern haben eine mächtigere Ökolobby als lahme Beamte, unpünktliche Handwerker und schlecht gelaunte Verkäuferinnen.

SHITSTORM

*Auf dieses Wort hat Deutschland
seit Luther gewartet*

Der klassische deutsche Schimpfwortschatz wird bekanntlich vorwiegend aus dem Fäkalbereich geschöpft. Völkerpsychologen deuten diese Vorliebe für skatologische Flüche so, dass hierzulande – ähnlich wie in Japan oder der Schweiz – ein hohes Sauberkeitsideal herrsche und deshalb Wörter wie *Scheiße* eine besondere Wucht hätten.

Eine weniger vulgärfreudianische Erklärung wäre, dass Deutschland als »verspätete Nation« immer noch auf dem Schimpfniveau der frühen Neuzeit steckengeblieben sei. Damals waren skatologische Fantasien nicht nur im deutschen *Eulenspiegel*-Volksbuch oder in Fischarts *Geschichtsklitterung* allgegenwärtig, sondern auch in Frankreich, einem Land, das heute nicht mehr im Ruf steht, außergewöhnlich koprophil zu sein. Der russische Romanist Michail Bachtin prägte angesichts des Fäkalhumors in Rabelais' *Gargantua* sogar das wunderbare Aperçu: »Die Scheiße ist die heitere Materie.«

Heutzutage wird die Scheiße auch im Immateriellen gequirlt, und es ist nur logisch, dass ein Wort wie *Shitstorm* ausgerechnet in jenem Land, in dem der ehemalige Stürmer Rudi Völler mit seiner »Scheißdreck«-Rede 2003 endgültig zum Volkshelden wurde, so willkommen war. 2013 wurde es durch die Aufnahme in den Duden geehrt.

Dies wiederum irritiert die Erfinder des *Shitstorm*, die Angelsachsen. Die *BBC* und andere englische Medien brachten anlässlich der Duden-Ehrung ihre Verwunderung darüber zum Ausdruck, dass ein dermaßen derber Ausdruck in Deutschland zu einem »akzeptablen Wort« geworden sei. Schier unfassbar ist für die Briten, dass sogar Kanzlerin Angela Merkel *Shitstorm* sagen konnte, »ohne dass irgendjemand mit der Wimper zuckte«. In der Londoner Politik gibt es zwar eine ausgeprägte und unterhaltsame Schimpfkultur, aber in den verbalen Nachttopf greift man selbst in der härtesten Parlamentsdebatte eher selten.

Im Englischen ist das Wort seit 1948 belegt. In Norman Mailers *The Naked and the Dead* ist gleich zweimal von einem *shitstorm* die Rede – beide Male ist damit eine unübersichtliche und gefährliche Gefechtssituation gemeint. Mailer verarbeitet in diesem Roman seine Erinnerungen an die Zeit als Soldat bei der Rückeroberung der Philippinen durch amerikanische Truppen. Über einen Soldaten, der als Drückeberger gilt, heißt es: »The hell with Brown. He's been missing all the shit storms. It's his turn.« Einer von Mailers Kameraden war Francis Irby Gwaltney, der 1955 ebenfalls einen Roman über jene Kämpfe schrieb: *The Day the Century Ended*. Auch dort kommt das Wort zweimal in derselben Bedeutung wie bei Mailer vor. Der Linguist Anatol Stefanowitsch, der zur Jury gehörte, die *Shitstorm* 2012 zum Anglizismus des Jahres wählte, vermutet deshalb mit einigem Recht, der Ausdruck stamme aus dem amerikanischen Soldatenjargon des Zweiten Weltkriegs.

Aber schon in den Sechzigerjahren hatte *Shitstorm* den allgemeineren Sinn »chaotische, unkontrollierbare Situation« angenommen, beispielsweise in Ken Keseys Roman *One Flew over the Cuckoo's Nest*, wo der Ich-Erzähler – den im Film Jack Nicholson spielte – über zwei ehemalige Arbeitskollegen sagt: »They finally got to arguing with each other and created such a shitstorm I lost my quarter-cent-a-pound bonus I had comin' for not missin' a day.« Die Bedeutung »Sturm der von Medien entfachten Entrüstung« nimmt das Wort im Englischen in den Achtzigerjahren an, aber erst mit dem Internet und den sozialen Netzwerken werden solche heftigen Empörungswinde so häufig, dass das Wort in die Umgangssprache eingeht.

Im Deutschen hatte der Shitstorm seinen Durchbruch 2011. »Das Phänomen netzgestützter Empörungswellen« habe innerhalb dieses Jahres stark zugenommen, schreibt Anatol Stefanowitsch. Und vor allem hätten jenseits von Twitter große Medien das Wort aufgegriffen. Allerdings hatte schon 2010 der Autor Sascha Lobo auf dem Internetkongress re:publica eine Rede mit dem Titel *How to survive a shitstorm* gehalten.

Der *Shitstorm* habe eine Benennungslücke gefüllt, erklärte der Germanist Michael Mann 2012 der englischsprachigen Internetzeitung *The Local*. Es existierte einfach kein deutsches Wort für das Phänomen einer massenhaften, schnell aufbrausenden Empörung im Internet.

Die Benennungslücke gab es übrigens schon 495 Jahre. Denn der Scheißesturm ist eigentlich eine deutsche Errungenschaft. Und erfunden wurde er von Anhängern des wohl größten deutschen Polemikers: Martin Luther. Am 15. Juni 1520 bewarfen erboste Menschen in Leipzig, Torgau und Döbeln die päpstliche Bulle, die Luther den Bann androhte, mit Kot. Fünf Jahrhunderte später gibt es nun endlich einen passenden Terminus für diese urdeutsche Protestform. Shitstorm's coming home.

SPINNER

*Wie der Bundespräsident
einmal die NPD verharmloste*

Die nachrichtenarme Sauregurkenzeit des Jahres 2014 wurde durch eine bizarre politische Wortklauberei gefüllt: Die NPD hatte dagegen geklagt, dass Bundespräsident Joachim Gauck ihre Anhänger *Spinner* nennen darf. Im Sommer wurde die Organklage vom Bundesverfassungsgericht abgewiesen.

Gauck hatte 2013 nach Aufmärschen vor einem Asylbewerberheim im Osten Berlins zu Oberstufenschülern gesprochen. Er forderte die jungen Leute auf: »Wir brauchen da Bürger, die auf die Straße gehen, die den Spinnern ihre Grenzen aufweisen. Und dazu sind Sie alle aufgefordert.« Die Nazi-Partei sah dadurch im Bundestagswahlkampf ihren Anspruch auf Chancengleichheit verletzt.

Es war eine seltsame Geschichte, die auch einiges über den Unterschied zwischen Selbstwahrnehmung und Fremdwahrnehmung bei den Rechtsextremen erzählte. Offenbar sehen NPD-Mitglieder sich selbst als zurechnungsfähige und ehrenwerte Mitglieder der Gesellschaft, die diffamiert werden, wenn man sie als *Spinner* bezeichnet.

Viel nachvollziehbarer wäre es allerdings gewesen, wenn Deutschlands Spinner gegen den Missbrauch des Wortes vor das Verfassungsgericht gegangen wären. Denn *Spinner* gilt als harmlose Beleidigung, und die Mehrheit der Deutschen würde sich eher *Spinner* nennen lassen als *Nazi*. »Wir sind doch alle Spinner« antwortet der Held in Benjamin Leberts Roman *Crazy* einem Schulkameraden, der sich über einen wirren alten Mann aufregt.

Allerdings bewegte sich Joachim Gauck durchaus auf dem linguistischen Hauptweg, als er das Wort *Spinner* für Rechte gebrauchte. In den sozialen Netzwerken war im Zusammenhang mit den Montagsdemonstrationen, bei denen 2014 in Berlin und anderen deutschen Großstädten antiamerikanische und antisemitische Verschwörungstheorien zelebriert wurden, oft von *Montagsspinnern* die Rede.

Doch wie kam es überhaupt dazu, dass eine durchaus ehrenwerte Berufsbezeichnung zum Schimpfwort wurde? Wann wurde aus dem Spinner ein Fantast? Als Name für einen Mann, der aus Pflanzenfasern Fäden dreht, taucht *Spinner* zum ersten Mal Ende des 15. Jahrhunderts auf. Deutlich älter ist das Wort *Spinnerin*, das es schon mittelhochdeutsch in der Form *spinnerinne* gab.

Als Berufsbezeichnung ist *Spinner* noch ziemlich häufig bei Karl Marx und Friedrich Engels zu finden, die ihre Anschauung der Wirtschaft im frühkapitalistischen England gewannen. Im zweiten Buch des zweiten Bandes von *Das Kapital* steht folgender schöne Satz über den Zirkulationsprozess des Kapitals: »Je weniger der Spinner für Erneuerung seiner Vorräte an Baumwolle, Kohle etc. vom unmittelbaren Verkauf seines Garns abhängt – und je entwickelter das Kreditsystem, je geringer ist diese unmittelbare Abhängigkeit –, desto kleiner kann die relative Größe dieser Vorräte sein, um eine von den Zufällen des Garnverkaufs unabhängige kontinuierliche Garnproduktion auf gegebener Stufenleiter zu sichern.«

In der Industriellen Revolution wurde die handwerkliche Tätigkeit des Spinnens durch Maschinen wie die Spinning Jenny überflüssig gemacht. Dennoch ist das Spinnen zumindest in Deutschland noch allgemein bekannt, weil es eine zentrale Rolle in einigen der berühmtesten Märchen spielt: Dornröschen sticht sich beim Spinnen mit der Spindel in den Finger und fällt daraufhin in einen langen Schlaf. Die Handspindel, mit der die Prinzessin sich verletzt, weist darauf hin, dass das Märchen sehr alt sein muss, denn bereits im Mittelalter war sie weitgehend vom Spinnrad abgelöst. Rumpelstilzchen spinnt Stroh zu Gold, und die drei Spinnerinnen helfen im gleichnamigen Märchen einer jungen Frau, die keine Lust dazu hat.

Das Spinnen ist eine eintönige Tätigkeit, bei der man immer gerne quatschte. Weil es die Erzähler dabei mit der Wahrheit nicht so genau nahmen, bekam *Garn spinnen* irgendwann die zusätzliche Bedeutung »eine lange Geschichte erzählen, über etwas, das sich nie ereignet hat«. Die Bedeutungserweiterung vollzog sich, wie der Etymologe Friedrich Kluge nachgewiesen hat, zunächst in der

Seemannssprache. Kluges frühestes Beispiel stammt von 1856, aber dieser Wortgebrauch ist vermutlich älter. Auf einem Segelschiff mussten ja ständig verschlissene Seile ausgebessert und irgendwas gesponnen werden. Noch heute erinnert der Begriff *Seemannsgarn* daran, dass Spinnen und Flunkern auf dem Meer synonym wurden.

Erst im 19. Jahrhundert bekam *Spinner* unter Einfluss der Seemannssprache seine neue umgangssprachliche Bedeutung. Wolfgang Pfeifer definiert den *Spinner* in seinem *Etymologischen Wörterbuch* als jemanden, der sich »unrealistische, fantastische Dinge ausdenkt, wunderliche Gedanken hat«.

Als die Romanistin Gudrun Penndorf 1968 von René Goscinny damit beauftragt wurde, die *Asterix*-Comics zu übersetzen, verdeutschte sie die legendäre Phrase »Ils sont fou ces Romains« als »Die spinnen, die Römer!« Das war nicht so selbstverständlich, wie es uns heute vorkommt. Als *Asterix* 1965 im Auftrag des deutschen Comic-Verlegers Rolf Kauka zum ersten Mal ins Deutsche übertragen wurde, hieß es noch platt: »Uii, die Römer sind doof.«

In den *Asterix*-Geschichten sind die Römer mit ihren dekadent-modernen Sitten auch ein Spiegelbild der städtischen Franzosen in den Sechzigerjahren, während die Gallier im kleinen unbeugsamen Dorf die bodenständige Provinz verkörpern, die mit freundlicher Skepsis auf die Großstädter und ihre Macken schaut. Im Grunde lachen die modernen Franzosen über sich selbst, wenn sie über die Römer lachen. Mit Begriffen wie *spinnen* oder *Spinner* belegt man eben eher halbwegs sympathische Figuren.

Insofern hatte sich der Bundespräsident tatsächlich bei seiner Wortwahl vergriffen. Er verharmloste die NDP unfreiwillig. Sie hätte es ihm danken sollen.

TSCHÜS

Das schwierigste Wort der deutschen Sprache

Wer das schwierigste Wort der deutschen Sprache sucht, soll nicht unter exotischen Fremdwörtern Ausschau halten. Den *Amphibrachys* oder den *Pterodactylus* schlägt von vornherein jeder im Wörterbuch nach, das minimiert die Fehlerquote. Aufs orthografische Glatteis lassen wir uns eher durch vermeintlich allzu Vertrautes führen. Deshalb sind Kandidaten für den Titel des am häufigsten falsch geschriebenen Wortes eher *aggressiv* (gerne mit nur einem *g*), *grölen* (oft mit *h* in der Mitte wie *Höhle*) oder *grapschen* (meist mit *b* wie *Grabbeltisch* oder Englisch *grab*). Doch die Krone gebührt mit an Sicherheit grenzender Wahrscheinlichkeit dem Wort *tschüs*. Es wird in der Mehrzahl der Fälle falsch geschrieben – mit zwei *s*. 489 000 Google-Belege für die korrekte Schreibweise stehen 917 000 für die falsche gegenüber.

Zwar lässt der Duden das Wort seit 1996 mit zwei *s* zu (so wie er auch *grabschen* mittlerweile als Variante erlaubt – mein Computer unterkringelt es aber noch, der Gute!), aber das ist nur die Deppenschreibweise. Empfohlen wird von der Duden-Redaktion nach wie vor die Schreibung mit einem *s*. Die Rechtschreibreform war in diesem Falle nur eine Kapitulation. *Tschüs* wurde schon lange vorher von den größten Besserschreibern und Orthografie-Pharisäern meistens falsch geschrieben.

Dabei ist die sprachgeschichtliche Faktenlage, die im Deutschen meist als für die Schreibung maßgebend gilt, eindeutig: Das von Richard Wossidlo und Ernst Teuchert begründete, dann von einem DDR-Wissenschaftlerteam in Rostock-Warnemünde fortgeführte *Mecklenburgische Wörterbuch* führt *tschüs* im 1991 fertig gestellten entsprechenden Band mit einem *s*. Lediglich für die Varianten mit Verkleinerungsendsilbe *-ing* (wie in *Vadding* »Väterchen«), *also tschüßing* und *schüßing*, ist ein *ß* erlaubt. Darin ist das Mecklenburgische beispielhaft für alle anderen Varianten des Niederdeutschen. Im Norden weiß man bis heute noch am ehesten, wie man *tschüs* schreibt: Als Heidi Kabel 2010 starb, widmete ihr das *Hamburger Abendblatt* die Schlagzeile »Tschüs, Heidi«, und der verantwortliche Redakteur erwies sich damit als sattelfester im Niederdeutschen als die große Tote selbst. Die Schauspielerin des für Mundartpflege zuständigen Ohnsorg-Theaters hatte ihre Memoiren *In Hamburg sagt man Tschüss* betitelt.

Tschüs ist recht spät in die deutsche Standardsprache gelangt, der Duden nahm es erst 1967 in seiner 16. Auflage auf, allerdings ohne den Hinweis, dass es sich um ein eher norddeutsches Wort handelt, was dafür spricht, dass es bereits seit einigen Jahrzehnten über den engen Kreis des Niederdeutschen hinaus verbreitet war. Doch im Süden empfindet es heute noch mancher Traditionalist als ein barbarisches Fremdwort: 2012 verbot die Rektorin einer Mittelschule in Passau ihren Schülern die als fischköpfig empfundenen Gruß- und Abschiedswörter *tschüs* und *hallo*. Die *Süddeutsche Zeitung* hatte schon 1981 gegen die »Verkrautung« der bayerischen Umgangssprache durch ein Nord-Wort aufbegehrt. Der Kampf dagegen ist aber wohl auf Dauer nicht zu gewinnen – genauso wenig wie die im Norden lange erbittert geführte Abwehrschlacht gegen das süddeutsche *halt* in Sätzen wie »Das ist dann halt so« oder gegen den *Samstag-* statt *Sonnabend*. In Österreich ist *tschüs* längst der häufigste Abschiedsgruß. Die südlichen Nachbarn haben sogar eigene Weiterentwicklungen des Wortes: Es gibt die Verabschiedung *tschüsdich* (analog zu *grüßdich*) und das Verb sich *vertschüssen*.

Tschüs hat sich aus dem noch bis in die Vierzigerjahre gebräuchlichen niederdeutschen *atschüs* entwickelt, für das im *Mecklenburgischen Wörterbuch* auch die orthografischen Varianten *adschüs* und *adjüs* geführt werden – letztere findet man häufig beim niederdeutschen Dichter Fritz Reuter. In einem Artikel der Zeitschrift *Der Sprachdienst* der Gesellschaft für deutsche Sprache heißt es: »Es lässt sich nicht genau feststellen, über welchen Zeitraum sich diese Entwicklung vollzog, doch ist eine Entwicklungsphase vom 18. bis zum 20. Jahrhundert anzunehmen.« Das *Deutsche Wörterbuch* von Hermann Paul geht in seiner neuesten, 2002 erschienenen Auflage davon aus, dass der Verkürzungsprozess um 1900 abgeschlossen war. Doch der Boden ist schwankend, weil *tschüs* fast nur in der gesprochenen Sprache verwendet wurde, als vertraulicher Abschiedsgruß unter Freunden. Entsprechend sind schriftliche Belege rar.

Es gibt sie aber. Allerdings meist erst aus dem 20. Jahrhundert. Die Beispiele aus der Literatur stammen zunächst fast ausschließlich von norddeutschen Schriftstellern: Hans Fallada (geboren in Greifswald) lässt 1934 in *Wer einmal aus dem Blechnapf frisst* den Ganoven Batzke »tjüs« sagen. Der Hamburger Wolfgang Borchert schreibt in seiner Erzählung *Die Professoren wissen auch nix* über ein Mädchen: »Und an der Tür unten hat sie dann tschüs gesagt.« Der ebenfalls in Hamburg geborene Willi Bredel benutzt es mehrfach in seinen Büchern. Aber auch der Kölner Heinrich Böll legt es 1963 – vier Jahre vor der Aufnahme in den Duden – in *Ansichten eines Clowns* seinem Helden Hans Schnier in den Mund: »›Was bist du eigentlich für ein Mensch?‹, fragte er. ›Ich bin ein Clown‹, sagte ich, ›und sammle Augenblicke. Tschüs.‹ Ich legte auf.«

Über die Herkunft des *tschüs*-Vorgängers *atschüs* im Niederdeutschen gibt es zwei Theorien. Die mittlerweile weitgehend akzeptierte wurde 1972 erstmals von dem bulgarischen Germanisten Boris Pareschewow vertreten. Danach habe sich *atschüs* über die Zwischenform *adies* aus dem spanischen *adíos* entwickelt, das in die deutsche Seemannssprache eingegangen sei. Der *Kluge* vertritt die These, *tschüs* sei eher aus dem wallonischen *adjus*, das ebenfalls »zu Gott« bedeutet, ins Niederdeutsche gelangt. Es geht also nur um die Frage, aus welcher romanischen

Sprache das Wort in den deutschen Norden kam. Dass es romanischen Ursprungs ist, bestreitet keiner.

Einig sind sich alle Wissenschaftler auch darin, dass *tschüs* mit dem schönen südwestdeutschen *ade* verwandt ist, das schon zu mittelhochdeutscher Zeit aus nordfranzösisch *adé* entlehnt wurde.

Als weniger schön wird selbst von Norddeutschen die verniedlichende Form *tschüssi* empfunden. Diese ist offenbar ein Wendegewinner. Thomas Schürmann schrieb noch 1994 als unmittelbarer Zeitzeuge in der Publikation *Muttersprache* des Instituts für Deutsche Sprache in Mannheim, *tschüssi* sei erst seit der deutschen Wiedervereinigung auch im Westen immer häufiger in Gebrauch geraten.

Ebenfalls unter starkem Zonenverdacht steht das infernalische *tschüssikowski*. In der DDR-Zeitschrift *Sprachpflege* beklagt 1990, kurz vor der Wiedervereinigung, ein Autor: »Im Jugendradio DT 64 sind gelegentlich die Diminutivform ›tschüssi‹ und sogar die Nonsensbildung ›tschüssikowski‹ zu hören.« Zu den Slogans der Anti-SED-Demonstrationen von 1989 gehörte auch »tschüssikowski, Ceau-bowski« (gemeint war Günter Schabowski, das Ceau- ist eine Anspielung auf den abgesetzten und hingerichteten rumänischen Diktator Nicolae Ceaușescu), und in dem Lyrikband *Prozess im Bruch* von Christian Geissler wird 1992 festgestellt, »dass die zonis nie tschüs immer bloß tschüssikowski sagen«.

Andererseits stellt die Linguistin Marlies Nowottnick schon 1989 in einer Untersuchung über Jugendsprache und Medien fest, dass der westdeutsche Moderator Willem *tschüssikowski* als Abschiedsformel bereits in den Achtzigerjahren im Radiosender NDR gebraucht habe. Willem, der eigentlich Wilken F. Dincklage hieß, war ein geborener Hamburger. Zwar hatte er um 1970, bevor er eine Karriere als Musiker und Moderator startete, als Osteuropa-Experte eines Industriekonzerns gearbeitet. Es ist aber doch extrem unwahrscheinlich, dass er *tschüssikowski* aus dem Ostblock mitgebracht hat. Weil der NDR auch in großen Teilen der DDR zu hören war, ist es wahrscheinlicher, dass das schlimme Wort via Radio in den ostdeutschen Jugendjargon eingeschmuggelt wurde. Aber mit Bestimmtheit lässt sich das wohl nicht mehr klären – wie bei allen sprachlichen Entwicklungen, die sich im flüchtigen Bereich des Mündlichen abgespielt haben.

ÜBER

Über über alles in der Welt

Allgemein bekannt ist, dass Friedrich Nietzsche einen wichtigen Beitrag zur Comic-Geschichte geleistet hat. Zwar rüttelt niemand an dem historischen Faktum, dass die beiden amerikanischen Teenager Jerry Siegel und Joe Shuster in den frühen Dreißigerjahren einen mit außerordentlichen Kräften versehenen Helden namens Superman erfunden haben. Doch das Wort *superman* existiert in der englischen Sprache schon viel länger – als Übersetzung von *Übermensch*, das Nietzsche 1893 in *Also sprach Zarathustra* für sein Ideal eines künftigen Menschen, der christliche Moralvorstellungen transzendiert, geprägt hatte.

Der früheste Beleg im *Oxford English Dictionary (OED)* stammt aus dem Jahre 1894. Da wurde in der sozialphilosophischen New Yorker Zeitschrift *Forum* der »cosmic ›super-man‹ of the future« erwähnt. 1896 erschien dann zwar schon die erste englischsprachige Nietzsche-Ausgabe, die unter anderem *Also sprach Zarathusta* enthielt, doch Alexander Tille übersetzte *Übermensch* in *Thus spake Zarathustra* noch mit *Beyond-Man*.

Populär wurde *superman* durch George Bernhard Shaws Komödie *Man and Superman* (*Mensch und Übermensch*) aus dem Jahre 1903. Erst 1909 erschien dann die erste Nietzsche-Ausgabe, in der *Übermensch* mit *superman* übersetzt wurde. Sie stammt von Thomas Common und wurde für die englischsprachige Nietzsche-Rezeption so grundlegend wie die Schlegel-Tieck-Übersetzung für Shakespeare in Deutschland.

Das *OED* erläutert, *superman* sei als philosophischer Begriff seit den Dreißigerjahren durch die Comic-Hefte kontaminiert, weshalb man in akademischen Kreisen dazu neige, lieber einfach das deutsche Wort *übermensch* (mal mit, mal ohne Umlaut: *uebermensch*) zu benutzen, wenn es um Nietzsche geht. Kompliziert wird es jetzt dadurch, dass es seit 2013 auch eine Comic-Serie namens *Über* gibt, in der das Wort *superman* quasi wieder rückübersetzt wird: Es geht in dem Werk von Kieron Gillen und Caanan White um Übermenschen, humanoide Wunderwaffen, mit denen das Deutsche Reich im April 1945 noch eine Kriegswende erzwingt. Der Titel des Comics ist ein Beleg für die geradezu sagenhafte Auswandererkarriere, die das Wörtchen *über / ueber* als Steigerungsmittel in der englischen Sprache seit etwa dreißig Jahren hingelegt hat.

Ein paar Beispiele: Der *Guardian* nannte 2011 als eines der Stereotypen, die alle Welt über Deutschland hegt, *über-efficiency*. Die *Daily Mail* pries im selben Jahr die Gibson als eine *über-guitar* Und als Christoph Waltz 2010 seinen Oscar für *Inglourious Basterds* von Penelope Cruz überreicht bekam, sagte er: »Oscar and Penelope. That's an über-bingo.« *Bingo* war wiederum eine Anspielung auf seine Rolle als SS-Mann Hans Landa, der Brad Pitt auf die Frage, ob er der »Judenjäger« sei, antwortet: »Das ist ein Bingo!«

Über hat zwar merkwürdigerweise noch keinen Eintrag im *OED*, aber es ist seit etwa dreißig Jahren im alltäglichen Gebrauch, vor allem in Amerika, aber auch in England und in Südafrika. Ulrich Ammon zitiert in seinem Buch über die deutsche Sprache in der Welt den Leiter des Goethe-Instituts Kapstadt: »Was ›über‹ ist, ragt hervor und ist einfach das Beste: Man kann ein ›über luxury penthouse‹ kaufen, Audi biete ›über offers‹ an, und Restaurants werben mit ›über starters‹ und ›über pasta‹.« Gerade in der kulinarischen Terminologie ist *über* in allen englischsprachigen Ländern so gebräuchlich, dass der Metzger im österreichischen Skiort Mayrhofen im Zillertal den internationalen Touristen seine Würste als *über-tasty* anpreist. Und die Brauerei Bells in Galesburg (US-Staat Michigan) braut ein Bier namens *Überon* – ein Wortspiel mit *über* und *Oberon*, dem Elfenkönig aus Shakespeares *Ein Sommernachtstraum*, das offenbar auch schlichte Biertrinker im mittleren Westen verstehen.

Es gibt eine populäre Theorie bei Deutschen, die das *über*-Phänomen in Amerika mitbekommen haben. Demnach müsse das wohl mit Heidi Klum zu tun haben. Diese Dame wird hierzulande bekanntlich gerne *Über-Model* genannt. Im Zusammenhang mit ihr sei der Begriff *übermodel* in Amerika populär geworden, vermutet man.

Das Kuriose ist nur: *Über-model* (meist mit Bindestrich, mal mit *ue*, mal *ü*) wird in englischsprachigen Medien (besonders gern von der Modekolumnistin Suzy Menkes) zwar im Zusammenhang mit allen möglichen Frauen gebraucht: Claudia Schiffer (2007), Kate Moss (im selben Jahr), Natalia Vodianova (2008) und Lauren Hutton: »the world's first über-model« (2005, alle genannten Zitate aus der *New York Times*) – aber so gut wie nie für Heidi Klum. Diese Seltenheit widerlegt, dass Heidi etwas mit der Popularisierung von *über* bei den Amerikanern zu tun hatte. Dagegen spricht auch, dass *Über Model* bereits 1995 als Rollenname im Film *Ding Dong* auftaucht. Mit diesem Titel wird die von Michelle Bühler gespielte Frau gegen ein *Super Model* und *Trendy Model* abgegrenzt. 1995 war Heidi Klum in den USA aber noch nicht so wahnsinnig bekannt.

Über-Model ist also nur eine von zahlreichen modischen Bildungen mit *über*. Zur Bekanntheit dieses kleinen deutschen Wortes haben außer *Übermensch* auch noch *über alles* (1967 erstmals in einer englischsprachigen Quelle), *überhaupt* (Erstbeleg 1875) und *Überfremdung* (Erstbeleg 1965) beigetragen, die so häufig in britischen und amerikanischen Texten vorkommen, dass sie alle ins *OED* aufgenommen wurden.

Lange hatte *über* für Amerikaner einen Nazi-Klang. Die Punkgruppe Dead Kennedys sang 1979 ein Lied namens *California über alles*, in dem sie dem linksliberalen Gouverneur des Staates Kalifornien, Jerry Brown, vorwarf, ein grüner Hippie-Faschist zu sein.

Doch da hatte die Entnazifizierung von *über* schon begonnen. Die Journalistin Britt Peterson datiert im *Boston Globe* den Beginn des Aufstiegs des Worts als intensivierende Vorsilbe im Englischen auf die Achtzigerjahre. Damals hätten solche Ausdrücke eine Inflation erlebt, und *über* sei eine willkommene Alternative zu *mega*, *ultra* und *super* gewesen. In den vergangenen dreißig Jahren wurde *über* den Amerikanern so vertraut, dass es heute oft ohne die Umlautpünktchen geschrieben wird, die es als Fremdwort stigmatisierten. Was wiederum zu einem Kuriosum bei der Rückkehr des Wortes nach Deutschland führt: Bei der Taxikonkurrenz *Uber*, die es seit 2014 auch in Deutschland gibt, denkt kaum ein Deutscher noch an *über*.

Die *New York Times* fand den inflationären Gebrauch von *über* schon 2003 so lächerlich, dass sie spöttisch fragte: »Ach du Lieber! Don't you wish über was over?« Es tröstet doch ein bisschen, dass ausgerechnet ein Wort mit dem der englischen Sprache strukturell fremden Umlaut *ü* den Amerikanern genauso auf den Wecker geht wie so mancher Anglizismus uns Deutschen – und sie genauso hilflos dagegen sind.

UNRECHTSSTAAT

*Von Katholiken erfunden,
von Kommunisten gehasst*

In Berlin hat sich ein Politiker die Mühe gemacht, das Wort *Unrechtsstaat*, über das in Deutschland immer mal wieder gestritten wird, etwas genauer zu definieren: »Ich denke, der Rechtsstaat besteht darin, dass der Obrigkeit das Schwert zum Schrecken der Bösen anvertraut ist, und zum Schutze derer, die in ihrem Recht sind, ihr Recht üben; einen Unrechtsstaat würde man dagegen meines Erachtens denjenigen zu nennen haben, welcher die Unruhestifter schützen und diejenigen bedrohen wollte, die in ihrem Rechte sind.« Wer diese Begriffsbestimmung für die heutige Diskussion um den rechtlichen Status der DDR nicht allzu hilfreich findet, dem sei verraten, dass sie 161 Jahre alt ist. Ausgesprochen hat sie der Abgeordnete Peter Reichensperger in der 24. Sitzung der Zweiten Kammer des Preußischen Landtags am 12. Februar 1853.

Peter Reichensperger war zusammen mit seinem Bruder August Reichensperger einer der Wegbereiter des politischen Katholizismus in Deutschland. Er gründete die

Gruppe der katholischen Abgeordneten im Preußischen Landtag mit und später dann auch die Zentrumspartei. In der Debatte ging es um die Stellung der Katholiken in Preußen, denen mit dem Schlagwort *Ultramontanismus* (nach lateinisch *ultramontanus*, »jenseits der Berge« – gemeint waren die Alpen) unterstellt wurde, sie wären eher Rom als Berlin gegenüber loyal. Als Reichensperger das Wort *Unrechtsstaat* benutzte, war das eine rhetorische Volte. Er wollte damit andeuten, dass Preußen ein solcher würde, wenn es die Rechte seiner katholischen Untertanen beschneidet.

Einiges spricht dafür, dass Reichensperger der Schöpfer des Begriffs ist. Er war Richter, wie auch schon sein Vater einer gewesen war. Als Rheinländer hing er einer vom Code Napoléon, dem von Napoleon geschaffenen bürgerlichen Gesetzbuch, geprägten Rechtstradition an. Nach ihm hat jahrzehntelang niemand mehr das Wort gebraucht. Erst 1879 heißt es im 35. Band der *Zeitschrift für die gesamte Staatswissenschaft*, dass ein Staat, der die Rechtsordnung herstellt und heilig hält, in der historischen Perspektive der stärkere wird: »Der Unrechtsstaat verkommt. Die Beugung des Rechts findet eben selbst ihr Gericht in der Machtauslese der politischen Geschichte.«

Auffällig ist, dass das Wort in den Frühbelegen immer dem *Rechtsstaat* gegenübergestellt wird. Man sucht nach dem Gegenteil und landet naheliegenderweise beim *Unrechtsstaat*. Solche aus Stilwillen und rhetorischem Überzeugungsdrang geborenen Wortschöpfungen nennt man Augenblicksbildungen. Um eine solche handelt es sich vermutlich auch noch bei dem großen protestantischen Theologen und Historiker Adolf von Harnack, in dessen Vorlesungen *Das Wesen des Christentums* von 1900 es heißt: »Die Kirche aber, die wie ein irdischer Staat auftritt, muss alle Mittel desselben, also auch verschlagene Diplomatie und Gewalt, brauchen; denn der irdische Staat, selbst der Rechtsstaat, muss unter Umständen zum Unrechtsstaat werden.«

Doch um die vorletzte Jahrhundertwende taucht *Unrechtsstaat* nachweisbar allmählich häufiger auf. Offenbar wendeten es jetzt auch Linke als Kampfwort gegen das Kaiserreich. Der Schriftsteller Otto Leixner von Grünberg zitiert es in seinen 1891 erschienenen *Sozialen Briefen aus Berlin*, »unter besonderer Berücksichtigung der sozialdemokratischen Strömungen« als einen Ausdruck, den »Wühler« gebrauchen. Er beschreibt die Schwierigkeiten, solche Menschen gerichtlich zu belangen: »Die Gerichtsverhandlungen konnten bei der Art der Organisation nichts zutage fördern, umso weniger, da der Meineid dem ›Unrechtsstaat‹ gegenüber als notwendiges Kampfmittel betrachtet wird.« Und Maximilian Harden schreibt 1911 über den französischen sozialistischen Politiker Aristide Briand, »der dem Unrechtsstaat Todfeindschaft geschworen hat, die Kapitalistenrepublik durch Massengewalt aus den Angeln heben will«.

Eine echte Karriere hat das Wort aber erst nach 1945 gemacht. Die Literatur und die juristischen Debatten der Nachkriegszeit sind voll davon. 1947 wird etwa gleich im allerersten Band der *Neuen juristischen Wochenschrift* überlegt, wie mit Verbrechen umgegangen werden soll, die nach den Gesetzen der Nazizeit völlig legal waren. Der Autor kommt zu dem Schluss: »Wenn auf einen Unrechtsstaat wieder ein Rechtsstaat folgen soll, dann kann das Gebot der Gerechtigkeit, schreiendes Unrecht nachträglich zu sühnen, stärker sein als das im Grundsatz *nulla poena sine lege* verkörperte Gut der Rechtssicherheit.« Dieser Satz bezog sich damals unter anderem auf den 1945 im Völkerrecht eingeführten und in den Nürnberger Prozessen angewandten Straftatbestand »Verbrechen gegen die Menschlichkeit«. Heute ließe er sich allen entgegenhalten, die von einer *Siegerjustiz* der Bundesrepublik gegenüber DDR-Mauerschützen und anderen Verbrechern reden.

Sehr schön passt zur Debatte um das Wort, die immer wieder aufbrandet (so beim 25. Jubiläum der Wiedervereinigung und beim Amtsantritt des Linkspartei-Ministerpräsidenten Bodo Ramelow in Thüringen), auch der Satz, den der spätere *Welt*-Feuilletonchef Hans Eberhard Friedrich 1948 in der Zeitschrift *Prisma* schrieb: »Wo die Polizei die Vormacht hat, wo die Politik sich auf sie stützt und sich ihrer zur Wahrung von Ruhe und Ordnung bedient, wo das Recht nur den Büttel der Polizei spielt, dort ist ein Unrechtsstaat, die Diktatur herrscht.« Friedrich war übrigens Staatsrechtler, also ein Jurist – wie die große Mehrheit der bisher zitierten Autoren. Damit wird der gelegentlich erhobene Vorwurf ad absurdum geführt, *Unrechtsstaat* sei ein polemisch-unscharfer, der strengen juristischen Terminologie komplett entgegengesetzter Begriff.

Wegen gewisser auffälliger Ähnlichkeiten zwischen dem

braunen und dem roten System wurde dann auch die 1949 gegründete DDR im Westen als *Unrechtsstaat* bezeichnet. Pikanterweise redeten so zuallererst Mitglieder jener Partei, die sich 2014 zum Steigbügelhalter des ersten Linke-Ministerpräsidenten machte. In den Protokollen des Parteitags der SPD von 1956 steht: »Es besteht gar kein Zweifel, und es darf kein Zweifel daran bestehen, dass wir in der Regierung der DDR eine Unrechtsregierung, einen Unrechtsstaat sehen.« Der Geist des vier Jahre zuvor gestorbenen strammen Antikommunisten Kurt Schumacher war da in der SPD noch sehr lebendig.

1960 wird dann – um nur eines der vielen sich häufenden Beispiele zu nennen – in einer Gerichtsreportage der *Zeit* ein Richter mit dem Satz zitiert: »Wenn man im umgekehrten Fall drüben sagt: ›Wir bestrafen eine Unterschlagung in der Bundesrepublik nicht, es sind ja nur Kapitalisten geschädigt worden, ein Bürger hat sich eigentlich nur das genommen, was ihm gehört‹ – so ist das die Auffassung eines Unrechtsstaates. Bei uns gilt das Recht.« Es ging um eine HO-Filialleiterin, die vor ihrer Flucht in den Westen Geld aus der Kasse genommen hatte und dafür in Köln verurteilt wurde. Sie konnte es nicht fassen, denn der Laden hatte früher ihr gehört: »Eigentlich war das doch mein Geld ...«

Solche Belegstellen widerlegen einige Behauptungen des Juristen und Politikers (SED, später PDS und Linkspartei) Uwe-Jens Heuer, der sich 2011 an einer Begriffsgeschichte von *Unrechtsstaat* versucht hatte. In Heuers Aufsatz heißt es: »So inflationär der Gebrauch des Wortes ›Unrechtsstaat‹

seit 1990 wurde und bis heute ist, so selten war es vorher gebraucht worden, und zwar weder für den NS-Staat noch für die DDR.« Seiner Einschätzung nach »verbot« sich die Abwertung des Vorgängerstaats als *Unrechtsstaat* durch westdeutsche Juristen, weil viele von ihnen bereits dem Naziregime gedient hätten. Diese personelle Kontinuität hat zweifellos existiert, aber die Behauptung, deswegen habe kaum jemand den NS-Staat einen *Unrechtsstaat* genannt, ist – wie wir gesehen haben – nachweislich Quatsch. Seit 161 Jahren nennen Juristen Unrechtsstaaten *Unrechtsstaaten*, und ebenso lange schon gefällt das denjenigen nicht, die Unrecht relativieren wollen.

Dem Aufsatz Heuers lässt sich auch entnehmen, dass der Streit darüber, ob die DDR ein Unrechtsstaat gewesen sei, gleich nach der Wiedervereinigung begann. Der Mann, der von 1990 bis 1998 für die PDS im Bundestag saß, empört sich: »Als ich in einer meiner ersten Reden am 28. Februar 1991 die Charakterisierung der DDR als Unrechtsstaat und die damit verbundene ›Gleichsetzung mit der Nazi-Justiz‹ kritisierte, wobei ich ›erhebliche rechtsstaatliche Defizite‹ anerkannte, bekam ich aus den Reihen der CDU / CSU sofort zu hören: ›Das war ein Unrechtsstaat‹ und ›Er hat immer noch nicht gebrochen mit seiner Vergangenheit.‹«

Der 2011 gestorbene Heuer wäre vermutlich begeistert gewesen von einem 2014 im Deutschlandradio gesendeten Kommentar, in dem ein SWR-Redakteur namens Claus Heinrich sagte: »Das Wort ›Unrechtsstaat‹ ist kein juristischer und kein politologischer Fachterminus, sondern ein Kampfbegriff aus dem Arsenal des Kalten Krieges. Er ist ebenso schillernd wie nicht eindeutig. Letztlich geht es darum, die autoritären DDR-Sozialisten mit den Massenmördern der NS-Diktatur gleichzusetzen. Die SED als rot lackierte Nazi-Partei sozusagen.«

Dem ließe sich Verschiedenes erwidern: Beispielsweise, dass die Abwertung der Kommunisten als »rot lackierte Faschisten« von Kurt Schumacher stammt, einem Mann, der für seine demokratischen Überzeugungen mehr riskiert hat als jeder öffentlich-rechtliche Medienbeamte. Man könnte auch darauf hinweisen, dass wir heute viele Begriffe des Kalten Krieges immer noch gebrauchen, weil sie die Sache nun mal am treffendsten beschreiben und weil ihre Wahrheit nach 1989 noch viel sichtbarer geworden ist. Nach Heuers Logik wäre jetzt auch der Zeitpunkt gekommen, die Mauer oder gleich den ganzen Eisernen Vorhang wieder in *Antifaschistischer Schutzwall* umzubenennen.

Und was das angeblich »Schillernde« des Ausdrucks *Unrechtsstaat* betrifft, so zeigt der Ausflug in die Wortgeschichte, dass Generationen von Juristen sich bemüht haben, ihn terminologisch zu schärfen. Man muss das nur zur Kenntnis nehmen. Aber daran haben die Schönredner der DDR logischerweise kein Interesse.

UREINWOHNER

Von Eingeborenen, Indigenen,
Autochthonen und First Nations

Das Wort *Ureinwohner* wurde Anfang 2014 häufig im Zusammenhang mit den Krimtataren gebraucht, die sich
so ziemlich als einzige Bewohner der Halbinsel nicht
heim ins Russische Reich sehnten. Im Interview mit dem
Deutschlandradio sagte beispielweise ein waschechter
Professor für osteuropäische Geschichte namens Manfred
Hildermeier den Satz: »Die Ureinwohner seit dem späten
Mittelalter nach unserer Zeitrechnung waren die Tataren.«
Offenbar merkte er dann aber, dass er sich auf semantisch
vermintes Gebiet begeben hatte, und ergänzte: »Davor gab
es sehr viele andere Ureinwohner.« Er verweist unter anderem auf die Taurer, die Bewohner von Iphigenies Tauris
(so hieß die Krim in der Antike), und die Genuesen, die
die Stadt Kaffa bewohnten.

Bislang galt eigentlich, dass nur eine Bevölkerungsgruppe als *Ureinwohner* bezeichnet wird, die tatsächlich
für sich in Anspruch nehmen kann, das entsprechende
Gebiet als Erste besiedelt zu haben – sieht man einmal von

den Neandertalern und anderen im Dunkel der Vorgeschichte kaum zu greifenden Menschengruppen ab. Der Online-Duden definiert *Ureinwohner* als »Angehörige der Urbevölkerung« und *Urbevölkerung* als »erste, ursprüngliche Bevölkerung eines Gebietes«. Das gilt ganz gewiss nicht für die Tataren auf der Krim, die dort erst seit dem Mongolensturm im späten Mittelalter ansässig sind. Ureinwohner der Krim könnte man im strengen Sinne höchstens die Nachfahren der Kimmerier und Taurer nennen, die dort siedelten, bevor die Skythen kamen.

In Europa gibt es nur zwei Völker, die möglicherweise von der vorindogermanischen Urbevölkerung abstammen: die Samen (die man früher Lappen nannte) im äußersten Norden und die Basken. Die Germanen sind nicht die Ureinwohner Deutschlands, denn sie sind, wie alle anderen Angehörigen der indoeuropäischen Sprachfamilie, Nachfahren der Indoeuropäer, die sich zwischen 4400 und 2200 v. Chr. in Wellen nach Süden, Osten und Westen ausbreiteten – übrigens vom Norden des Schwarzen Meeres kommend. Bestenfalls haben sich die Indoeuropäer mit den Ureinwohnern des deutschen Raums vermischt. Die Genforschung wird noch weitere Aufklärung bringen.

Als Autor der *Welt* habe ich allerdings keinen Grund, mich über den Professor und andere Leute, die die Krimtataren *Ureinwohner* nennen, lustig zu machen. In einem Artikel zum *Robin Hood*-Film mit Russell Crowe wurden 2010 die Sachsen *Ureinwohner* Englands genannt, um sie von den normannischen Eroberern abzugrenzen. Das ist natürlich auch Quatsch: Nicht einmal die Kelten waren die

Ureinwohner Großbritanniens, Stonehenge wurde von der vorkeltischen Bevölkerung erbaut.

Ureinwohner gehört in eine ganze Reihe von Komposita mit der Vorsilbe *ur-*, von denen es im *Deutschen Wörterbuch* von Hermann Paul heißt: »Im Zusammenhang mit Substantiven bezeichnet *ur-* das im Anfang Vorhandene, das unter Umständen die Grundlage für das Spätere gebildet hat.« So ist es in Wörtern wie *Urwald, Urmensch, Urzustand, Urwelt, Urknall* und bei der *Urpflanze*, nach deren Gestalt Goethe gesucht hat.

Das Wort *Ureinwohner* existiert spätestens seit dem 18. Jahrhundert. Das älteste Zitat im *Deutschen Textarchiv* stammt von dem Schweizer Philologen Johann Jakob Bodmer aus dem Jahre 1743: »Wenn die Ureinwohner und ersten Anbauer eines Landes mittelst Policey und guter Verfassungen aus einem Stand der Unwissenheit und Barbarey zu Reichthum und Macht gelangen.«

Die frühesten Belege beziehen sich fast alle auf die Antike. Die Griechen werden darin den von ihnen verdrängten oder zu Heloten gemachten *Ureinwohnern* genübergestellt – in diesem Sinne scheint *Ureinwohner* bis Mitte des 19. Jahrhunderts meistens gebraucht worden zu sein. Allerdings finden sich seit Ende des 18. Jahrhunderts auch schon Belege, in denen mit *Ureinwohner* Indianer Mittel- und Südamerikas gemeint sind – etwa 1777 in August Ludwig von Schlözers *Neu-Erdbeschreibung von Amerika* und 1784 bei Johann Jacob Moser in seinem Buch *Nord-America nach den Friedensschlüssen vom Jahr 1783*. Ganz eigenständig ist die Verwendung bei Goethe, der das Wort einmal im Zusammenhang mit versteinerten Fossilien benutzt – für die Lebewesen, die einst im Urmeer existierten.

Offenbar hat der heute zunehmend unscharfe Gebrauch von *Ureinwohner* damit zu tun, dass man das Wort *Eingeborene* wegen des herabsetzenden Klanges, den es im Zeitalter des Kolonialismus hatte, für semantisch verseucht hält und nach einem Ersatz sucht. Dafür haben sich allerdings längst die Begriffe *Indigene* bzw. *indigene Bevölkerung* (nach lateinisch *indiges* und *indigena* »einheimisch«, gemeint waren die Altrömer) oder *Autochthone* durchgesetzt. Als *Autochthone* – nach griechisch *autós* »selbst« und *chthōn* »Erde« – hatte Karl Euling im vom ihm bearbeiteten Band des Grimm'schen Wörterbuchs auch schon *Ureinwohner* übersetzt.

Das Problem umgehen am schönsten die nordamerikanischen Indianer, die sich selbst *First Nations* nennen. Mit einer ähnlichen Wortbildung kommt man den Krimtataren allerdings auch nicht bei: Sie wären ja allerhöchstens die *Third* oder *Fourth Nations* auf der Halbinsel. *Indigene Bevölkerung* trifft es wohl am ehesten. Ob allerdings die Unterscheidung zwischen *Indigenen* und *Nicht-Indigenen* bald 250 Jahre nach der russischen Eroberung der Krim noch hilfreich ist, darf angezweifelt werden.

VÖLKERMORD

In jeder Beziehung eine deutsche Erfindung

Der mutmaßlich erste Völkermord an Armeniern fand nicht 1915 statt, sondern 688. Jedenfalls nennt der Historiker Friedrich Leopold zu Stolberg das, was der byzantinische Kaiser Justinian II. den Mardaiten antat, einen »fluchwürdigen Völkermord«. Die Mardaiten waren ein Volk im Nurgebirge, das sich entlang des Mittelmeeres von der Türkei über Syrien bis zum Libanon erstreckt. Viele Forscher glauben, die christlichen Mardaiten, deren Fürst Johannes hieß, wären armenischen Ursprungs gewesen. Justinian II. ließ dieses Volk umsiedeln und zu großen Teilen abschlachten. Das Zitat von Stolberg aus seiner *Geschichte der Religion* von 1832 ist einer der frühesten Belege des Wortes *Völkermord* in seiner heutigen Bedeutung.

Im Jahre 2015 hat erstmals eine deutsche Bundesregierung die Vorgänge innerhalb des Osmanischen Reiches, die vor genau 100 Jahren zum Tod von bis zu 1,5 Millionen Armeniern führten, als *Völkermord* bezeichnet und die »unrühmliche Rolle des Deutschen Reichs« bedauert.

Die Wortwahl ist hier von höchster politischer Bedeutung, denn die Türkei will mit aller Macht verhindern, dass die Verbrechen von vor einem Jahrhundert *Völkermord* oder *Genozid* genannt werden.

International und in wissenschaftlichen Texten nutzt man heute eher den Terminus *Genozid*. Er ist relativ jung. Geprägt hat ihn Raphael Lemkin, ein in Polen geborener Anwalt, der Anfang der Vierzigerjahre in die USA geflohen war, im Herbst 1944 in seiner Schrift *Axis Rule in Occupied Europe*. Lemkin hatte kurz nach seiner Ankunft in Amerika eine Radioansprache Winston Churchills gehört, in der der britische Premierminister über »das barbarische Wüten der Nazis« sagte: »Wir erleben ein Verbrechen ohne Namen.«

Lemkin beschloss, jenem Verbrechen einen Namen zu geben. Er schrieb: »Mit ›Genozid‹ meinen wir die Zerstörung eines Volkes oder einer ethnischen Gruppe.« Zusammengesetzt hat er das Wort aus den Wurzelwörtern *génos* (griechisch »Volk«) und *-cide* (französisch-englisch für »Tötung«) nach dem Vorbild des englischen *homicide* (»Mord«), *parricide* (»Vatermord«) oder *fratricide* (»Brudermord«). Er dachte dabei erklärtermaßen auch an die Ermordung der Herero und Nama durch die Deutschen 1904 bis 1908, die als erster Völkermord des 20. Jahrhunderts gilt. Es gelang dieser »Ein-Mann-Lobby-Maschine« (so nennt der Linguist Ben Zimmer Lemkin), die Vereinten Nationen dahin zu bringen, dass sie am 9. Dezember 1948 die »Convention on the Prevention and Punishment of the Crime of Genocide« verabschiedeten, die als »Konvention über die Verhütung und Bestrafung des Völkermords« übersetzt wurde.

Denn in Deutschland hatte man ja schon länger ein Wort für jenes »Verbrechen ohne Namen«, das Churchill beklagt hatte. Sehr wahrscheinlich ließ sich Lemkin bei der Erfindung des Wortes *genocide* vom deutschen *Völkermord* inspirieren. Er hatte sich schon in den Zwanzigerjahren als Jurastudent in Lemberg für den Völkermord an den Armeniern interessiert. Damals sprach die ganze Welt über die Ermordung des ehemaligen türkischen Innenministers Talât Pascha durch den jungen Armenier Soghomon Tehlirian 1921 in Berlin. Bereits 1943 hatte Lemkin einen Gesetzentwurf der polnischen Exilregierung formuliert, in dem die deutschen Verbrechen in seinem Heimatland als *ludobójstwo* (von polnisch *lud* »Volk« und *zabójstwo* »Mord«) bezeichnet wurden.

Im Deutschen blieb die Bedeutung des Wortes *Völkermord* allerdings lange schillernd. Es konnte auch »Krieg« oder »Massenmord« meinen. In diesem Sinne gebraucht es zuerst der Österreicher Franz Xaver Armand Berghofer, ein Schriftsteller der Aufklärungsepoche. In seinen 1805 erschienenen *Verbotenen Schriften* klagt er die Fürsten an: »Wie lange noch werden sie bey ihren Untertanen die Todsünde eines Menschenmords kriminalisch bestrafen, und selbst – Völkermord begehen?« Auch August von Platen benutzte den Ausdruck in seinem Gedicht *Der künftige Held* eher als Synonym für Konflikte zwischen einigermaßen gleich Bewaffneten, wenn er über »weibisch entgürtete Dschingiskhane« schreibt, »die nur des Mords noch pflegen, und nicht der Schlacht, des Völkermords«. 1844 übersetzt Julius Seybt in dem Gedicht *The Mask of Anarchy* des englischen Romantikers Percy Bysshe Shelley, das von einem Massaker an Demonstranten 1819 handelt, »that slaughter to the nation« mit *Völkermord*.

Der Sinn von *Völkermord* changiert noch im ganzen 19. und frühen 20. Jahrhundert. Wenn Nietzsche 1872 in der *Geburt der Tragödie* schreibt, die Praxis der Tötung auf Verlangen könne zu einer »grausenhaften Ethik des Völkermords« führen, dann meint er damit »Massenmord.« Sechs Jahre später schreibt Wilhelm Liebknecht, Russland sei mit so mancher »Blutschuld des Völkermords« beladen – das klingt schon vertrauter. Doch mitten im Ersten Weltkrieg beklagen sich 1916 pazifistische Sozialdemokraten noch: »Unsere Arbeit für den Frieden und gegen den Völkermord wird als Landesverrat bestraft« – hier ist ganz eindeutig wieder der Krieg gemeint.

Geschärft wird die Bedeutung des deutschen Worts erst in den Nürnberger Prozessen, wo *Völkermord* als Übersetzung des von Lemkin geprägten *genocide* benutzt wird. In der Anklage wurde den Hauptkriegsverbrechern des Nazi-Regimes schon am ersten Prozesstag, dem 20. November 1945, vorgeworfen: »Sie verübten vorsätzlichen und systematischen Völkermord, das heißt die Ausrottung von Gruppen einer bestimmten Rasse oder Nationalität unter der Zivilbevölkerung gewisser besetzter Gebiete, um bestimmte Rassen, Volksklassen und nationale, rassische oder religiöse Gruppen, insbesondere Juden, Polen, Zigeuner usw. zu vernichten.« Der NS-Chefideologe Alfred

Rosenberg wies solche Vorwürfe von sich: »Man hat alle diese Anklagen unter dem Worte ›Genocidium‹, Völkermord, zusammengefasst. Ich weiß mein Gewissen völlig frei von einer solchen Schuld, von einer Beihilfe zum Völkermord.« Er wurde trotzdem 1946 gehängt.

Seit 1954 ist Völkermord auch in Deutschland ein juristisch definierter Straftatbestand. Zunächst bezeichnete das Wort im Paragrafen 220a des Strafgesetzbuchs Handlungen, die in der »Absicht, eine nationale, rassische, religiöse oder durch ihr Volkstum bestimmte Gruppe als solche ganz oder teilweise zu zerstören« begangen werden. Diese Formulierung steht seit 2002 wortgleich im Gesetz zur Einführung des Völkerstrafgesetzbuchs. Der Widerstand der Türkei gegen die Bezeichnung des Massakers an den Armeniern als *Völkermord* ist deshalb nicht nur eine Frage der Ehre. Man befürchtet auch völkerrechtliche Konsequenzen und Reparationsforderungen

WELTMEISTER

Was Gott war, wurde Götze (Mario)

Gott hat mehr Sterne als Deutschland, Brasilien und Italien zusammen. Nicht weil er – wie es im Kinderlied heißt – die Sterne am Himmel »gezählet« hat, »dass ihm auch nicht eines fehlet«, sondern weil er schon so oft Weltmeister war. Allerdings liegt sein letzter Titelgewinn schon eine Weile zurück.

Vom Frühneuhochdeutschen bis zur Weimarer Klassik nutzten Dichter und Prediger gerne den Begriff *Weltmeister*, wenn sie den Schöpfer des Himmels und der Erde in ihren Texten benennen wollten: »So du ansiehst die Kräuter, die Bäume, die Sterne, die Sonne, so wirst du bald über dich zum Weltmeister geführt mit großer Lust und Ergötzung«, heißt es in der zweiten Hälfte des 16. Jahrhunderts bei dem Mystiker Valentin Weigel in *Vom Ort der Welt*. *Scholasterium christianum* – da steht tatsächlich auch *Ergötzung* –, als hätte er nostradamushaft vorausgesehen, wer 2014 das entscheidende Tor im Endspiel schießen würde.

Noch 1781 fragt Theodor Gottlieb von Hippel in seinem Roman *Lebensläufe nach aufsteigender Linie*: »Waren wir nicht Ton, aus dem der Weltmeister machen konnte, was er wollte?« Ein Satz, der das Gefühl der Brasilianer nach der 1:7 Niederlage im Halbfinale auf den Punkt bringen dürfte.

Doch zu dieser Zeit begann sich bei den Dichtern schon die Wortform *Weltenmeister* mit Genitiv Plural durchzusetzen. So steht es bei Johann Gottfried Seume 1804, und beim jungen Friedrich Schiller heißt es 1782 im Gedicht *Die Freundschaft*: »Freundlos war der große Weltenmeister, fühlte Mangel – darum schuf er Geister, sel'ge Spiegel seiner Seligkeit.«

Danach kommen sowohl *Weltmeister* als auch *Weltenmeister* im religiösen Wortschatz allmählich aus der Mode und werden mehr und mehr frei für den profanen Gebrauch – nur 1925 verzeichnen die digitalen Quellen noch einmal einen Beleg als Synonym für Gott, wenn das *Berliner Tageblatt* in einer Reportage über Neapel schreibt: »Aufgeschichtet zwischen den Karrenwänden mit schmutzbraunen Fingern – aber an Künstlerhand, die der Weltenmeister vielleicht lieber und fester fasst als manche blanknaglige, parfümierte Hand.«

Eigentlich war der Gebrauch von *Weltmeister* da schon lange auf die Sportsprache beschränkt. Aber die ersten Weltmeister haben natürlich mit Fußball nichts zu tun, bekanntlich fand vor 1930 in dieser Sportart kein globales Kräftemessen zwischen Nationalmannschaften statt. Dennoch häufen sich Anfang des 20. Jahrhunderts schlagartig die Belege für das Wort. Der Sport als Massenunterhaltung wird zu einem Geschäft und der Titel *Weltmeister* zu einem Reklamegütesiegel – wie auch immer ihn sich der jeweilige Sportler verdient hat. So ist beispielsweise der Weltmeister, den das *Berliner Tageblatt* 1908 so nennt, ein Schwimmer namens W. Brack. Wie er mit Vornamen hieß und wie er zu dem Titel kam, lässt sich im Internet nicht so schnell ermitteln, denn Schwimm-Weltmeisterschaften finden offiziell erst seit 1973 statt.

Zuvor hatte schon 1906 die *Weltrundschau zu Reclams Universum* berichtet: »Das sensationelle Match zwischen dem Weltmeister Robl und dem Jockei-Champion O'Connor in Steglitz bei Berlin endete mit einem Siege des ersteren.« Der hier genannte Robl lässt sich wenigstens dingfest machen: Es war der Bahnradfahrer Thaddäus Robl aus Garmisch, ein Superstar und Großverdiener des frühen Sports, der sich den Weltmeistertitel seiner Disziplin zweimal erkämpft hatte – 1901 und 1902. Bis dahin muss das Wort also mindestens zurückreichen. 1907 ist es schon so eingeführt, dass es auch in dem »Athleten-Roman« *Die Starken* vorkommt, der unter dem Pseudonym Dolorosa veröffentlicht wurde. Im selben Jahre kündigt der *Münchner Stadtanzeiger* an: »Wir bringen heute die Porträts zweier Ringkämpfer, die an der Konkurrenz im Kolosseum beteiligt sind und einen Weltruf genießen, N. Pietroff, der stämmige Bulgare, ist Weltmeister und zählt zu den bedeutendsten Kämpfern der Konkurrenz.« Weitere Zitate aus der Zeit vor dem Ersten Weltkrieg beziehen sich auf Eiskunstlauf, Billard und vor allem massenhaft auf Schach, wo schon seit 1886 offizielle Weltmeisterschaften abgehalten wurden.

Dagegen scheint die erste Fußballweltmeisterschaft von

1930 in Uruguay, an der keine deutsche Mannschaft teilnahm, in der Presse kein großes Echo gefunden zu haben.
Weder das *Berliner Tageblatt* noch die *Vossische Zeitung*,
die für das Wortkorpus des *Digitalen Wörterbuchs der
Deutschen Sprache (DWDS)* gut ausgewertet sind, verzeichnen in diesem Jahr Belege, die mit Fußball zu tun haben. 1934 berichtet dann immerhin *Das Echo*: »Im Kampf
um den dritten Platz der Fußball-Weltmeisterschaft siegte
in Neapel Deutschland über Österreich mit 3:2 (3:1) To-
ren.« Es ist zugleich der früheste Beleg für das Wort *Fußball-Weltmeisterschaft*. In der Form ohne Bindestrich lässt
es sich sogar erst 1938 nachweisen. Da berichtet das *Archiv
der Gegenwart* im März, in Paris hätten die Auslosungen
für die Fußballweltmeisterschaft stattgefunden. Die zwei
Beispiele sind sicher nicht wirklich die ersten, denn die
digitalen Sammlungen, in denen Linguisten nach so etwas
suchen, zeigen nur einen Ausschnitt der Sprachwelt. Aber
das Fehlen entsprechender Zitate beweist zumindest, dass
die Fußballweltmeisterschaften vor dem Zweiten Weltkrieg noch keine ultrapopulären Spektakel waren.

1938 fand das Turnier übrigens im Juni in Frankreich
statt. Die Deutschen unter Sepp Herberger traten mit einer
zerstrittenen Mannschaft an, zu der auch Spieler aus dem
erst im März heim ins Reich geholten Österreich gehörten. Sie scheiterten blamabel, mit einer 2:4-Niederlage im
Achtelfinale gegen die Schweiz. Es war fast ein bisschen,
als hätte derjenige, der früher den Weltmeistertitel allein
und für immer trug, die Hybris der Nazis bestrafen wollen.

ZECKE

Der Blutsauger im Nazi-Mund

Jedes Jahr, wenn die Temperaturen sommerlich werden, kommt die große Zeit der Zecke. Die Mütter googeln abends ihre Kinder nach Spuren des blutsaugenden Insekts ab und suchen im Internet nach den schlimmstmöglichen Folgen eines Zeckenbisses. Die Zeitungen drucken Geschichten über »Das gefährlichste Tier Deutschlands« und zeigen Karten, auf denen die Risikogebiete bedrohlich gefärbt sind.

In Frühjahr 2014 erfuhr die Menschheit, dass die *Zecke* auch noch eine metaphorische Bedeutung hat – bis dahin hatte sich diese Kenntnis auf Mitglieder der Subkulturen von Antifa und Nazis, sowie aufmerksame Leser einschlägiger Milieuschilderungen beschränkt. Doch nun erreichte die übertragene Bedeutung auch die Redaktionen für Buntes und Vermischtes: Am Rande des zweiten Relegationsspiels zwischen dem Hamburger Sportverein und Greuther Fürth entdeckte ein Passant in einem Polizeibus aus Würzburg auf der Funkgerätekiste einen Aufkleber mit dem Spruch »Kein Sex mit Zecken«.

Bald darauf gestand ein 25 Jahre alter Bereitschaftspolizist, den Aufkleber platziert zu haben. Er habe »gedankenlos« gehandelt, sagte er den internen Ermittlern der Polizei. Das klingt arg nach einer Ausrede, denn neben dem »Zecken«-Sticker hatte der junge Mann noch andere Aufkleber auf die Kiste gepappt, die eindeutig der rechtsextremen Szene zuzuordnen sind. Sie trugen die Aufschriften »Good Night Left Side« und »Anti-Antifa organisieren. Den Feind erkennen. Den Feind benennen«.

Zecke ist schon lange ein Schimpfwort des rechten Jargons. Ein Kollege berichtet, sein erzkonservativer Vater habe das Wort schon in den Achtzigerjahren benutzt. Gemeint sind damit nicht einfach Andersdenkende, sondern meist linke Autonome und Mitglieder der organisierten Antifa, die häufig im Punklook auftreten. In einem Artikel der *Bild*-Zeitung aus dem Jahre 2000 hieß es: »Die Punker Torsten Lamprecht und Frank Böttcher aus Magdeburg mussten sterben, weil sie bunte Haare trugen und ›Zecken‹ waren.« Vermutlich wollen die Nazis mit ihrer Metapher den Punks unterstellen, sie – und ihre Hunde – seien Brutstätten für Ungeziefer.

Andererseits gibt es Stachelköpfe, die sich sogar selbst stolz den Punknamen *Zecke* zugelegt haben – aus dem gleichen Grund, aus dem eine Zeit lang mal Ratten ein Mode-Haustier in jenen Kreisen waren: um damit Verachtung für bürgerliche Wertsysteme und Hygienevorstellungen zu demonstrieren. Der Fußballspieler Andreas Neuendorf kam zu seinem Spitznamen *Zecke* dagegen ganz banal durch einen Zeckenbiss.

Am Anfang musste das Substantiv *Zecke* im Nazi-Jargon noch mit dem Adjektiv *links* ergänzt werden, damit klar war, wer gemeint ist. Die *Zeit* zitierte 1992 einen ostdeutschen Skinhead: »Auch meine Eltern akzeptieren meine Einstellung, wenn ich mal wieder linke Zecken umgehauen habe.« Und 1997 hieß es in einem *taz*-Artikel über Rechte bei einem Gebirgsjägerbataillon der Bundeswehr: »Dabei wurde einem Linken eine Pistole an den Kopf gehalten, aus dem Hintergrund wurde er als ›linke Zecke‹ beschimpft.«

Spätestens 1998 benötigte die *Zecke* den Zusatz *links* nicht mehr. In jenem Jahr berichtete wieder die *Zeit* über »junge Burschen mit geschorenen Haaren, die ihre Bomberjacken wie eine Uniform tragen« und einer Studentin »Zecke verrecke!« hinterherschmetterten.

Ursprünglich war *Zecke* als Beleidigung nicht nur in Nazi-Kreisen beliebt. Die vorerst letzte Ausgabe des *Deutschen Wörterbuchs* von Hermann Paul schrieb zu *Zecke*: »Heute auch jugendsprachlich Negativbezeichnung.« Der leitende Bearbeiter des Wörterbuchs, Professor Helmut Henne, ist Autor des ersten Grundlagenwerks zur Jugendsprache. Noch heute bezeichnen sich die verfeindeten Anhänger der Fußballvereine Schalke 04 und Borussia Dortmund gegenseitig als *Zecken*.

Das Wort *Zecke* ist schon in der althochdeutschen Sprachepoche, die von etwa 750 bis 1050 dauerte, in den Formen *zehho* und *zecko* belegt. Es existiert in allen westgermanischen Sprachen. Die englische Form *tick* ist ein schönes Beispiel für die sogenannte »zweite Lautverschiebung«, durch die sich das Deutsche von den übrigen germanischen Sprachen schied. Im Verlauf dieses Prozesses, der sich vermutlich im 6. Jahrhundert n. Chr. abspielte, wurde unter bestimmten Umständen aus dem Laut *t* am Wortanfang der Laut *ts*, der im Deutschen mit dem Buchstaben *z* wiedergegeben wird.

Als blutsaugendes Insekt böte sich die Zecke eigentlich eher für linke Metaphernfabrikanten an. Womit könnte man einen kapitalistischen Ausbeuter akkurater bezeichnen? Doch Belege für kommunistischen Zeckengebrauch sind schwer zu finden. Nur beim ganz jungen, noch anarchistischen Brecht gibt es einen eher positiv gemeinten Zecken-Vergleich. In seinem 1920 entstandenen Gedicht *Gesang von mir* schreibt der Dichter über sein liebstes Musikinstrument: »... die Gitarre singt viehisch, es ist ein großes Tier, das mir am Leib hängt wie eine Zecke, und es schreit wohltönend, wenn ich es würge.«

Es blieb den Rechten, die sich ja auch sonst gerne Insekten auf der Zunge zergehen lassen (erinnert sei an das berüchtigte Zitat eines rechtskonservativen Politikers, der Intellektuelle mit Schmeißfliegen verglich), vorbehalten, die *Zecke* regelmäßig im Munde zu führen.

EPILOG

Die Pest, das Gas, der Tod von Ypern und ich

Wenn der kleine Junge im Kassel der Sechzigerjahre mal wieder besonders blass und von einer seiner zahlreichen Lungenentzündungen ausgezehrt war, dann schaute ihn die Mutter traurig an und sagte den rätselhaften Satz: »Du siehst aus wie der Tod von Ippern!« Das Kind besaß keine Vorstellung davon, wie der Tod aussehen könnte, weder die Comics noch die Kunst hatten ihm bis dahin ein Bild vom knöchernen Sensenmann oder vom Danse Macabre vermittelt, aber es ahnte, dass auszusehen wie dieser geheimnisvolle Fremde, der den Großvater in ein unerreichbares Reich der Finsternis mitgenommen hatte, nichts Gutes bedeutete.

Noch geheimnisvoller war allerdings das Wort »Ippern«. Es schien anzudeuten, dass es nicht nur einen Tod, sondern mehrere gebe, und dass der von »Ippern« ein besonders grauslicher Vertreter seiner Spezies sei. Allerdings konnte die Mutter keine Auskunft darüber geben, wo sich denn dieser furchterregende Ort befinde.

Es hat dann mehr als ein Jahrzehnt gedauert, bis den

mittlerweile fast erwachsenen Jungen eine erste Spur in die Heimat des Todes führte. Das Verständnis entfaltete sich in Etappen. Als er zum ersten Mal las, es habe im Ersten Weltkrieg mehrere Schlachten beim belgischen Ort Ypern gegeben, dachte er nicht gleich an die Redensart seiner Mutter. Allzu weit war das harte »Ippern« vom weichen flämischen »Üpern« entfernt.

Das erste jener Gemetzel dauerte vom 20. Oktober bis zum 18. November 1914. Die Deutschen versuchten in Belgien das Meer zu erreichen und die alliierten Truppen zu umfassen; die Franzosen und Engländer hatten etwas dagegen und wehrten sich. Ergebnis: 100 000 Tote.

Berühmt geworden ist dieses auch als Erste Flandernschlacht bezeichnete Ringen durch den später zur propagandistischen Legende erhobenen sogenannten Kindermord von Langemarck, bei dem am 10. November 1914 Zigtausende blutjunger deutscher Rekruten, angeblich das Deutschlandlied singend, ins französische Gewehrfeuer und in den Tod gerannt sein sollen. Der Ort Langemarck liegt nördlich von Ypern.

Die Zweite Flandernschlacht von 1916 erlangte eine noch gruseligere Bekanntheit, weil hier die deutschen Truppen zum ersten Mal Giftgas einsetzten, um eine Wende im Stellungskrieg zu erzwingen.

Trotzdem musste der junge Mann, der als Kind so oft sterbensblass gewesen war, erst über zwanzig Jahre alt werden, um zu kapieren, dass der blutige Boden rund um Ypern etwas mit »Ippern« zu tun hatte. Offenbar hatte seine Mutter den Spruch, der in Nachschlagewerken mit

»Du siehst aus wie das Leiden Christi« übersetzt wird, schon als Kind immer selbst von seiner Großmutter in Kassel zu hören bekommen. Da die Großmutter 1908 geboren war, konnte sie die Redensart wiederum eigentlich auch nur von ihrer Mutter kennen.

Bei der ersten Schlacht um Ypern war tatsächlich das Reserve-Infanterie-Regiment Nr. 234 aus dem Raum Kassel-Göttingen dabei. Möglicherweise hatte die Urgroßmutter aber eher die zweite Schlacht 1916 im Sinne, weil sie mehr als die erste mit dem Ortsnamen Ypern verbunden wird und weil die Redensart »Du siehst ja aus wie der Tod von Ypern« im Zusammenhang mit Gastoten sinnvoller erscheint – hurrapatriotische junge Leute können ja durchaus gesund und rosig aussehen, bevor sie von der tödlichen Kugel getroffen werden.

Allerdings gibt es einige Belege direkt aus dem Krieg und der Nachkriegszeit, die darauf hinweisen, dass vielleicht doch die Erste Flandernschlacht gemeint ist. Dazu gehört ein 1914 oder 1915 von dem späteren Schlagertexter Leo Leipziger gedichtetes Soldatenlied namens *Wir schreiten vorwärts Schritt um Schritt*, das auch unter dem Namen *Der Tod von Ypern* bekannt war.

Die darin besungene offensivkriegerische Kampfweise passt zum Optimismus, der die jungen Rekruten in der ersten Bataille prägte. Allerdings klingt der zutiefst pessimistische Ton des Lieds dann wieder gar nicht nach Naivlingen, die sich begeistert und ahnungslos in den Kampf stürzen: »Der Tod ist's, der die Trommel schlägt / der Tod ist's, der die Fahne trägt / und ›Tod‹ heißt die Parole. / Die

Welt umhüllt ein Nebelgrau, / dass nicht die liebe Sonne schau / das Leid, das wir gewahren / Der Tod ist's, der uns kommandiert / der Tod ist's, der zum Sturme führt / die tapfern deutschen Scharen.«

Darüber hinaus gibt es ein 1917 erstmals erschienenes Buch des vor allem durch Südseeromane bekannten Schriftstellers Wilhelm Schreiner namens *Der Tod von Ypern*. Sein Untertitel lautet »Die Herbstschlacht von Flandern«.

Dass der junge Mann aus Kassel so lange gebraucht hat, um »Ippern« mit Ypern zu verbinden, ist eigentlich erstaunlich. Denn der Erste Weltkrieg war in den Erinnerungen seiner Familie durchaus lebendig: Die Großmutter buk manchmal einen Kuchen, der überwiegend aus Kartoffelschalen bestand. Ein Rezept aus den Hungerjahren 1914 bis 1918, wie sie betonte. Es schmeckte eigentlich ziemlich gut, und heute weiß man ja, dass bei Kartoffeln unter der Schale die Nährstoffe sitzen. Auch war in der Familie immer mal wieder die Rede davon, dass der Urgroßvater eine Nahkampfmedaille bekommen hatte, weil er im Bajonettkampf einen »Senegalneger« (so redete man damals) getötet hatte. Diese von den Franzosen eingesetzten Kolonialtruppen galten offenbar als besonders gewandt und gefährlich.

Der Tod von Ypern wäre demnach eine Redensart, die eine Erinnerung an ferne historische Schrecken bewahrt, ohne dass sich der einzelne Sprecher dieses Erinnerungskerns bewusst sein muss. Die Mutter in Kassel wusste ganz bestimmt nicht, wovon sie da eigentlich redete.

Doch zwanzig Jahre nachdem der Sinn des dunklen Spruchs aus Kindertagen scheinbar geklärt worden war, offenbarte sich, dass der Tod von Ypern noch ein viel tieferes Geheimnis birgt und dass sein Grauen noch weit hinter die Zeit des Ersten Weltkriegs zurückgeht. Der mittlerweile nicht mehr junge Mann, der früher so oft mit dem Tod verglichen worden war, stieß im 66. Kapitel von Gottfried Kellers Roman *Der grüne Heinrich* auf eine Stelle, an der über eine zwielichtige Gestalt namens »Schlangenfresser« gesagt wird: »Er erschien mir selbst wie ein böser Dämon, da ich am Wege eine große vorjährige Distel, die aussah wie der Tod von Ypern, ins Büchlein zeichnete und der Kerl, zwei tote Schlangen an einer Gerte über der Schulter tragend, einen Augenblick stillstand, mir zusah, grinste und kopfschüttelnd weiterging, als ob ihm etwas Kurioses durch die Erinnerung liefe. Er trug einen langen zerlöcherten Rock von ehemals rostbrauner Farbe, bis oben zugeknöpft, an den nackten Beinen Pantoffeln, die mit verblichenen Rosen gestickt waren, und auf dem Kopfe eine österreichische Soldatenmütze; ich seh ihn noch heute davonschlurfen.«

Die zweite Fassung des *Grünen Heinrich* wurde 1879/80 veröffentlicht. Der Tod von Ypern musste also viel älter sein als der Erste Weltkrieg! Aber was um alles in der Welt war dann damit gemeint? Die Suche nach dem Sinn begann wieder bei null. Diesmal dauerte sie allerdings keine Jahrzehnte. Das Internet hat auch die Lösung solcher Rätsel beschleunigt.

Der entscheidende Hinweis steht in Albert Richters erstmals 1889 veröffentlichtem Buch *Deutsche Redensarten*. Dort wird erklärt: »Die Redensart, die man oft auch in der Form: ›wie der Tod von Rippern‹ hört, hat ihren Ursprung in einem in Stein gehauenen, gegen sechs Fuß hohen Bilde des Todes von schauerlichem Aussehen, das in der Hauptkirche von Ypern ausgestellt ist.« Die Figur, die nach einer Pestepidemie aufgestellt wurde, wird in älteren Werken als besonders realistisch und schauerlich beschrieben. Im Niederländischen existiert ein ganz ähnlicher Spruch: »Uitzien als de dood van Ieperen.«

Die Hauptkirche von Ypern ist die St.-Martins-Kathedrale. Sie hat in der deutschen Literatur einen bedeutenden Nebenrollenauftritt. In Goethes Drama *Egmont* beschreibt Machiavelli in einem Bericht für den spanischen König das Wüten der Bilderstürmer in Flandern: »Wie sich der Haufe unterwegs vermehrt, die Einwohner von Ypern ihnen die Tore eröffnen. Wie sie den Dom mit unglaublicher Schnelle verwüsten, die Bibliothek des Bischofs verbrennen.«

Ob die deutschen Soldaten, die doch angeblich den *Faust* und Nietzsches *Zarathustra* im Tornister hatten, als sie in den Ersten Weltkrieg zogen, auch jene Stelle kannten? Und ob sie irgendeine Verbindung zwischen sich und den Bilderstürmern herstellten, die den Dom von Ypern verwüsteten?

Wenn sie ihren Klassiker wirklich kannten, musste die Verbindung sich aufdrängen. Denn die Kathedrale wurde von den Deutschen komplett zerstört. Als sie die Stadt nicht halten konnten, entzündeten sie sie am 22. November mit Brandbomben. Die alliierte Propaganda hat diese Kulturschande der »Hunnen« mit der Vernichtung der flämischen Stadt Löwen und ihrer Bibliothek gleichgestellt.

Der Zerstörungsakt birgt auch ein Moment schauerlichster Ironie. Zusammen mit der Hauptkirche von Ypern ist möglicherweise auch das berühmte Monument des Todes ausradiert worden – falls es nicht schon lange vorher den Bilderstürmern zum Opfer fiel. Unter den Plastiken, die aus dem Dom gerettet wurden und in der seit 1920 wiederaufgebauten Kathedrale stehen, ist am berühmtesten die Wunderstatue der Maria von Thuyn.

Nirgendwo findet sich noch die Spur einer sechs Fuß hohen Todesdarstellung. Der neue Tod von Ypern hat den alten obdachlos gemacht. Nachdem die irdischen Spuren des Vorgängers gelöscht waren, konnte der moderne Schrecken seine Herrschaft auch auf die Sprache ausdehnen. Der Erste Weltkrieg produzierte einen solchen Überschuss an Tod, dass damit alle hand- oder pestgemachten Tode der Vergangenheit zur reinen Lokalfolklore entwertet wurden.

ÜBER QUELLEN

Dies ist ein Sachbuch, kein Fachbuch. Ich bemühe mich, wissenschaftlichen Ansprüchen zu genügen, aber ich schreibe nicht für ein gelehrtes Fachpublikum. Deshalb verzichte ich darauf, für jede einzelne Information und jedes Zitat einen exakten und ausführlichen Quellennachweis anzugeben, wie in wissenschaftlichen Texten üblich. Egal, ob solche Hinweise als Nebensätze im Text eingearbeitet werden oder ob sie als Fußnoten unten auf der Seite stehen – der Lesbarkeit ist beides extrem abträglich. Der Fairness und der Aufklärung halber möchte ich deshalb hier summarisch berichten, welches die Hauptquellen für dieses Buch sind.

Die wichtigsten Quellen zur Wortgeschichte sind Wörterbücher. Das bedeutendste für unsere Sprache ist das *Deutsche Wörterbuch*, mit dessen Publikation die Brüder Jacob und Wilhelm Grimm 1854 begonnen haben und dessen erste Auflage 1962 abgeschlossen wurde. Doch die ältesten Bände des *Grimm* sind über 150 Jahre alt, der neueste Band mehr als 50 Jahre. Die Arbeitsweisen der Worthistoriker haben sich verändert, und das Quellenmaterial ist gewachsen. Deshalb kann der *Grimm* immer nur der Anfang sein. Das gilt auch für die Bände A–F, die eine zweite Auflage erlebt haben und 1965–2014 von Germanistengruppen in Göttingen und Ost-Berlin völlig neu bearbeitet wurden.

Die wichtigsten Nachschlagewerke neben dem *Grimm* sind die großen einbändigen etymologischen und bedeutungsgeschichtlichen Wörterbücher zur deutschen Sprache: Der Klassiker zur Etymologie ist der seit dem 19. Jahrhundert in zahlreichen Auflagen erschienene und immer wieder erweiterte *Kluge*, der nach seinem Begründer Friedrich Kluge so heißt. Ich persönlich schätze sehr das *Herkunftswörterbuch* aus der Duden-Redaktion. Daneben lebt auch das in der DDR entstandene *Etymologische Wörterbuch* von Wolfgang Pfeifer fort. Der hochbetagte Professor führt mit Unterstützung der Berlin-Brandenburgischen Akademie der Wissenschaften sein Werk als Online-Lexikon fort und ergänzt es jährlich um zahlreiche neue Einträge und Erweiterungen.

Mehr auf die Bedeutungsgeschichte und den Bedeutungswandel konzentriert sich das *Deutsche Wörterbuch*, das der Germanist Hermann Paul ebenfalls schon im späten 19. Jahrhundert begründete – als einbändige Alternative zum *Grimm*. Im *Paul* ist das Wesentliche zum bedeutungsgeschichtlich interessanten Kernwortschatz des Deutschen verzeichnet. Auch er hat bis heute zahlreiche Auflagen erlebt.

Da sowohl die Grimms als auch Hermann Paul Fremdwörter zwar nicht unterdrückten – wie es die Legende besagt –, sie aber doch nach nicht immer nachvollziehbaren Kriterien aufnahmen oder wegließen, muss für aus fremden Sprachen ins Deutsche gelangte Begriffe ein weiterer Klassiker zu Rate gezogen werden: das *Deutsche Fremdwörterbuch*, das Hans Schulz 1914 begann und das nach seinen Tode von Otto Basler fortgeführt wurde. In Germanistenkreisen wird die erste Auflage als *Schulz Basler* zitiert. Ein Team unter Alan Kirkness hat das Fremdwörterbuch in den Achtzigerjahren endlich vollendet. Der alte *Schulz Basler* umfasst sieben Bände. Mittlerweile ist die 1995 begonnene zweite Auflage ebenfalls schon sieben Bände dick, aber mit dem Wort *hysterisch* erst am Ende des Buchstaben *H* angelangt.

Über die Geschichte von Wörtern aus dem Englischen und Französischen habe ich mich natürlich auch im *Oxford English Dictionary*, dem besten Wörterbuch der Welt (das mittlerweile nur noch Online aktualisiert wird und keine weitere gedruckte Auflage erleben wird), und dem *Grand Robert* informiert.

Das genannte Nachschlagewerk zur Etymologie von Wolfgang Pfeifer ist nun Bestandteil des *Digitalen Wörterbuches der deutschen Sprache*. Dieses Projekt der Berlin-Brandenburgischen Akademie der Wissenschaften ist ein ehrgeiziges, noch im Werden befindliches Riesenlexikon für das 21. Jahrhundert, das die Wortgeschichte ab 1900 dokumentieren will. In Wahrheit ist das *DWDS* mittlerweile das erste Nachschlagewerk, das jeder Wissenschaftler konsultiert – aber nur, weil die erste Auflage des *Grimm* dort erfasst ist. Weiterhin gibt es darin ein Quellenkorpus zum 20. und 21. Jahrhundert, und auch das *Deutsche Textarchiv* ist integriert – eine digital erschlossene Sammlung von Kerntexten vom Frühneuhochdeutschen bis 1900. Hilfreich bei der Suche nach Belegen für neueren Wortschatz sind aber auch die Zeitungsarchive im *DWDS*. Wenn etwa die *Zeit* in meinem Buch besonders häufig zitiert wird, dann weil sie ihr digitales Archiv großzügig ins *DWDS* einfließen lässt.

Für die Zeitungssprache ebenfalls wichtig ist das digitale Belegkorpus des Instituts für Deutsche Sprache in Mannheim. Dort sind auch viele Lokalzeitungen vertreten, was es ermöglicht, das Aufkommen und den Gebrauch eines Wortes viel genauer zu untersuchen, als es nur mit den großen überregionalen Medien möglich wäre. Für den älteren Zeitungswortschatz vor 1900 ist das österreichische *ANNO (Austrian Newspapers Online)* eine noch hervorragendere und von keinerlei urheberrechtlichen Einschränkungen getrübte Quelle. Für den neuesten Usus war auch das elektronische Archiv des Axel-Springer-Verlags manchmal hilfreich.

Ebenfalls wichtige Hinweisgeber für die Wortgeschichte sind nach wie vor die verschiedenen Auflagen des Duden. Wenn ein Wort dort aufgenommen wird, ist es zwar in der Regel schon eine Weile in Gebrauch, aber durch den Duden wird anerkannt, dass es sich mittlerweile durchgesetzt hat.

Bestimmte Wörterbücher erfüllen ähnliche Funktionen wie der Duden und haben gleichrangigen Quellenwert.

Zwei Beispiele: Richard Pekruns *Das deutsche Wort* von 1933 ist die wichtigste Quelle für den deutschen Wortschatz vor der Gleichschaltung durch die Nazis. Hier findet sich beispielsweise der erste Wörterbuchbeleg für *Sex Appeal*. Und Daniel Sanders' dreibändiges *Wörterbuch der deutschen Sprache*, das 1860–65 erschien, bildet den Sprachgebrauch der Zeit am besten ab. Hier ist unter anderem *wichsen* in seiner heutigen obszönen Bedeutung erstmals verzeichnet. Für das 18. Jahrhundert sind das *Grammatisch-Kritische Wörterbuch der hochdeutschen Mundart* von Johann Christoph Adelung und das *Universal-Lexicon* von Johann Heinrich Zedler unerschöpfliche Fundgruben, vor allem, wenn man nicht nur wissen will, seit wann es ein Wort gibt, sondern was es wirklich damals bedeutet hat.

Aus dem Hause Duden stammen auch das recht dünne *Wörterbuch der Standardsprache in der deutschen Schweiz* und das *Wörterbuch des österreichischen Deutsch*, die ich frequentiert habe, wenn ich etwas über den Wortgebrauch in den Nachbarländern wissen wollte.

Zwei Quellen, die ich auf der Suche nach dem frühesten Auftauchen eines Wortes oder einer Wortbedeutung oft genutzt habe, sind *Google Books* und *Projekt Gutenberg* – vor allem ersteres. Beide sind nur mit Einschränkungen und mit Mühsal zu gebrauchen. Bei *Projekt Gutenberg* muss man schon sehr genau wissen, wo man etwas ungefähr zu finden hofft, denn die Belege lassen sich hier nicht nach Jahren ordnen, sondern nur nach Schriftstellernamen. Bei *Google Books* muss jede einzelne Fundstelle genauestens geprüft werden. Denn erstens hat *Google Books* große Schwierigkeiten, Frakturschrift zu lesen. Deshalb werden vor allem ältere Werke völlig absurd fehlerhaft gescannt. Man muss sich also oft anhand einer anderen Quelle noch einmal davon überzeugen, dass ein Wort wirklich so im Buche steht, wie *Google Books* es behauptet. Zweitens sind auch die angegebenen Jahreszahlen oft unzuverlässig. Häufig beziehen sie sich auf spätere Ausgaben eines Werkes – in Wirklichkeit sind die Wörter also viel älter. Umgekehrt wird bei Zeitschriften oft das Jahr, in dem der erste Band erschien, als Entstehungsdatum genannt – auch wenn das entsprechende Zitat aus dem 99 Jahre später erschienenen 99. Band stammt. Wer sich die Mühe macht, hier die Spreu vom Weizen zu trennen, wird in der unüberschaubaren Textmasse von *Google Books* aber fast immer Belege finden, die älter sind als alles, was Wörterbücher oder wissenschaftlich kuratierte Quellensammlungen verzeichnen. Gerade weil die Amerikaner alles wahllos gescannt haben, ist ihre Sammlung ein so nützliches Werkzeug.

Über diese genannten, nicht thematisch eingegrenzten Wörterbücher hinaus gibt es ungezählte Spezialwerke zur Wortgeschichte. Alleine zur Sprache des Nationalsozialismus sind vier Grundlagenwerke erschienen. Die ältesten stammen von Victor Klemperer, der schon während der Nazizeit anfing, Beobachtungen über die *Lingua Tertii Imperii* zu sammeln, und von einem Autorenteam um Dolf Sternberger, das in der Nachkriegszeit Ausdrücke aus dem *Wörterbuch des Unmenschen* sezierte. Das Standwerk zum *Vokabular des Nationalsozialismus* schrieb Cornelia

Schmitz-Berning, es wird ergänzt durch die als Hilfe für Übersetzer gedachte umfangreiche Sammlung *NS-Deutsch* von Karl-Heinz Brackmann und Renate Birkenhauer.

Noch mehr Regalzentimeter füllen Wörterbücher zur Sprache der DDR. Allein ich besitze zehn Stück. Allerdings sind sie oft unwissenschaftlich und haben eher satirisch-humoristischen Charakter. Erkenntnisse bieten sie nur dem, der gründlich weiterforscht und gegencheckt.

Bevor ich mich endgültig in Details verzettele, seien als Beispiele noch ein paar weitere Klassiker genannt. Der wie alle Germanisten des 19. Jahrhunderts offenbar mit unfassbarer Arbeitskraft gesegnete Friedrich Kluge hat auch noch ein Wörterbuch zur Seemannssprache und eins zur Studentensprache verfasst. Aus diesen beiden Gruppenjargons sind viele Wörter in die allgemeine Umgangssprache gelangt. Wer wissen will, wie viele jiddische Wörter wir gebrauchen – meist ohne es zu wissen –, der muss bei Hans Peter Althaus nachschlagen. Und für den politisch-sozialen Wortschatz ist das achtbändige Handbuch *Geschichtliche Grundbegriffe* von Otto Brunner, Werner Conze und Reinhart Koselleck ebenso maßgeblich wie das umfangreiche Lexikon *Religion in Geschichte und Gegenwart* für alle Begriffe, die aus dem Christentum in die Standardsprache gelangt sind. Älter, aber in vieler Hinsicht immer noch maßgebend ist das *Historische Schlagwörterbuch*, das der Gymnasiallehrer Otto Ladendorf 1906 veröffentlichte und das das unerreichbare Vorbild dieses Buches ist.

Das sind nur die wichtigsten Arbeitsbücher. Andere, nur gelegentlich genutzte, sind an den entsprechenden Stellen erwähnt. Ich bin voller Staunen und Dankbarkeit für das, was Polyhistoren im 19. und 20. Jahrhundert geleistet haben – ohne Computer, ohne das Internet, ohne schnelle Kommunikationsmöglichkeiten. Wir sind Zwerge auf den Schultern von Riesen.